廖平全集

3

主編　舒大剛　楊世文

上海古籍出版社

倫理約編

廖平 撰
邱進之 校點

校點説明

據廖宗澤《六譯先生年譜》，光緒三十三年（一九〇七）廖平在選科師範講倫理，以近日課本非腐則謬，不足採用，乃自編《倫理約編》作講義。大旨在取外國先野後文之箴言，以合《公羊》撥亂反正之範圍（李光珠《序》），以孝、宗廟、扶陽抑陰、喪服、文字等爲題，每題次以十目。十目如下：（一）西俗。博採西人近俗及學説。（二）中證。孔子以前，中國如今西人，遺文孤證尚有可考。（三）求野。中國藩服，各史夷狄傳與《北魏》、《元史》之類。（四）撥正。每條引經以證之。（五）禍亂。西國無倫理，其禍亂譯書多諱之。（六）師説。凡傳説與禍亂相近、與尊孔切合者入此門。（七）比較。以中外倫理相比，較其得失，考其利害。（八）引進。外人染華風，知自别於禽獸者入此門。（九）解誤。經傳之説有從來誤解者，如《斯干》之男女，指爲真男女，以爲貴男賤女。（十）防弊。唐宋以後，語多過甚，有爲外人攻擊宜改良者入此門。廖平極佩西方進化之説，此編尤注意於此。《倫理約編》曾連載於四川《國學雜誌》一九一五年第五、六號，《國學薈編》一九一四年第十期。後收入《六譯館叢書》，今據此本整理。

目録

倫理約編

自海禁開而儒術絀，海外學說，輸灌中邦，拾新之士，立說攻經，即老師宿儒以名教自任者，其推論中外，亦謂希臘羅馬制或符經，由野進文。斯崇耶教、更新制，青年英俊，中者過半。心失權衡，手無規矩，既貽卑己尊人之羞，兼伏洪水猛獸之患。土崩魚潰，岌岌不可終日。議者知窮術盡，推尊至聖，以挽已散之人心，禦鉅艱之外侮；然微言大義，十弗闡一，雖復虛尊大祀，然德配天地之真，卒未窺睹。四譯先生昔應選科師範之聘，主講倫理一科。以爲近日課本非腐則謬，不足資采用，學者請自編，先生許之。其編書大旨，在取外國先野後文之箴言，以合《公羊》撥亂反正之範圍。每題次以十目：曰西俗，博采西人近俗學說。曰中證，孔子未生以前，中國程度比今西人。古來軼文孤證，尚有可考。曰求野，中國藩服，各史《夷狄傳》與《北魏》、《元史》之類。曰禍亂，西國無倫理，其禍亂譯書多諱之，惟小說稍有真象，而隱伏禍害，每多可言。曰撥正，用《公羊春秋》「撥亂世反之正」語，每條引經爲主。孔子初作禮，以撥中國之亂，今且推之全球，以撥世界之亂。曰師說，凡傳說與進化宗旨相近，與尊孔切合者，引入此門。曰比較，以中外倫理相比較其得失，考其利害。曰引進，外人染華風，知自別于禽獸者，入此門。曰解誤，經傳之說，有從來誤解者，如《斯干》之男、女指爲真男、女，以爲貴男賤女，此解之誤。曰防弊。唐宋以後，語多過甚，有爲外人攻擊、宜改良者，入此門。條分縷晰，得若干條，而《坊記》等編《新解》附焉。升堂講授，髦俊傾誠，縱桀傲性成、專心外鶩者，言下莫不立悟。蓋野文先後，作述顛倒，誼由四譯詮明。從古無此奇變，故宇宙無此奇作。雖按時立説，四譯不得獨居其功，然以此爲尊孔第一奇書，蜀學之上乘，則固不待好學深思，即某等淺譾，可與聞矣。是書初成，亦如電、化各學，初發見于世界，是動天下之兵；又句奇語重，難索解人。或且據舊説以相難，不知敵情，惟好議論，巨寇當前，敗衂立見；剩此孤軍，獨立旗幟，制勝雖不在一時，而死灰猶幸有復燃之一日。名城大將，既已亡俘，敵所不能攻者，我乃攻之。藉寇兵，齎盜糧，已爲非計，況乎反戈？然連軍拒敵，折竿揮之而有餘；若以羸卒持朽械，無端搆釁，主人深居閉壘，不發一矢，不遺一卒，任其環攻，遲之日月，徒爲笑資，竟何損其毫髮乎！受業李光珠撰。

倫理範圍，所該至廣，且師説孔多，非短篇所克罄。今撰此編，牱陳梗概，引而伸之，別詳專書。四譯館主人識。

一、總論進化資格

《論語》：「先進於禮樂，野人也；如墨家。後進於禮樂，君子也。如儒家。如用之，則吾從先進。」此先蠻野後文明之實證。《中庸》：「今用之，吾從周。」、「野哉，由也！君子于①。」于，讀作「迂」。

《喪服傳》：分六等。「大宗者，尊之統也。禽獸知母而不知父。野人曰：父母何算焉！都邑之士則知尊禰矣。大夫及學士則知尊祖矣。諸侯及其大祖，天子及其始祖之自出。尊者尊統上，卑者尊統下。」

《說苑・修文》篇：分六等。「傳曰：《詩經》之傳。觸情從欲，猶逕情直行，所謂自由。謂之禽獸；苟可而行，謂之野人；安故重遷，謂之衆庶；辨然否，通古今，謂之士；進賢達能，謂之大夫；敬上愛下，謂之諸侯；天覆地載，謂之天子。是故士服黻，大夫②黼，諸侯火，天子山龍。德彌盛者文彌縟，中彌理者文彌章。」先野後文，尊者文，賤者野。

《晏子春秋》：「君子無禮是庶人，庶人無禮是禽獸。」有禮然後爲人格，無禮則爲禽獸、野人。

《孟子》：「人之所以異於禽獸者幾希。」又：「逸居而無教，頗似外人富强。則近於禽獸」；「使契爲司徒，教以人倫：父子有親，君臣有義，長幼有序，夫婦有別，朋友有信。」○外國但有朋友一倫。

《樂記》：分三等。「是故知聲而不知音者，禽獸是也；知音而不知樂者，衆庶是也。惟君

① 「于」字原缺，據《論語・爲政》補；後還有「其所不知，蓋缺如也」八字。

② 「大夫」下原衍一「服」字，現據向宗魯《說苑校證》刪。

子爲能知樂。」

《曲禮》：「鸚鵡能言，不離飛鳥；猩猩能言，不離禽獸。今人而無禮，雖能言，不亦禽獸之心乎！夫惟禽獸無禮，故父子聚麀。是故聖人作，爲禮以教人，使人以有禮，知自别於禽獸。」又：「逕情而直行者，戎狄之道也。」

《曲禮》：「禮不下庶人，以資格言。有禮乃爲人。刑不上大夫。」亦以程度言。人皆有大夫資格，非大夫以上遂無刑，《春秋》且誅絶諸侯、貶斥天子。

附進化七等表

禽獸	野人	衆庶	士，都人士	大夫，學士	諸侯	天子

表中「衆庶」以上如外國，以下如中國。

按，中、外風俗倫理，以此爲比格，能免于禽獸、野人者，然後人格全。中國春秋時代，人民資格亦如海外，不免徑情直行，亂臣賊子，禍亂無已；孔子撥亂反正，乃立經教以改革之，所謂聖人爲禮，使知自别于禽獸。凡經皆創説，非古所有，中國承習二千餘年，不似秦漢之際，雍、梁亦爲戎狄風俗。日用不知，故以經爲常語，須知春秋時人之聞經説，如娶妻必告父母，匪媒不得，亦如海外作霹靂聲。故學者必知此義，而後撥亂反正之義明，至聖俟後之功顯。

欲明倫理學，須知教化由小而大之理。中國文明始於春秋，春秋版圖，不出儒者九州三千里。《秦本紀》博士説，古之皇帝地方不過千里，此蓋春秋以前之中國。俗解皇降而帝，帝降而王，王降而霸，教化由大而小；西人乃得以矛陷盾，謂耶蘇之教。初在一國，至今幾滿全球，中國孔子之教，由大而小，由文而野，所以日見銷亡。果如舊説，則穴空招風，經將無以自存，何以《中庸》言「洋溢中國，施及蠻貊」、「凡有血氣，莫不尊親」乎？又如今之學堂所講古史，堯舜以前之三皇五帝，言蠻野則極蠻野，言文明則極文明，二者形隔勢禁，萬不能通。如孟子言，堯舜之世，「獸蹄鳥迹之道交于中國」，人不得平土而居，可謂極蠻野矣；而《尚書》「光被四表，格于上下」，乃謂三萬里内道一風同，此亦萬不能通者也。《禹貢》九州既已承平，而《春秋》荆、徐、梁、揚半爲夷狄，亦不可通。今考古事，當以春秋爲斷。春秋時文①明程度極爲蠻野，且每每在歐美下，孔子以前之古史，先文後野，先大後小，既乖實理，而且言狉獉則極狉獉，言文明則極文明，此古史之説所以不能切理饜心，使人篤信。大抵此事當分爲二派，一曰史學派，一曰經學派。凡言上古中古近古之史事，亦如《黑蠻風土記》，此爲當日之實

① 「文」字原脱，據文意補。

事；所言五帝三皇，堯舜三代，愈古愈文明，則爲經學派。蓋地球開闢情形，每州莫不相同，經説之皇帝，盡美盡善，較堯舜而猶有加者，此俟後之説也。世界初未有此文明。數千年後改良精進，乃有此等事實。孔子之大，真爲生民未有。不惟吾國所當崇拜，凡有血氣者，莫不尊親者也。

二、明孝

西俗：西國無所謂孝，其人民專主獨立，父子各立門户，律無收養之條。《新約》書云：「人不可以人父爲父，當以天父爲父。」又無祖宗姓氏，與匈奴有名無姓同。《十一國遊記》載其父子如路人之事，甚爲詳備；而《采風記》又云在英曾請翻譯吾國「孝」字，彼國無此名辭，不能得其意義。則西國人倫之薄，無待言矣。

中證：《孝經》：「子曰：先王有至德要道，以順天下，民用和睦，上下無怨。汝知之乎？曾子曰：參不敏，何足以知之？」夫曾子既云不知，則中國古時亦無此盡孝之思想明矣。又《孟子》云：「蓋上世嘗有不葬其親者，親死，則委之於壑。」《喪服傳》：「野人曰：父母何算焉！」《史記·商君傳》曰：「秦，戎狄之俗，父子不同居。」《匈奴傳》曰：「匈奴貴壯賤老。」如西人不相收養。《春秋經》曰：「楚世子商臣弑其君頵，蔡世子般弑其君固。」此皆中國古時不知爲孝，而與今西倫相同之實證。

求野：《喪服傳》：「野人曰：父母何算焉！」《史記·商君傳》曰：「秦，戎狄之俗，父子不同居，男女無别。」

禍亂：男女無别，則夫婦無義；夫婦無義，則父子不親。法國教士以中國爲有子之國，《十一國游記》言：法國婦女以養子無益而多累，相率講求避孕，法國人丁日見減少。不言孝，此滅種之道也。

撥正：孔子見世衰道微，彝倫攸斁，於是作《孝經》，《緯》云：「孔子初闡《孝經》。」〇蓋孔前如今西人，相積成俗，全無「孝」字思想；孔子作經，乃倡明孝道，立家學，重祭祀，皆自古所無。立人極。以親親之道維繫人心，使人反本盡性，各至于道，而治平之事寓焉。此聖門一貫之功也。外如六經、諸子所記弟子時人問孝於孔子等談，皆爲《孝經》之傳。如《中庸》「舜其大孝」章、《禮記》「祭法」章，皆專爲《孝經》「天子」章之傳。

誤説：後儒言孝之極，至於父母虐殺子女，以爲天下無不是之父母；然考之律例，父子相毆相殺，各有輕重，此皆督責人子盡孝，並不許父母苛虐其子。後儒奉行其偏，創爲是説，實則孔子無是言也。今以曾子受小杖逃大杖之言爲鵠，斯得之矣。

漸進：近來西人以中國爲有子之國，不勝欣羡，游歷者多染華風，漸知養親之義，不可謂非吾聖教所施及也。又，近人所譯西書，或以外與中同，此以己意譯人，不必皆合；然西人所取，通行之説，凡有别解，皆入引進。《穀梁》：「君子成人之美，不成人之惡。」又云：「進夷狄者，不一而足①。」皆與此條相發明。

防弊：近儒云，中人依賴性成，由於父子有親；欲求自立，必先去父子之倫。此説誤甚。蓋中國以孝爲本，而自立之人，何可縷述？外國專主自立，而游惰愚頑，何以所在不免？今欲强國，倫常萬不可廢。

師説：《大戴禮·盛德》篇：「凡不孝，生於不仁愛也；不仁愛，生於喪祭之禮不明。喪祭之禮，所以教仁愛也。致愛，故能致喪祭；春秋祭祀之不絶，致思慕之心也。夫祭祀，致饋養之道也。死且思慕饋養，況於生而存乎！故曰喪祭之禮明，則民孝矣。故有不孝之獄，則飭喪祭之禮也。」《經解》曰：「喪祭之禮廢，則臣子之恩薄，而倍死忘生者衆。」

三、扶陽抑陰

西俗：求婚皆由女子。男女有名無姓，各以名行，不繫夫姓。

中證：凡開闢之初，皆女貴於男。《喪記》云：「禽獸知有母而不知有父。」史云胡人先拜母，《禮記》：「商得坤、乾。」孔子易爲乾、坤，今人偁陰陽，猶仍古語。皆爲中國古時陰勝於陽之實事。

---

① 按，「進夷狄」云云，乃范氏注語，非傳文。又據《穀梁傳》襄公二十九年注，「進」原作「許」。

後世法律禮教盛行，而女制於男，男制於女猶參半。

撥正：《禮記·昏義》云：「父親醮①子，而命之迎，男先於女也。」《郊特牲》云：「男子親迎，男先于女，剛柔之義也。天先乎地，君先乎臣，其義一也。」《禮經記》曰：「婦以夫爲天。」《杜欽傳》曰：「妻者夫之陰，臣者君之陰。」

傳記：《春秋》「夫人孫於齊」，劉、賈云「絶夫人之屬，不爲不愛其母」，凡此皆男貴於女，爲經義扶陽之實證。又《内則》云：「禮始于謹夫婦，爲宫室，辨内外；女子居内，深宫固門，閽寺守之，男不入，女不出。」《郊特牲》云：「一與之齊，終身不改，故夫死不嫁。」《記》曰：「婦人，從人者也：幼從父兄，嫁從夫，夫死從子。」又云：「婦人無爵，從夫之爵。」西國有女主，中國初亦有女主，近中國之夷狄亦多女主。凡此，皆女制于男，爲經義抑陰之實證。

中律：夫婦相殺歐，夫從重，婦從輕。與經義重男輕女同。

引進：教堂婦女從夫之姓，西俗見無女官，與經同。

按，中國古時本女貴于男，經因進化情形，乃改扶陽抑陰；分别内外。非故如此，實亦情勢之所當然耳。

師説：《説苑》云：「夫水旱，俱天下陰陽所爲也。大旱則雩祭而請雨，大水則鳴鼓而劫

---

① 醮：原誤作「教」，據《禮記·昏義》改。

社，何也？曰：陽者，陰之長也。其在鳥則雄爲陽而雌爲陰，其在獸則牡爲陽而牝爲陰，其在人則夫爲陽而妻爲陰，其在國則君爲陽而臣爲陰。陽貴而陰賤，陽尊而陰卑，天之道也。今大旱者，陽氣太盛，以壓①於陰，陰壓陽固，陽其填也。惟填壓太甚，使陰不能起也，亦雩祭而已，無敢加也。至於大水及日蝕者，皆陰氣太盛，而上減陽精，以賤乘貴，以卑凌尊，大逆不義，故鳴鼓而懾之，朱絲縈而劫之。由此觀之，《春秋》乃正天下之位，徵陰陽之失，直責逆者，不避其難。是亦《春秋》之不畏彊禦也。故劫嚴社而不②爲驚靈，出天王而不爲不尊上，辭蒯聵之命不爲不聽其父，絶文姜之屬而不爲不愛其母。其義之盡耶！」觀此，則經義扶陽之故自瞭然矣。

四、宗廟

西俗： 宗法譜牒學無姓氏，不祀祖宗先人，絶無鬼神血食立廟思想。

中證： 緯云唐虞二廟，夏三廟，夏末四廟，周五廟，周末七廟。按，言立廟自唐虞始，則以

① 壓：《説苑校證》作「厭」，當據改。下同。

② 「不」下原衍「得」字，據《説苑校證》删。

前無廟可知。由二廟以至七廟，亦猶由三月喪服以至三年，由瓦棺以至牆置翣。此主進化言，爲堯舜不如夏殷，夏殷不如周之古義實證。與帝降王、王降伯之説適相反也。

禍亂：無廟爲野人禽獸，都人士以上乃立廟。《左傳》「鬼不①其餒而」，血食乃知鬼神之情狀。西人囿于耳目，宗教誤于主天，與中國春秋以前同。

撥正：經傳立廟之説，《穀梁》、《禮記》詳矣，而《禮三本》篇亦甚詳，皆宜善自檢閱，俾知聖人撥亂之旨。

俟後：經傳言鬼多爲天學，《中庸》所謂「質諸鬼神而無疑」者，指百世以下皇帝大同、天人相通之世言也。外人不知此義，指爲神權；或又以爲除天以外不可祀別神，祖先亦不可祀。此不知經義者。

誤説：專主一天，以爲靈魂昇天入地；無祭祀；人人爲天子；不能天父之外認父母祖宗。此等説亟宜屏絶。

按，中國人倫學之至精者，以宗廟爲極典，祭爲天學，非千百年後六合同風、天人相應之世，不能藉知鬼神之所在。而諸經之詳言祭祀者，類皆啓發孝思，維持人倫，非故爲此無徵之舉也。《孟子》：「不孝有三，無後爲大。」《喪服傳》曰：「大宗不可絶。」《孝經》

① 「不」字原脱，據《左傳》宣公四年補。

以能保宗廟社稷爲孝。是古人之重祭祀者，未嘗不爲吾人孝思計也。獨是祭有小大之分，而各經皆有專説。《左》、《國》、《祭法》篇，又《孝經》、《祭義》篇，又《尚書》、《祭義》篇。如《春秋》以禘爲四時祭之名，而以郊天爲大，《左》、《國》則言祭每曰禘郊，而又以禘爲大。蓋《左》、《國》所言寓有皇帝五天之説，較《春秋》之小統不同。小統以郊統禘，而大統則以禘統郊，此一定之説也。今列五天圖如下：

五、喪服

西俗：《女俗考》云：突厥國于居喪之時，與平時無異，衣服、起居全無喪家景象。《西事類編①》云：西人居喪，恒以青布裹頭，以示别于常，並無喪服。

中證：墨子主夏禮喪三月，以攻儒者。久喪廢事，以《春秋》滕、魯皆無三年喪。《易》云古者「喪期無數」，是古時喪服未定可知。《公羊》哀五年經書齊侯杵臼卒，六年傳云「除景公之喪」，武氏子當喪出使，季孫斯居喪在官出聘，是皆足爲周無三年喪服之證。其風俗大概與今西人略同。

撥正：《禮經・喪服》全文皆爲孔子手定，以撥亂反正，爲百世師表。列而觀之，其義自明。

傳記：《喪服大傳》：「服術有六：一曰親親，二曰尊尊，三曰名，四曰出入，五曰長幼，六曰從服」云云，皆爲孔子改定。《喪服》本義以外，解釋喪服者甚多，可自檢閱。

師説：《服問》、《三年問》全文，皆屬孔子改定喪服之師説。

---

① 編：原作「篇」，按，《西事類編》十六卷，清人沈純輯，因改。下同。

引進：《尚書·無逸》「高宗諒闇」，《帝典》「百姓如喪考妣三年」，以及各書所載三年喪服之制，皆爲千萬年後皇帝大同時所奉行之制。其必託之堯、舜、殷宗者，蓋孔子述古之義，以爲無徵不足以信人也。

墨子主夏禮以非儒者，蓋戰國民俗程度僅能居喪三月，必至世界大同，而後三年喪服始能實行。故墨雖非儒，實於經義無礙。

《喪服大傳》由禽獸推至天子，即《進化表》之階級也。《記》曰：三年之喪「稱情而立文」，《論語》曰「女安則爲之」，《檀弓》引孔子「道隆則隆，道污則污」。必有三年之愛，而後可行三年之喪。非有愛情，奚用服飾？服不由衷，古人所譏。故經意以進化爲主，非不論程度，盡人而責以三年。

附五服世代表

先進		墨子主之。漢文以日易月，作爲三十六日而除，後改爲二十七日。○清初入關，穿孝百日。○《墨子》①推之，大約夏三月，殷九月，周三年，亦如「瓦棺、牆置翣」條。三代爲進化符號，非古之夏、殷、周。
野人	(始)緦三月	

① 按，據文意，「墨子」上似當有「據」字。

唐虞		○「如用之，吾從先進。」當時引進中人，如墨子從三月起點；當今引進西人，亦當從此起點。
夏之終 殷之始	小功五月	
殷 周	中 大功九月	爲五服之中。前以月計，三年之喪二十七月，實以九月爲一年。當今中國人民程度，不過可行九月之喪，三月五月爲已經，期年以下尚屬未來之世界。「宰我」全章請以期代三年，《禮記》「至親以期斷」，《論語》「女安則爲之」。
周之終		因情制文。
大同世	齊衰期	
	斬衰期三年	儒家所宗。皇帝大同時所用，如《尚書》所云。《論語》「今用之，吾從周」，今者，往古來今之「今」。制禮因時代程度而定，經爲萬世方法，不能僞爲。指大同世而言。
後進君子	終	周，鄭注：「遍也。」

六、諱名質家親親，以諱名爲貴；文家尊尊，以避諱爲貴。

西俗：《孟子》「諱名不諱姓」，與西人有名無姓同。《西事類編》云：西俗有以人君之名贈人者。又，華盛頓、拏破崙武功所及，則以其名名其所取之城；克虜伯製炮甚精，即以其名名其製炮之廠。餘若西國人君祖孫父子相繼，其名皆同，如威廉、拏破崙第一第二第三之類是也。

中證：《山堂肆考》：「夫諱非古也。孔子以前爲古。周人以諡易名，於是有諱禮。」《左氏》：「周人後來之周，非已往。以諱事神，名，終將諱之。」皆爲中國古時無諱之確證。

求野：中國藩屬，如藏、蒙、回疆、苗猺土司，以及古時四夷，皆無諱。

撥正：禮不諱嫌名，音同字異。韓昌黎《諱辨》頗詳此制。臣不敢與君同名，《春秋》衛侯名惡，臣有石惡。二名不偏諱，孔子之母名徵在，言在不稱徵，言徵不稱在。以及《詩》、《書》不諱，臨文不諱，祭不諱，教學不諱等云，皆爲孔子改質從文之制。

流弊：諱爲文明典禮，偏而執一，則爲流弊。如六朝及唐、宋家諱之嚴，至於誕怪，韓愈《諱辨》，至今觀之，猶嫌固俗；乃薛氏《舊唐書》本傳猶以《諱辨》與《毛穎傳》並譏，可知當時風氣。

引進：現在西人無諱，即與吾國春秋以前風尚相同，宜用聖人定諱之義以漸進之，使之進於文明，即《孟子》「用夏變夷」、《公羊》「許夷狄不一而足」之義。西人居中國久，直呼其名，亦以爲不敬。如教堂之呼某先生、某師母，皆染華風，漸知自尊其名而避諱之。

傳説：《左傳》申繻「名有五」云云，蓋取其易諱難犯，所以達子孫之情也。凡此，皆爲孔子相傳之師説。

文字條初開之國，無論文明淺深，同用字母。六書之前，必先有字母；字母專用耳，六書兼用目。

西倫①：希臘之文學，實超於當時歐洲諸國之上。初，西人寫字從右至左，復從左至右，恍如犂田之式，自腓尼基人始改從今制。埃及、腓尼基、希臘、拉丁、希伯來等國，自一世紀至十三世②紀，實一世一變，至今始定。以上見《女俗通考》希臘文學類。

以拉丁語爲根本者，爲意大利、法蘭西、西班牙方言；以日耳曼語與拉丁語爲根本者，爲英吉利方言；以史拉甫語爲根本者，爲俄羅斯、波蘭方言。以上見《女俗通考》歐洲方言。

---

① 西倫：似當作「西俗」。

② 此「世」字原脱，據文意補。

中證：《易大傳》云：「古者結繩倉頡所造之字。而治，後世聖人指孔子。易之以書契。」湘潭王氏以結繩象字母盤屈之形，實非結繩刻楔。中國六書，爲全球絶無僅有之作。《三藏記》：梁僧祐①。昔造字之祖凡三人，長曰梵，其書右行；次曰佉盧，蒙古所本。其書左行；小者倉頡，其書下行。梵及佉盧在天竺，倉頡在中華也。夫梵及佉盧皆字母，則倉頡亦字母可知，是中國古時文字與今西體同。

《李斯列傳》：「諸侯並作語」，謂各國以方言作字母，如今外國及外藩。爲同文用古文，乃經書。焚「《詩》、《書》百家語」。「百家語」即《五帝本紀贊》之「百家言」，非子書。以字母爲百家語言。

《滑稽傳》：「褚先生曰：臣幸得以經術爲郎，古文。而好讀外家傳語。」與百家語言同。又，東方朔「以好古傳書，本傳云受古文。愛經術，古文。多所博觀外家之語。」《索隱》云：「則外家非正經，即史傳雜説之書也②。」

《禮記》魯鼓、薛鼓○□，音律工尺，《左傳》手紋，苗人銅鼓花紋之類，是皆孔子以前金石文字與字母遺跡，尚有可考者。

---

① 僧祐：原誤作「僧佐」，據《開元釋教録》卷一〇改。

② 「則外家」云云，通行本作「則外家非止經史，即傳記雜説之書」。

求野：今①西藏、印度、安蘭、緬甸、蒙古、回疆皆用字母，是無論文明蠻野，凡立國必先用字母；中國未有古文之先，亦必有字母學，如李斯所云「諸侯並作語」者是也。

撥正：《論語》「子所雅言」，《莊子》云「翻十二經」，凡經皆用古文，古文乃爲雅馴，雅言即豎繹之義。《史記》「百家言黄帝，其文不雅馴」，又總之不離乎古文者近是。孔子以新造之文翻古史，乃爲經。方言皆俗語，故古文乃爲雅馴。即今六經所載文字是也。

《莊子·天下》篇云：「舊法世傳之史尚多有之，孔子以前，古史皆用字母，故爲百家言。其在於《詩》、《書》、《禮》、《樂》者，鄒魯之士、縉紳先生多能明之。」此以古史爲字母，孔經爲古文，與《史記》同。

《史記·五帝本紀》全依孔子《大戴禮·五帝德》、《帝繫姓》，而作爲古文。又云「百家言黄帝，其文不雅馴」，文即字母。總之不離乎古文者近是。以孔子新造之文爲古文，故曰孔氏古文。《論語》「必也正名乎」，名，古作「字」解。名即名家之所由出。文字本爲辨論學，或乃以中國無辨論學，所謂「百姓日用而不知」。一字褒貶，固非中文不能。

傳記：《左傳》屢示字義，如「止戈爲武」、「皿蟲爲蠱」之類，皆爲孔子造字師説。許氏《説文》屢引孔子言文字之義，緯書亦多，則是孔子造字確證。又，中文圖書之學爲目治，西人字母專用聲音，爲耳治。

① 今：原誤作「金」，據文意改。

比較：中國純用古文，海外純用字母，日本之和文間居其中。蓋日本文即地球同文之現象。

凡聲之學，以地而變。大地方言以千萬數，若冀一人學全，勢必不能。又，音學久而必變，以今人讀字母之書，久則不知爲何語；惟圖畫①文字，則不分地不分時，皆可適用。吾國文字，固兼用圖畫者也。昔秦始并天下，首以同文書爲務，中國二十餘省，若用官語鄉談，則政府何以行政？言語不通，彼此參差，以文字通之，使之整齊劃一。試問將來之大一統，欲同文書，將用俄、法、英、德、日本之文字乎？抑用中國文字乎？曰：勢非用中國文字不能。

或疑中文與語言離，不如外國，語言即文字；此分方之小識，不知同文之主義。蓋就一國言，則貴合；就天下言，則貴離。離之土音，以圖畫濟之，然後可以通行天下。如今之語言學，地球大通後，更有新出方音，不下數十百種，如不同文，即此一事，將終身不能通，又不能不講同文；如欲同文，則必各去其土音，而一以圖畫目治通之。六國並作語，即今諸洋之現象；秦用古文，焚字母，故百家言語遂絶。以古文同文，固便於字母千萬倍。此非拘墟淺見者所能喻也。

---

① 畫：原作「書」，據「目治」及後文改。下「畫」字同。

倫理約編附録

西與經合條目

中國春秋以前，人民程度與今海外相同，孔子乃就其資格改良精進，以爲經教。其特別改良之條，則歸入撥正中；其中外所同之説，則歸入此篇。蓋擇善而從，或損或益，其有不必損益，則彼此相同。近人或鋪張歐、美，以炫彼長，又或於中國倫理秘爲獨得，以爲非外人所及；左右佩劍，其失維鈞。

先野後文　　官天下

芻狗糟粕　　字母切音

祆教　　議院

知行合一　　學堂，三等等級

地動天静　　重工

地球三萬里　　重商

世界廣袤　　重農

改文從質　博士

射御，即放鎗、駕船　動物學

軍樂　植物學

唱歌　礦物學

警察　醫學解剖

生理學　以腦爲心思

中外所同。《格致原始》已著爲專書，條目甚多，今略舉十數條，以發明其例。由一反三，是在高明之推廣焉。

撥亂反正條目

初，因講《春秋》編此條目，以發明據衰而作、以俟後聖之宗旨。繼因講倫理，乃舉其中十數條目編爲課本，其餘本末盡搜録；略舉數條，其例可推，其實亦不必盡編也。故此二目附於《約編》之後，以明其原。倘有餘暇，或悉諸目補入本編，抑或於此目外再爲推廣，皆不敢自定也。

三綱　六紀

三本

天子

公主

冠男，普通學畢業後行。

笄女，普通學畢業後行。

宗廟

姓氏

郊天

社地

卜筮

譏世卿

絶外戚

開選舉

嚴討賊以救國事犯之弊。

譏不三年喪

譏不親迎

喪服

學堂，養老乞言議院以老者充之。

養老，即爲孤子之師

四教，四學分經

九伐非禮滅國。

五刑非禮殺人，如《春秋》之族誅、烹醢、作祭牲、築坊。

議院

名氏

公田從古未行，必待再數千年後。

位次

名器

分州

建國

南方州舉

移封豫州國

内州八宫八正

婚告父母媒妁

喪服爲名學之精

喪服

朝覲

巡守

男女内外之分

閏月

地球升降

象天立法

《春秋》從南北分夷夏

議院以善爲衆不主從衆。千人諾諾，不如一士諤諤。

議院即養老乞言

質勝則野

文質彬彬質，野人，如墨；文則如儒。

外州十二牧，十二月，十二曆

三統循環

二十八宿分野

五行非以五者爲原質，五爲五帝，則行指學行。

禎祥後來，非古。

災異將來，非已往。

六合

鬼神

生知前知。

困知勉行。

思想規則

文明民權

體操改樂舞

天官，事鬼神

以仁義救權利　　由人謀進神謀

因德命官　　孝道

學校附議院（議員爲耆老，孤子即學生。）　　道

競爭害群　　德

教育主經　　群而不黨

孔不生于草昧以前者，必有春秋時之資格，而後可以立教也。外國不通商于元明以前，亦必有今日之資格，而後可以法孔也。董子云：「文成數萬，其旨數千。」科目繁賾，固非此區區所能盡，然而宏綱巨領，亦已盡隅舉之能事。太羹玄酒，聊勝于無云爾。

孔經哲學發微

廖　平　撰
楊世文　校點

校點説明

據謝無量序，《孔經哲學發微》分八個部分：一曰尊孔總論。謂春秋以前字若繩紐，孔子正名，乃制六書翻經。二曰撥亂。人服禮化，各有倫等，爲設六位以别禽獸，瀛土之士，未離質野，當廣孔氏之教，有以正之。三曰貴本。大學修身爲本，天下既平，精感神明，乃能止定静慮，行先知後。四曰流演。諸子九流皆出經術，乃有各明其一方，實非出乎二術。五曰立言。六藝各有疆域，與時俱行，不徒爲中國取效朝夕。六曰小大。《春秋》、《王制》所以治中國，《尚書》、《周禮》所以治海外。七曰天人。六合以外，《詩》、《易》主之，道釋之流，兹其由枘。八曰宇宙。六緯所傳，天地成毁，來往變異，萬族之故，殊域遠鄙，播爲教學。但印本目録並無「立言」一類，當是脱誤。此書擬當《尊孔篇》「微言」、「寓言」二門，作爲上卷，另附《孔經哲學發微續編》（嗣出）目録於後，將擬當「禦侮」、「祛誤」二門爲下卷，終未編成。其中收入《四益館經學四變記》、《倫理會成立宣告書》等舊文和演説詞。全書綜合其三變、四變思想，較爲系統地闡釋了其經學五變時期「天人、小大之學」的孔經哲學體系。《孔經哲學發微》成於民國二年（一九一三），劉師培以書目弗雅訓，爲易名《廖氏學案》並爲之序。當時廖平在上海，付中華書局石印出版，於一九一四年印行。今據此本整理。

目録

孔經哲學發微序

昔天生仲尼叡聖，還轅於魯，乃定經術。於是鴻筆於《詩》、《書》，修起《禮》、《樂》，制作《春秋》，以爲後王之法。故曰「其諸君子樂道堯舜之道與？末不①亦樂乎堯舜之知君子也。」夫告往而知來，當須之乎百世，苟非其人，道不虛行，而董仲舒、何休猥曰漢德之符云爾。嗚呼！其今猶未知厥辰，何古之與？有當世井研廖君，博聞人也。初明《公羊》，漸闢通群經，至老勿倦，凡素王之道，昭遰於心，嶷然而不滯，炳然而大成。世之爲學者，或好君之小數末慧，争取之衒名聲，馳騁自得，而莫能宗君之大道。歲癸丑，君抵燕趙，泛於江淮，卒乃濡滯上海者彌月，出一文曰《孔經哲學發微》。於是山東曲阜縣以八月孔子生日，大會四方之士，來祭廟林，君走會之，道中送書曰：「僕所造《孔經哲學發微》，義皆新拔，將求人攻難，非以自樹也。生平②治經，其説凡四變。一説纔動，聞者相怪議。及共口談，往復利鈍，略至相化，後竟用僕。僕誠樂與世流通，如鄭君之付子慎，郭象之資子期，但有知吾心者，政不必謂自僕出

① 不：原無，據《春秋公羊傳·哀公十四年》補。

② 平：原脱，據中華書局原印本後附「校勘表」（以下簡稱「原校」）補。

耳。往以《王制》説《春秋》，有二伯、監大夫，時人嘸然，久漸融達，無謂非是者。今益將抉小大之觀，窮天人之變，故《周禮》治三萬里，象今之天下，有聖人起，當調燮於冰燠，通南北之氣，土圭可立，槷中之道可行，此經術之驗也。僕此説出，世人必更出力排詆，僕猶卒冀其悟，如曩諸説，蓋嘗約其語於《發微》，惟吾子序而傳之也。」今觀君所著《發微》，一曰尊孔總論。謂春秋以前，字若繩紐，孔子正名，乃制六書、翻經，爲孔氏古文，而舊之史文，便從闕廢。二曰撥亂。人服禮化，各有倫等，爲設六位，以別禽獸。肇乎野人，終於聖域，因其成德而爲之分。故瀛土之士，未離質野，當廣孔氏之教，有以正之。三曰貴本①。《大學》修身爲本，以喻褒聖臨世。天下既平，一日克己，四海歸仁，精感神明，乃能止定靜慮，行先知後。始終之道，蓋與舊説敻乎異焉。四曰流演②。諸子九流，皆出經術，乃③各明其一方，實非立乎二術。五曰立言。六藝各有疆畛，與時偕行，不徒爲中國，取效朝夕，名物之號，異實同名④，在善分別，乃無不貫。六曰小大。《春秋》、《王制》所以治中國，《尚書》、《周禮》所以治天下，六合之

---

① 貴本：原作「務本」，據原書前目録改。
② 流演：原作「流行」，據原書前目録及原校改。
③ 乃：原作「有」，據原校改。
④ 名：原作「居」，據原校改。

內，於茲備焉。七曰天人。六合以外，《詩》、《易》主之，游神變化，不可方物，道、釋之流，茲其由枏。八曰宇宙。六緯所傳，天地成毀，來往變異，萬族之故，殊域遠鄙，播爲教學。已上凡八篇，雖獨邕微言，撟乎恒誼，亦可謂博雅廣大，近世所無者矣。總其指歸，在稽古立制，被端委於裸邑，別九服於異代，洽聲化之遠邇，明一統之無外，殆莊生所謂旦暮遇之者，君其志焉。僕於君負鄉閈之近私，夙以瘨痃之疾，違服膺之慕。蓋顏生之材，蚤竭於鑽仰；周任之止，不待於陳就。惟取足於飲河，徒興嘆於觀海，於君之業，匪能贊也。夫宣尼弘教，七十之徒咸謂通藝，四科八儒，成器攸殊。蓋門户所入，無關於衆塗；仁智之見，悉原乎一道。今儒服之倫，揚厲國聖，稱頌旁薄，詎必同軌。君張其閎辯，傒人攻難，憤悱必發，直諒之任，譬諸墨翟嬰城，諒勿庸躊躇於矛伐爾。癸丑八月二十七日，謝无量序。

凡例共十四條

一、哲學名詞，大約與史文事實相反。惟孔子空言垂教，俟聖知天，全屬思想，並無成事，乃克副此名詞。如中外諸學人，木已成舟，皆不洽此名義，故書名《孔經哲學》①，示非史法。且思想變遷，無有極盡，以凡夫而談聖神，固自絶於擬議也。

二、舊哲史於孔前臚列帝王周公，今全以歸入經學。六藝爲舊，六經爲新，孔前舊史爲駢音書，《莊子》所謂「舊法世傳之史」，《史記》所謂「百家語」、「百家言」。六書文字，固專爲孔氏古文也。故孔前從畧，則以孔之俟後，固「先天而天弗違」者也。

三、舊哲史於孔後臚列歷朝學人，下及性理、考據。其弊與《改制篇》孔子創教、諸子亦創教同。諸子及帝王卿相，師法經術，其善者不過得聖人之一體，在孔子爲思想，在後儒爲事實，此孔後不當再言哲學。故孔後從畧，則以孔之法古，固「後天而奉天時」者也。

四、古史皆駢音，方言各地不同，與古文乖異。孔氏古文新經，惟鄒魯之士乃能言之。宿儒以六經爲史，《列》、《莊》已極攻之。凡賈、馬、許、鄭及三《通》各書，直以孔爲書傭檔吏，凡

---

① 孔經哲學：原作「孔經哲理」，據原校改。

言舊史，皆不足爲學。如龔定菴、章實齋之流，以經爲古史，最謬。

五、北宋以後，人天顛倒。以禪悦責之童蒙，致爲人才大患。「子路問事鬼神」章，即所以①防宋人流弊。今以性道定静歸入天學，《大學》從修齊入手，方有餘力研究國家天下事理。一切玄妙空談，俟諸異日。

六、陰陽五行，古爲專家，皇帝之佐，辨方正位之符號耳。自專家不傳，流入藝術，瞽説俚言，致累聖籍。今恢復專家，以明帝學，一切俗説，屏而弗講。泰西學制，統以六藝統之，歸入孔前，倫禮立坊，爲撥亂反正之成法。

七、《論語》：性與天道，不可得聞。天道爲星辰學，性爲五土種學，皇帝大同之法，王伯以下，可以不言。後儒言性言心，專就一身百般穿鑿。棘端刺猴，徒勞無益，錢穀刑名，乃爲實用。玩物喪志，正可借觀。

八、通經致用，必始《春秋》。武帝多才，出於《公羊》；宣帝良吏，出於《穀梁》。雖有别家，《春秋》爲盛。當今實用，一經已足，由遠自邇，縱治他門，亦必由此經過。美錦學織，即在讀書，博學兼通，以俟英俊，專門效用，不在多途。

九、天堂世界，衆生皆佛，不假修持，自然而得。未至其時，所有飛昇、辟穀、坐化、神遊，

① 以：原脱，據原校補。

皆屬應化，亦所謂天道不變耳。萬部金丹，徒勞妄想，清净無象，於世何益？俗儒每以自了爲聖賢，須知户户道學，家家禪寂，天下正自彌亂耳。

十、儒爲九流①之一，孟子又爲八儒之一，「良知」二字，又孟子學説百中之一。宋以後儒者重知輕行，議論多，成功少，致爲世詬病。以良知較孔學，誠如太倉之一粟。知與能並重，今取知棄能，是一粟已不全矣。而世以孟概孔，豈不痛哉！故言孔學，須分天人，分大小，就其中擇術專精，得成才器足矣。沙門無人敢學佛，秀才皆自命爲真孔，蓋由直以村學究爲孔。《莊子》曰：「大而無當。」似此恒河沙數之孔子，所以釀滅國滅種之劫運也。孔子弟子三千人，比喻千八百諸侯及附庸也；七十二賢者，比於七十二侯。三千皆通六藝，七十二則通六經。

十一、《周禮》十二教，大抵以十二州分六千里，自立一歷，則别成一教。内九宫爲八正，又别爲八教，共爲二十教。故《王制》曰：「不變其俗，不易其宜。」此皇帝大同，化諸不同以爲同之法也。孔子未生以前，以祆、回爲教；既生以後，則由六藝以推六經。今黑道尚爲冰海，必天行移，地球長，赤黑二道寒暑同黄道，全球統一，乃爲太平。地球今日所無之人物儀器，又不知變象何如。《尚書》、《周禮》，今日所不能解者，大抵皆數千萬年後婦孺所共知，亦如地球四游升降之説也。

---

① 九流：原脱，據原校補。

十二、日本搜羅吾國舊學，凡咸、同以來，大約詳備，所著哲史，可謂集成。然依附舊聞，未闢新境，較之唐宋，一區之貉。今故直追周秦，以達尊孔宗旨。所列諸條，皆有專書發明，撮其大綱，言歸簡要。若欲博通，則固非此册所能盡也。

十三、吾國非讖緯之學極發達，不能有真經學；非諸子之學極光明，不能有真人才。考據空理，久錮聰明，齊東野語，尤爲狂肆，若徒莊言，必遭按劍。故託之恢詭，自比荒唐，離而復合，其亦牛鼎之義乎？

十四、至聖天仙化人，非世界所能囿，更何論乎吾國學問公理？故人我俱忘，昔撰《祆教折中》榷判迹象，未極高深。其稿存成都青年會。彼邦哲士，好學深思，遠過吾黨，研求真理，派演傳疑，絕不閉拒堅固，予聖自封。惜未能譯爲西文，求證大哲。如有好事，彼此溝通，華嶽雲開，美富畢顯，交易互退，敢不馨香祝之！癸丑聖誕前十日，廖平撰於申江孔寓。

尊孔總論

平畢生學説，專以尊經、尊孔爲主，舊排印有《尊孔篇》。兼采泰西科學之理而溝通之。其論孔學大要，在經、史之分，語、文之別。古史不傳，今所誦習六書文字之書，統出孔後，全屬經説。

經爲孔子所立空言，垂法萬世。故凡往古之舊史，草昧侏儒，不可爲訓。若欲存之，則如《黑蠻風土記》、《赤雅僮傜志》、《四裔列傳》。故孔作新經，盡袪已往之陳迹，《論語》所謂「成事不説，遂事不諫，既往不咎」。康氏《孔子改制考·上古茫昧無稽考》頗詳此事。古史之説，《列》、《莊》攻之於前，西儒攻之於後。龔定菴猶以六經爲古史，真屬盲人臨深，學人猶推崇其説，過矣！

至聖生知前知，《知聖篇》已述大畧。前篇刊於廿年前，續篇刊於十年前，然大致不差也。每怪兩部《皇清經解》，號稱絶作，試將孔子取銷，謂世間並無其人，其書仍可自立，故①力張微言大義。近且主孔子正名作字，凡孔子以前之書，古皆稱史，同屬駢音字母，《論語》所謂「闕文」，《莊子》所謂「舊法世傳之史」，《史記》所謂「百家語」、「百家言」、「百家雜語」、「諸侯並作語」。孔

①「故」前原衍「近」字，據原校删。

子因翻經，乃作圖畫之字，《論語》所謂「正名」、「雅言」，《史記》所謂「孔氏古文」、「《詩》《書》古文」。大抵當時並行，舊史爲古書，如今外國文；新經爲孔字，如今華文。當孔經初出，文字與衆不同，故《論語》曰：「《詩》、《書》、執禮，皆雅言。」《莊子》曰：「《詩》、《書》、《禮》、《樂》，鄒魯之士、薦紳先生能言之。」《史記》云：「百家言黄帝，其文不雅訓，縉紳先生難言之。」是秦漢之間，常①二派並行。自武帝罷黜百家以後，駢音之文乃絶迹於中土。故凡今日所傳古書，無論署何名氏，皆出孔後，全爲經之傳記，孔子以前，不必再言古史、古人、古事。另有專書發明其事。

史②所謂「百家語」，即「諸侯並作語」之變文，猶百國寶書，皆駢音古史。東漢以後，乃以子書爲百家。考秦并無焚子書之事。莊子、董子皆同。董子罷黜百家，自與秦焚百家語事同一律，至於黜縱横，别爲一事，牽連及之，非百家即指蘇、張。自武帝後而駢音之書絶，揚子雲乃以古文翻方言耳。

《論語》爲記孔子微言，至爲深邃。唐宋以下，乃專以平庸求之，至聖之事，人人能知能行，其弊已不堪言，至以人皆可爲孔子，何其與子貢、宰我相差太甚！大抵皆八股害之，如西

① 常：原作「當」，據原校改。
② 史：原作「古」，據原校改。

人所翻《講章味根録》等書，直三家村學究耳。外人未嘗不欲得孔學之真，翻譯此等書，則所謂「身後是非誰管得，滿村聽説蔡中郎」者。中國研經之書，去孔已萬里，何論講章。孔學真理，中人且無人能知，何論海外。乃舉《講章》與《新約》校異同，爲研究孔學，過矣！

中外攻孔、疑經、廢經之説多矣。持之有故，言之成理，皆爲去僞存真而作，如《列》、《莊》「芻狗」、「糟粕」之説，所以袪馬、鄭、程、朱「經爲古史」之説，孔則作而非述、經而非史。「《詩》《書》發冢」①，爲莽、歆輩言之。大抵後世僞儒依附六經諸弊，古人皆已知其流誤，預爲防範。至於西人所疑，則皆後儒之誤説。《史記》以《莊子》詬詆仲尼之徒，非指孔子。《孟子》云「仲尼之徒，無道桓、文之事者」，亦謂儒家。如荀、楊非謂仲尼，自不言二伯，以與《春秋》相反也。《論語》如《詩》、《易》，别有微言大義，非常可駭。他書引用其語，則爲常言，亦如箴詞與斷章取義之詩句耳，《詩》、《易》之本旨不在是也。《易》、《詩》七十子有不能知者，今必使童子一見能解，故使人弁髦視之。凡童蒙所讀之書，不可以《論語》與《爾雅》、《少儀》、《内則》同列②。凡童蒙課本，不可直引《論語》本書，見於他書者引之可也，非此不足以尊經。

哲學名詞，發表於東瀛。説者以哲理與事實爲反比例，則古稱孔子空言垂教，垂法萬世

---

① 詩書發冢：《莊子・外物》篇作「詩禮發冢」。

② 列：原作「例」，據原校改。

者，正哲學之定名矣。六經立言非述舊，空文非古史，則以哲理說六經所依託之帝王周公，皆化爲雲煙，與子虛烏有成一例矣。孟子以孔子爲生民未有。東漢以後，乃專以述求孔，不知孔子與帝王周公，物莫能兩大，必不得已而去其一。去帝王周公乎？亦去孔子乎？又必無去孔之一說。且兩害相形取其輕，獨尊孔子爲至聖，隆匹夫以天子禮樂，且尊爲大祀，與天地配。帝王周公則其祀典不顯，士有終身未能一拜者，此中國陳事也。且即《古制佚存》考之，嘗①輯《春秋》以前蠻野事迹與經不合者，編爲此書。則《春秋》以前，吾國尚在草昧狉榛，若實傳堯、舜、禹、湯、文、武、周公之事實，則直與《墨子》、四夷歷史、藩屬列傳，同爲蠻野記載，無禮教、無倫常，則亦酋長土司之記録耳。且其文皆字母駢音，其書漢初尚有流傳，太史公嘗讀之。《五帝贊》云：「百家言黄帝，其文不雅馴，薦紳先生難言之。」而以孔子與宰我所傳之古文爲近是。《三代世表》以《尚書》無歲月，舊史之歲月甚詳，與古文咸乖異。太史公曾親讀孔前之舊史、百家語，秦皇焚之於前，漢武禁之於後，孔教乃大一統。中國爲孔經之天下，且世艷稱之，二帝、三王、周公者，皆在孔子經中。尊一孔子，堯、舜、禹、湯、文、武、周公得以全尊，就經言經，不必問古史可也。此尊孔而帝王與之俱尊，一舉而兩全之法。若欲實求真堯舜、真古史，宰

① 嘗：原作「常」，據文意改。

我不云乎：「仲尼賢於堯舜遠矣！」經中之堯舜，爲孔子之化身①，以校古草昧之真堯舜實遠過之，則有新經，不言古史可也。以孔經論，空言垂教，全爲哲理；以人天分判之，則人爲行事，天又爲哲理，故定爲學行在先，知思在後。行事必先研究，然「知」即包於「行」字之内，不能别立一門，如後儒内聖、抱道在躬之誤説。

孔經人學爲事實，天學爲思想。舊説《詩》言志，今《詩》無「志」字，大抵以「思」代「志」，「思」即「志」。《詩》中「思」字數十百見，即以「思」爲「詩」。「思無邪」即「《詩》無邪」。《詩》爲天學，當在人學之後。《輶軒語》引吕氏説，以《論語》屢言《詩》學，謂經學當從《詩》入手，此爲大誤。《詩》爲高遠之學，「思無邪」，與賜商始可與言《詩》三事論之，明矣。天學高明，不能實行，則其學必無人服習。《易》猶藉卜筮以存，故於《詩》定斷章取義、歌賦誦習之法，以此存經。必待數千萬年後，人學已盡，推之六合以外，《詩》乃可以實行。故「小子何莫學夫《詩》」，可以「興觀群怨」，「事父事君」，與「多識鳥獸②草木之名」，皆爲存經之法。亦如佛經之言語文字，其迹象也，微言大義，别有深識，其曰「可」者，僅可之詞。其與伯魚言《禮》立《詩》言，《禮》立爲人道，《詩》言爲天道，故《詩》之言「思」，思想哲理。欲學《易》，必先學《詩》；欲學

---

① 化身：原作「後身」，據原校改。
② 鳥獸：原作「禽獸」，據《論語·陽貨》改。

《詩》，必先學《書》；欲學《書》，必先學《春秋》。由遠自邇，升高自卑，所謂格物致知，不可躐等爲之。《論語》言《詩》，深者極深，淺者至淺。自來説《詩》者皆有句無章，有章無篇，有一篇與前後數篇、數十篇不相貫通。至於全經，亦如《春秋》之屬辭比事，十二公首尾一貫者，更屬思想所絶。此新撰《詩學提要》，讀三百篇，如一手所作，屬詞比事，亦如《春秋》，爲説《詩》之新法也。

孔經舊史文字異同表①

舊説以經爲史②，特以三事立表，以明經、史之分。

舊史字母孔經古文文字不同表	
上古結繩而治。《易大傳》	後世聖人易之以書契。
吾猶及史之闕文也。《論語》	子所雅言，《詩》、《書》、執禮，皆雅言也。

---

① 文字：原脱，據原校補。

② 史：原作「古」，據文意改。

舊法世傳之史，尚多有之。《莊子·天下篇》。字古之古史，莊子及史遷均曾讀之。	《詩》、《書》、《禮》、《樂》，鄒魯之士、薦紳先生能言之。孔子特造之①新翻之經，非弟子不能認，不能解。
百家言黄帝，其文不雅馴，薦紳先生難言之。《史·五帝贊》	孔子所傳《五帝德》及《帝繫姓》，儒者或不傳，又總之不離乎古文者近是。
稽其歷譜終始五帝之傳，則論弟子籍，出孔氏古文近是。《三代世表》「諸侯并作」語。	譜牒古文咸不同、乖異。正名。名家由六書之文而出。君子於其言，無所苟而已。凡字書名家引此文者至多，皆屬孔學。

史有經削表 此如《春秋》削例，舊史本有，經則削之。

余讀牒記，黄帝以來，皆有年數。《三代世表》、舊史。	孔子叙《尚書》俟後之經。則略無年月，與《春秋》編年體大異。或頗有，然多②缺略不可録。待其人而行，故不能加歲月。夫子之不具年月，豈虛哉！

① 「之」下原衍「字」，據原校删。

② 多：原作「後」，據《史記·五帝本紀》改。

魯人視朔，四時祭，君舉必書。	《春秋》常事不書。
學者多稱五帝，尚矣。	《尚書》獨載堯以來，又儒者或不傳。
吴、楚稱王。趙盾不弑。許止不弑。	《春秋》書之曰子。經書弑。經書弑。

經有史無表

此如《春秋》筆例，修《春秋》，筆則筆，史所無者，經可筆之。

予觀《春秋》、《國語》，其發明①《五帝德》及《帝繫姓》章矣。其軼事往往見於他説。其所表見皆不虚，總之不離乎古文者近是。	余嘗云云②。長老皆各往往稱黃帝、堯、舜之處，風教固殊焉。其地染夷風，與孔説不同，中古無此五③帝之聖蹟。
予並論次，擇其言尤雅者，著爲《本紀》篇首。《五帝贊》	《史記》本紀五帝，世家吴泰伯，列傳伯夷④，皆因孔子稱之，故著爲書首，就古史論，皆無其人。如許由者，蓋嘗有許由冢云，亦不信實其人。

① 明：原無，據《史記·五帝本紀》補。
② 云云：原脱，據原校補。
③ 五：原作「吾」，據原校改。
④ 夷：原脱，據《史記·伯夷列傳》補。

予讀《春秋》古文，乃知中國之虞與荆蠻，二字與「中國」對。勾吳，兄弟也。姓氏譜牒之學，由經而作，古則無之。《吳世家贊》

案：《莊子·天下篇》：「其明而在數度者，上言本數末度。舊法世傳之史，凡稱史，皆爲駢音之成迹。尚多有之。東漢以後乃絶，《論語》「今亡矣乎」。其在《詩》、《書》、《禮》、《樂》，孔氏翻經、雅言，皆用六書。文字爲孔子正名之學。鄒、魯之士、皆屬弟子，則子政《戰國策叙》孔作六經，惟弟子能信其學。搢紳先生能明之。《史記》：「百家言黄帝，其文（駢音）不雅馴，（全屬方言，不似古文雅正）。薦紳先生難言之。」正與此針對，薦紳先生重孔氏古書，不傳百家字書、方言書。《詩》以道志，《書》以道事，《禮》以道行，《樂》以道和，《易》以道陰陽，《春秋》以道名分。六經統諸子，皆屬古文。其數散於天下，全球。而設於中國者，小統。百家之學，與古文學不同。時或稱而道之。即上「其明而在數度者」三句之義，百家即「舊法世傳之史」，非諸子。天下大亂，諸侯紛争。聖賢不明，道德不一，天下「下」當作「士」。多得一察，焉以自好。譬如耳、目、鼻、口皆有所明，不能相通，以上説諸子之學。猶百家、方言囿於地域，不能如同文之效。衆技手工技藝也。也，皆有所長，時有所用。諸子百家。雖然，不該不備，六經則六通四闢，小大精粗，其運無乎不在。一曲之士也。以上諸子。判天地之美，析萬物之理，察古人之全，寡能二字疑衍。備於天地之美，稱神明之容。孔子六經。是故内聖六合以内，至人之學。外王六合以外，皇之至人、真人。之道，闇而不明，鬱而不發，時未至，空有此説，不能實行，以戰國兵争强奪，亦如今日也。天下之人，即百家諸侯。各爲其所欲焉，《秦本紀》所謂「私學」。以自爲方。「方」即「方言」之「方」。悲夫！百家秦始同文之制與此同，舉經以統諸子，與同文以統方言同。往而不反，方言鄉談，各囿於地。必不合矣。字不能有同文之盛，道不能有統一之法。後世之學者，指百家言。不幸不見天地之純，古人之大體，孔經。道術六經。將爲天下裂。」「諸侯並作」語，家異俗，國異政，如《說文序》所言「言百家，皆指方言，不指子書。

四益館經學四變記 己酉年本

四益四變，近八年矣。同門所記，畧有三本，詳畧不一，體例亦各殊。惟其學萌芽，亦如《公羊》，多非常可駭之論，非觀其終始，不得肯要。四卷本經劉申叔摘刊於《蜀學》雜誌，今以此本最爲簡明，先爲登録，然後及其詳備者焉。姪師政謹識。

初變分今古

四益原以宋學爲主，及入尊經，泛濫於聲音、訓詁、考據、校勘，江、浙、直、湖各學派後，乃自立門户，光緒十一年乙酉，成《今古學考》，刊於成都，專以《王制》屬今學，《周禮》爲古學，今、古以制度分，不主文字。後乃改《左傳》爲今學，以其制度主《王制》，所著有《穀梁古義疏證》、《左氏古經説》、《公羊補證》等書。

今古學派表

用東漢法，專主《五經異義》，嘉、道以來學者皆以分今、古爲主，而《今古學考》集其大成，劈分兩門，始有專書。

今主孔子。	古主周公。
今主改制，孔子晚年之説。	古主守舊，孔子初年之説。
秦漢博士學派。	東漢古文學派。
《穀梁春秋》。	《春秋左氏傳》。
《公羊》。	《左氏》賈、服注，用古文。《國語》。韋注。
《詩》。無笙吹，《周頌》不過十篇。不足三百篇。 齊 魯 韓 三家皆詳師説、義理、典制，不專言訓詁。	《詩》。有《序》，羼笙吹，分析《周頌》，共三百餘篇。《毛詩》。傳、箋。據范書，《序》出謝曼卿，《箋》出鄭康成，《訓》出衛宏，《傳》出馬融，與《尚書》、《左傳》、《周禮》相同。大小毛公之説，齊、梁以下盛行。實則古文家説，全出東漢以後。據《周禮》、《左傳》以遍説群經，大小毛公皆屬烏有子虚。

《書》。廿八篇，法列宿，《皇篇》法北斗。 歐陽 夏侯	《書》。《百篇序》。 古文《書序》。古文家仿《史記序》而作。 馬、鄭《書》傳、注。《五經異義》，古文由賈、馬至許、服、鄭，門户初立，魏、晉鄭學盛行，因而大顯。
《禮》。 《禮經》 《禮記・王制》	《禮》。 《周禮》。
《易》。《易》、《論語》、《孝經》，古未成家。	古文《易》説。
今《論語》。	古《論語》説。
今《孝經》。	古《孝經》説。
《爾雅》。	《説文》。

二變尊今僞古 用西漢法，如《石渠禮論》、《白虎通義》，亦異古文説。

光緒十四年戊子，撰《知聖篇》、《古學考》，一名《闢劉篇》。專主博士，以古文家《尚書》、《毛詩》、《左氏》、《周禮》，其源流皆晚出僞説，力反秦火經殘之論。諸經皆全文，《毛詩序》、《尚書序》皆歆弟子僞撰；《周禮》爲《逸禮》，與《王制》同，其異者皆歆羼入。專守《王制》，以中國一隅説六藝之派也。著有《群經凡例》、《王制義證》、《經話甲篇》，已刻。

知聖。俗學專言學聖，不求知聖，遂以孔子爲學究，人人可以爲孔子。必知生民未有，賢於堯、舜，生知前知，而後可以言知聖。	闢劉。古文但詳文字，如近來音訓之學，其餘制度無一可行者，如後世典考諸書是也。所以後世無通書、通材。
博士由周、秦以至兩漢。	古學諸家皆始莽、歆，東漢古文皆發於歆。
各經皆爲今文，博士傳受。	初止《周禮》、《左傳》，東漢以後，推之《詩》、《書》各經。
三《傳》、諸子禮制，皆同《王制》。	王莽將《周禮》全行演辨。
今學：天子娶十二女。莽嫁女用十一媵。	莽末年，同日自娶百二十女，皆有印綬。

劉歆《移博士書》。六藝皆歸孔子制作，爲孔門微言，與《世家》同。	諸經皆以爲史文，《春秋》即國史，史用周公而成，孔子述而不作。
《易》、《詩》、《書》、《禮》皆全經。今學專主孔子，遠近尊卑，互相啟發。一人一家之書，義例精詳，耐人鑽仰，以勵才志，故通經即所以致用。	秦火諸經皆殘。古分屬堯舜三代各史，怨女曠夫，事雜言哤，不足爲典要，畧如後世史鈔、詩文選本與卜筮之書①。古文初起無師説，但有訓詁小注，如玉函山房所輯《詩》、《書》、《周禮》、《左傳》之訓詁，譾陋不能成家，正其短也。或以爲西漢文古奥，體應如是者，誤。
《王制》，博士所主。《史》、《漢》公羊、穀梁其名皆不傳，本爲卜商之轉音，東漢以後，公羊造五代之名，公羊高與敢與壽。穀梁亦造有四名，穀梁喜與赤與俶。《史記》明言除《易》以外，漢以前各經傳授皆不詳。《經典釋文》、《隋書・經籍志》所引東漢以後人僞造淵源，一經有數説，自相矛盾。	《周禮》本《逸禮》，有改羼，無師説，但詳訓詁，不能成家，本無所得。就今經改古字，謬稱古本，妄撰傳授。《隋書・經籍志》、《經典釋文叙録》古文淵源，皆出僞撰，并有數説不同。

① 書：原脱，據文意補。

先師經說，明達可行。經學微言大義，傳自孔門，傳輯師說，義理詳明，如《尚書大傳》、《春秋繁露》、《韓詩外傳》。	自有《周禮》，遂生轇轕。斥鄭破亂家法。
博士經說，義理制度，燦然明備，通經致用，故弟子皆人才。	鄭注《周禮》，違經立論，別造師說，如僞孔《周官》篇之類，無一說可通，儒生遂無人才。

三變改今古爲小大 用先秦法，諸子與博士。

光緒二十四年戊戌，因天球河圖、小球大球、小共大共，乃漸變爲此說。以《王制》、《周禮》皆爲真古書，《王制》爲《春秋》之傳，爲内史所掌之王伯學；《周禮》爲《尚書》之傳，爲外史所掌之皇帝學。六經中分三小三大，王、伯治中國，《周禮》治全球，乃以經學爲世界之書，非中國一隅之言。著有《周禮皇帝疆域考》、《地形訓釋例》、《周禮疏證》、《周禮鄭注商榷》、《古文師説駁義》、《尚書新解》、《公羊大一統》、《春秋凡例》、《皇帝學》、《利益百目》等書，樂山黄孝廉鎔刊有《經傳九州通解》，即①用《皇帝疆域考》之説。

王伯學《春秋》《王制》圖表	皇帝學《尚書》《周禮》圖表
據《王制》説《春秋》，儒、墨、名、法同。《王制》三千里版圖，三服甸、采、流。	據《周禮》説《尚書》，道家、陰陽、五行同。《周禮》三萬里版土，九服、九畿，十五服、十五畿，《帝謨》、《禹貢》五服五千里一州、九州方萬五千里，爲十五服。
儒者九州，方千里爲一州。	鄒衍九州，方二萬七千里，方九千里一州，八十一州。九服九大州，方九千里一州。
四海之内，方千里者九。《孟子》	四海之内，方二萬七千里。《管子》、《吕覽》。
《春秋》三《傳》方三千里。	《詩》三《頌》三皇，《大雅》、《小雅》帝王爲方伯。
《禮經》安上治民，專言定位，折尊一定。	《樂》移風易俗，專言改革，不主故常。

① 即：原作「既」，據原校改。

《小戴記》。《大戴記》專詳皇帝學，《盛德》、《朝事》尤爲《周禮》專篇，《小戴》分詳王、伯，《月令》、《樂記》、《明堂位》爲皇帝①專書，或以爲後儒所補，故小、大即小康、大同之分，非叔姪别分大、小也。	《大戴記》。小、大以帝王分，專言大同。《五帝德》、《帝繫姓》專爲帝學，《盛德》、《朝事》二篇專解《周禮》，《曾子》、《易本命》言地球形狀及生物次第，尤爲詳備，同爲一家，以小康、大同分别而行。今故因其小、大名目，以改易今、古舊名。
《尚書》王學。邵子以爲帝初以屬②王，後乃知兼言皇帝③人事。 儒、墨、名、法爲王伯。 《國語》、《國策》爲王伯。	《易》爲皇學。 道家、陰陽家爲皇帝。 《楚辭》爲大同。 《靈樞》、《素問》五運六氣爲大同。

① 皇帝：原作「黄帝」，據原校改。
② 屬：原作「三」，據原校改。
③ 皇帝：原作「黄帝」，據原校改。

此用邵子《皇極經世》，以《易》、《春秋》分配皇、帝、王、伯而小變之。主分經立政，各經自爲一局。各有堯、舜、禹、湯、文、武，質格不同。如《王制》則爲《春秋》之傳，地方三千里，專就中國一隅立制，凡傳記所言三千里者，皆屬此派。《尚書》、《周禮》則三萬里，版土一小一大，疆域不同，時代亦異。故《尚書》之堯、舜、禹、湯、文、武、周公，則必時至三萬里一統，而後生其人，實行其政。與三千里之帝王相去非千萬年，不能見諸實行，此分經定制之要義也。

初以《周禮》專條與《王制》不同者，無師說可證，刊入《周禮删劉》中。及考《大戴禮》、《管子》、《淮南》等類師說，最爲詳明。且鄒衍大九州即《大行人》九州以外國爲蕃國之師說，推考道家、《楚辭》、《靈》、《素》皇帝之師說，轉詳於王伯，不得謂爲劉歆羼入。故以《周禮》爲《尚書》師說，亦如《王制》爲《春秋》師說。一經一傳，兩兩相配，而小、大之學以成。

四變天人位育 用道家與絳侯法。

光緒三十一年乙巳，去乙酉《今古學考》廿八年矣，乃有天人之變。六合以内爲人學，皇、帝、王、伯全就人事立象，制度亦分四等。《詩》、《易》則在六合以外，故陟降、上下、飛逃皆神游魂游變化①，故三垣北辰爲皇之大一統，列宿四宫爲帝之分方法。昴星統一爲一王，日繫統八行星爲八伯，如伯之一匡。由小推大，升高自卑，乃由地以推六合以外。著有《天人學考》、《三才説例》、《生知説》、《俟聖篇》、《易經新解》、《詩經新解》、《楚辭注》、《山海經注》、《穆天子傳》、《列子》、《莊子》注等書。

《春秋》爲人學之始。推見至隱。	《易》爲天學之終。由隱以之顯。
人學。《王制》小，《周禮》大。言人間世制度。力行，屬實踐。	天學。緯、讖。言諸天制度。理想，屬哲學。
行學。	知思。同志宋、元以下，先知後行顛倒。
六合以内。故《春秋》書皆行事。	六合以外。故《詩》、《易》皆託比。
《大學》爲人學兼天。平治人學，格致天學。引《書》人學，引《詩》天學。	《中庸》專爲天學。有《大中人天不同表》，引《詩》不引《書》。
伯：《春秋》。	伯：《詩》《周》、《召》、十二《國風》。所言皆天象星辰。

① 神游魂游變化：原作「神游魂變作」，據原校改。

王：《春秋》。 《尚書》三王三代，《顧命》五篇。	王：三《頌》。 上、中、下即天、地、人，往來、陟降即諸天神游。
三公：《肜日》、《西伯》、《微子》。	
帝：《書》《典》、《謨》、《五誥》。	帝：《易》下經十首。
羲和二伯。道家一統。	皇：《易》上經六宗「時乘六龍，以御天」，上升下降，魚躍鳶①飛，父天母地、兄日姊月。
二多四輔。	
皇：《書·典》命羲和。	
善言人者，必有驗於天。	善言天者，必有驗於人。
《靈》、《素》爲皇帝治法。	《楚辭》游魂上下，周游六漠。 《列》、《莊》游六合以外。佛家華嚴世界。
人帝學，以祭祀通鬼神。	天皇學，直接鬼神，上天入地。

① 鳶：原脱，據原校與《詩·大雅·旱麓》補。

孔子人天學名號地位經部子別先後表

人學表

名號	地位	經部	子別	
君禮	進化千里	《春秋》君伯	法、農　君	以上爲六合以内之事。人學必尊天，王伯以祭祀感格天地神祇，皇帝形游六合以内，神游六合以外，靈魂往來，神去形留。皇帝之世，聖人始來游。靈物始至，運衰則不復至，而别游天地。
伯義	三千里	《王制》伯王	縱横　伯	
王仁	五千里	《小戴記》伯王	名　伯	
帝德	九千里	《尚書》皇帝	儒夏　王	
	一萬二千里			
皇道	三萬里	《周禮》皇帝	墨殷　王	
帝德	退化一萬二千里	《大戴記》皇帝	名周　王	
	九千里			
王仁	五千里	《月令》皇	《素問》	
伯義	三千里		《靈樞》	
君禮	千里		道家六合以内	
後三古				

天學表

名號	地位	經部	子別
君聖人	本球六合以外，質。	《樂》讖緯	雜家佛下乘
伯化人	日繫太素，形。	《詩》《周》、《召》	《楚辭》《靈》、《素》
王至人	昴星太始，氣。	《詩》三《頌》	陰陽佛中乘
帝神人	垣宿未见氣。	《易》下經	《山經》
皇真人①	合天太易。	《易》上經	道家六合以外
《中庸》「鳶飛魚躍」，《易》「乘龍御天」，「周游六虚」，皆憑虚往來，以天爲疆域，諸天地爲友邦，如佛家不尊天。日本哲學家言人將進化爲真人。即始皇初稱「朕」，後稱「真人」；初游天下四表四極，然後于海外求仙人。海	本地球言上、中、下。六合，天地屬別球，四旁指本地球四旁之星。日繫世界言九天九行星爲九畿，爲九天九野。皇統爲天，六宗爲七政，兩垣爲大地，四宮爲四方，地爲五，土爲五，天昴星内爲十日，外爲十二月，五運六氣之法。		佛　大乘

① 真人：原作「易人」，據《莊子・逍遥遊》改。

名號	外本謂四海以外，《呂覽》以海内東西爲二萬八千里，南北爲二萬六千里，指地球而言，即所謂六合以外、渤海以外，謂真人在本地球也。
地位	
經部	
子別	

撥亂觀①

倫禮會成立宣告書　北京同人公啟

《記》曰：「禮不由天降，不由地生，緣人情而爲之節文。」蓋人之初生，渾渾噩噩，飲血茹毛，雖形狀與羽蟲毛蟲别異，而不能離猩猩、鸚鵡之心，所謂禽獸時代也。遲之又久，乃近人道，太羹玄酒，茅茨土階，有名無姓，貴壯賤老。《商君書》曰：「秦有夷狄之俗，父子異居，男女無别。」《記》曰：「徑情直行，戎狄之道。」此則野人境界耳。聖人有作，因夫人心厭亂，天道悔禍，作爲禮以教之，使之别於禽獸、野人。男女自由，血族婚娶，其生不殖，乃禁同姓爲婚以救之；媒妁不用，争婚奪壻，互釀殺劫，則爲婚禮以救之。主婦燕賓，易内飲酒，殺身亡國，不止離婚，於是大饗廢夫人之禮。父奪子媳，二姓②歡然，庶孽③奪適，禍延數世，于是親迎以女

① 撥亂觀：原無，據原書目録補。
② 「二姓」下原衍「匹配」二字，據原校删。
③ 庶孽：原脱，據原校補。

受之壻。有國無家，不言氏族，是滅種之道，故立孝道，以無後爲大罪。立禮以祛亂原，猶立坊以除水患。我中國自孔子撥亂反正，二千餘年服禮飾教，習俗相沿，深入人心，由近及遠，此洋溢之盛軌，桴海之初基。或者曰：天心仁愛，降衷維良，上棟下宇，何必先以巢穴？上衣下裳，何必先以①獸皮？書契同人而生，可無結繩之事。夫婦禮之所始，早傳儷皮之文。特先野後文，進化公理，人事所必經，天道不能易。天不生孔子於草昧幽忽之時代，以早成化民成俗之偉功，而必遲之又久，經數千萬年而後水精降誕，端門受符，以爲木鐸立言之至聖者，時爲之也。《禮》曰：「有禮則生，無禮則死。」又曰：「人而無禮，胡不遄死。」故無夫婦之禮，則争奪謀殺、離奇之新聞、伏隱之禍害，男女將盡爲情死矣。父子不相收養，養子無益，不惟鬼其餒，而人種亦將絶滅盡矣。海邦群哲，不盡皆迷；見微知著②，莫不愁苦；撫膺隱痛，時發微言，如孔教會所登西儒論説函件，咨嗟太息，蓋有由矣。有疾求藥，不能諱醫，同病良方，成效昭著。此吾倫禮之至善，雖不能一時推行於海外，相形見絀，興利除弊，藉助友邦，皈依至聖，此今日西儒之微言，即將來大同之實事，所謂禮緣人情而作者，此之謂也。又凡人之情，公私知愚，每成反比例。父子之倫，親養其幼，子養其老，即以平人論，亦報施之禮則然。

① 以：原作「樹」，據原校改。

② 見微知著：原作「見著知微」，據原校改。

且子孫衆多，榮施祖父，骨肉天性，情由性生。外人羨我爲有子之國，故外婦避孕，中婦求生，即此一端，優劣自見。乃彼西方哲論，力圖改革，師法我國至聖所傳之倫禮。我國維新青年，初踐藩籬，未窺隱伏，乃放言高論，盡棄故有，全師外人。夫工械算計，本爲泰西專長；形上之道，維我獨優。以有易無，各得其所。《孟子》云①：「通工易事，則男有餘粟，女有餘布。」則通工誠是也。若廢棟宇必反之巢穴，廢衣裳必反之獸皮，黜膏粱之味而求毛血，鄙文字之繁而求方音，豈真瞽者無與文章之觀，聾者不審鐘鼓之美，無抑心失是非，萬物遂隨之顛倒乎？凡心有物蔽，在乎審觀，是非難明，取法比校。井研廖氏素尊孔學，於倫禮尤爲兢兢。昔在成都，曾編講義，登堂講説，聽者傾心，雖素來醉心歐美者，莫不言下頓悟。誠一時救病之良方，萬國改良之要道。同人因之發起倫禮會，訂期講衍，並發行《倫禮雜誌》，編訂學堂倫禮教科書，刊發中文、洋文兩種白話報等事。大會成立，再行集衆審定《章程》及辦事手續，爲此廣告，伏乞裁酌。

① 「云」前原衍「不」字，據原校删。

倫理約編序

自海禁開而儒術絀，海外學說，輸灌中邦，拾新之士，立說攻經。即老師宿儒以名教自任者，其推論中外，亦謂希臘、羅馬制或符經，由野進文，斯崇耶教，更新制。青年英俊，中者過半，心失權衡，手無規矩，既貽卑己尊人①之羞，兼伏洪水猛獸之患。土崩魚潰，岌岌不可終日。議者知窮術盡，推尊至聖，以挽已散之人心，禦鉅艱之外侮。然微言大義，十弗闡一，雖復虛尊大祀，於②德配天地之真，卒未窺睹。四譯先生昔應選科師範之聘，主講倫禮一科，以爲近日課本，非腐則謬，不足資采用。學者請自編，先生許之。其編書大旨，在取外國先野後文之箴言，以合《公羊》撥亂反正之範圍。每題次以十目：曰西俗，博采西人近俗學說。曰中證，孔子未生以前，中國程度比今西人，古來軼文孤證，尚有可考。曰求野，中國藩服，各史《夷狄傳》與《北魏》、《元史》之類。曰禍亂，西國無倫禮；其禍亂，譯書多諱之，惟小說稍有真要，而隱伏禍害，每多可言。曰撥正，用《公羊春秋》「撥亂世反之正」語，每條引經爲主，孔子初作《禮》以撥中國之亂。今且推之全球，以撥世界之亂。曰師說，凡傳說與進化宗旨相

---

① 人：原作「文」，據原校改。

② 於：原作「然」，據原校改。

近、與尊孔切合者，引入此門。曰比較，以中外倫禮相比較其得失，考其利害。曰引進，外人染華風，知自别于禽獸者入此門。曰解誤，經傳之説有從來誤解者，如《斯干》之男女指爲真男女，以爲貴男賤女，此解之誤。曰防弊。唐、宋以後語多過甚，有爲外人攻擊，宜改良者入此門。條分縷晰，得若十條，而《坊記》等編新解附焉。升堂講授，髦俊傾誠，縱桀傲性成，專心外鄉者，言下莫不立悟。蓋野、文先後，作、述顛倒，誼由四譯詮明，從古無此奇變，故宇宙無此奇作。雖按時立説，四譯不得獨居其功，然以此爲尊孔第一奇書，蜀學之上乘，則固不待好學深思，即某等淺謭，可與聞矣。是書初成，亦如電化各學，初發見于世界，是動天下之兵。又句奇語重，難索解人。或且據舊説以相難，不知敵情，惟好議論，巨寇當前，敗衄立見。剩此孤軍，獨立旗幟，制勝雖不在一時，而死灰猶幸有復燃之一日。名城大將，既已亡①俘，敵所不能攻者，我乃攻之。藉寇兵，齎盜糧，已爲非計，况乎反戈？然連軍拒敵，折竿揮之而有餘；若以羸②卒持朽械，無端搆釁，主人深居閉壘，不發一矢，不遺一卒，任其環攻，遲之日月，徒爲笑資，竟何損其毫髮乎？受業李光珠拜撰。

① 亡：原作「忘」，據原校改。
② 羸：原作「贏」，據文意改。

倫禮約編叙例

總論進化資格

《論語》：「先進於禮樂，野人也；如墨家。後進於禮樂，君子也，如儒家。如用之，則吾從先進。」此先蠻野、後文明之實證。《中庸》：「今用之，吾從周。」「野哉，由也！君子于①。」「于」讀作「迂」。

《喪服傳》：分六等。「大宗者，尊之統也。禽獸知母而不知父，野人曰『父母何算焉』，都邑之士則知尊禰矣，大夫及學士則知尊祖矣，諸侯及其大祖、天子及其始祖之所②自出。尊者尊統上，卑者尊統下。」

《説苑・修文篇》：分六等。「傳曰：《詩經》之傳。觸情從欲，猶逕情直行，所謂自由。謂之禽獸；苟可而行，謂之野人；安故重遷，謂之衆庶；辨然否通古今，謂之士；進賢達能，謂之大夫；

---

① 君子于：據《論語・爲政》，當補「其所不知，蓋缺如也」。

② 所：原無，據《論語・爲政》補。

敬上愛①下，謂之諸侯；天覆地載，謂之天子。是故士服黻，大夫服黼，諸侯火，天子山龍。德彌盛者文彌縟，中彌理者文彌章。」先野後文，尊者文，賤者野。

《晏子春秋》：「君子無禮是庶人，庶人無禮是禽獸。」有禮然後爲人格，無禮則爲禽獸、野人。

《孟子》：「人之所以異於禽獸者幾希。」又：「逸居而無教，非不富。則近於禽獸。」「使契爲司徒，教以人倫，父子有親，君臣有義，長幼有序，夫婦有別，朋友有信。」外國但有朋友一倫。

《樂記》：分三等。「是故知聲而不知音者，禽獸是也；知音而不知樂者，衆庶是也；惟君子爲能知樂。」

《曲禮》：「鸚鵡能言，不離飛鳥；猩猩能言，不離禽獸。今人而無禮，雖能言，不亦禽獸之心乎？夫惟禽獸無禮，故父子聚麀。是故聖人作爲禮以教人，使人以有禮，知自別於禽獸。」又：「逕情而直行者，戎狄之道也。」

《曲禮》：「禮不下庶人，以資格言，有禮乃爲人。刑不上大夫。」亦以程度言，人皆有大夫資格，非大夫以上遂無刑。《春秋》且誅絶諸侯，貶斥天子。

---

① 愛：原作「嘗」，據《論語・爲政》改。

附進化七等表

禽獸	野人	衆庶	都人士	大夫士	諸侯	天子

衆庶以上如外國。

衆庶以下，爲中國舊有資格。

按：中外風俗倫禮①以此爲比格，能免于禽獸、野人者，然後人格全。中國春秋時代，人民資格亦如海外，不免徑情直行，亂臣賊子，禍亂無已。孔子撥亂反正，及立經教以改革之。所謂聖人爲禮，使知自別于禽獸。凡經皆創説，非古所有。中國承習二千餘年，不似秦、漢之際，雍、梁亦爲戎狄風俗，日用不知，故以經爲常語。須知春秋時人之聞經説，如娶妻必告父母、匪媒不得，亦聞海外，作霹靂聲。故欲言經②，必知此義，而後撥亂反正之義明，至聖俟後之功顯。

欲明倫禮學，須知教化由小而大之理。中國文明倡於春秋，春秋版圖不出儒者九州三千里，《秦本紀》博士説古之皇帝地方不過千里，此蓋春秋以前之中國。俗解皇降而帝，帝降而

---

① 禮：原脱，據原校補。

② 經：原脱，據原校補。

王，王降而霸，教化由大而小。西人乃得以矛陷盾，謂耶蘇之教初在一國，至今幾滿全球；中國孔子之教由大而小，由文而野，所以日見銷亡。果如舊説，則穴空招風，經將無以自存，何以《中庸》言「洋溢中國，施及蠻貊，凡有血氣，莫不尊親」乎？又如今之學堂所講古史，堯、舜以前之三皇五帝，言蠻野則極蠻野，言文明則極文明，二者形隔勢禁，萬不能通。如《孟子》言堯、舜之世，獸蹄鳥跡之道交于中國，人不得平土而居，可謂極蠻野矣！而《尚書》「光被四表，格于上下」，乃謂三萬里内，道一風同，此亦萬不能通者也。《禹貢》九州既已承平，而春秋荆、徐、梁、揚半爲夷狄，亦不可通。今考古事，當以春秋爲斷。春秋時人民①程度極爲蠻野，且每每在歐美下。孔子以前之古史，先文後野，先大後小，既乖實理；而且言狉榛則極狉榛，言文明則極文明；此古史之説所以不能切理饜心，使人篤信。大抵此事當分爲二派。一曰史派，一曰經學派。凡言上古、中古、近古之史事，亦如《黑蠻風土記》，此爲當日之實事。所言五帝、三皇、堯、舜三代愈古愈文明，則爲經學派。蓋地球開闢情形，每州莫不相同，經説之皇帝盡美盡善，較堯、舜而猶有加者，此俟後之説也。世界初未有此文明，數千年後改良精進，乃有此等事實。孔子之大真爲生民未有，不惟吾國所當崇拜，凡有血氣者，莫不尊親者也。

---

① 人民：原作「明」，據原校改。

六藝六經先後表

射	初與禽獸，食肉必資乎射，如今之槍炮。弋説則近於道。
御	行遠交通①則在乎御，如今之實業工藝，上達②則合於道。
書	文字語言，孔前已有。經乃同文，定爲名學。
數	數，古法。以數合道，則經術③。
禮	修身學小禮，由至聖修改。
樂	六藝禮樂終。
禮	六經以禮樂始。
春秋	

① 通：原作「道」，據原校改。
② 上達：原作「父」，據原校改。
③ 經術：二字原脱，據原校補。

書	樂	詩	易

六經六藝比類表

禮作	春秋	書	樂	詩	易
禮述	御	書	樂	數	射

以六藝比六經：「禮」「樂」同名，「書」當爲《書》，「數」比於《詩》，至於「射」爲天道，仰之彌高，則《易》也，「御」爲地輿學說，其卑法地，則比於《春秋》。《論語》：「吾①執射乎？吾執御矣。」辭高居卑，亦從先進之義也。六藝經本不立，當采經傳古書補輯以教學者。

學者論孔學，首在作、述之分。今決定其案，六經爲作，六藝爲述。孔子翻十二經，則六藝與六經同出孔定。《論語》「雅言《詩》、《書》」爲六經，「執禮」即六藝，六藝亦用古文譯爲雅言矣。文字如六書，算數如《周髀》，吾國孔子以前，與今日泰西各國爲正比例，吾國所無，或爲今日泰西之所有。指器械工藝。泰西今日所無，吾國乃獨有之。如六藝科目，泰西全有之，此不待孔子手創，已有是事。則六藝之本爲述古，加以刪、修、序、定之名可也。若六經之學，全爲泰西之所無，吾國孔前何能獨有？故不能不全歸之孔作。《春秋》爲六經始基，古說言孔作《春秋》，天地亦爲震動者詳矣。《春秋》如此，其餘從同。故六經外惟《孝經》別有天瑞，舊說或乃以《春秋》爲作，餘經爲述，是不知小大天人之分、舉首經以示例之旨。必欲言述、言修、言刪定，則以六藝當之可也。然則古人每以六藝包六經，則言述者，歸之六藝與經，互文隱見可也。

---

① 此處未引完整，據《論語·子罕》篇，「吾」下當有「何執，執御乎」五字。

論六藝爲普通學，合《詩》、《書》、《禮》、《樂》、《易》、《春秋》爲十二經

《莊子》引孔子有「翻十二經」之説，舊以六經、六緯解之。緯以傳經，不得並數。從《列》、《莊》至《史》、《漢》，多稱六經爲六藝。《論語》道德仁藝，《周禮》德行道藝，則藝爲别名，不足以代經。而《周禮》别有六藝專名，所謂禮、樂、射、御、書、數者，舒氏《六藝綱目》略有發明。而泰西學校，大抵不出六藝範圍。今以六藝、六經合爲《莊子》之十二經，形而下者謂之器，六藝是也；形而上者謂之道，六經是也。以學堂論，六藝爲普通學，必先通六藝，而後具國民資格。國中無一不通六藝之人，即爲教育普及。六經則專設於法政高等大學堂。中學堂以下，千人之中得入大學。治經者不過二三人，專爲平治學培養人才。所有工械、技藝、農林、商賈各學，言語、文字、算學，皆統於六藝。經、藝分途，而後中外學業優劣偏全可見。如此，則中小學堂讀經不讀經，問題非所急，惟當發明經傳小學、大學分科之區畫。所有禮、樂一門，六藝與六經相同，大抵六藝爲小禮小樂，所謂小道小業；大學爲大禮大樂，所謂大道大業。將古來小學一門，歸入六藝，如《容經》、《少儀》、《内則》、《弟子職》之類，勺象琴瑟均附之。大約修身齊家之事，中小學已有基礎，大學專科獨在治平。故三年之中，可以通經。通一經即爲人才，有政治經驗。由經傳中經驗讀經，即所以學織。是當倡明古法，别編經傳教育法，以爲世界萬世之師表，排難解紛，獨標精誼。至聖如祆教之耶蘇，所謂全能，生民以來未有，生民以後亦未有。考據固不足

言，宋學非禪悅則學究，以學究爲孔子，宜儒學爲無用之别名。

禮樂爲小禮小樂，六經爲大禮大樂，舊所傳六代之樂，雖有其説，世界尚無其事。凡今學堂所有修身倫理學，皆屬六藝之禮樂，借此以爲六經大禮大樂之基礎。

貴本觀①

大學以修身爲本

凡修、齊、治、平四等科目爲主，故止有四傳。《孟子》：「天下之本在國，國之本在家，家之本在身。」後儒於修身上加四目，最爲大誤。

「修身」條目在中小學即六藝。《大學》之本，承中小學爲言。其本已服習於前，《大學》專詳治人之學。

「格物」、「致知」乃進學之等級，即本末終始先後之法，非條目，故其名辭不見於他書。漢、宋諸儒所有解釋皆誤。

「誠意」章古本緊接經文之下，與四傳不同。列經言所謂「誠其意」者，上不與「致知」連，下不與「正心」連，與後師所加十五字不合，故知十五字爲後儒記注。「誠意」即《中庸》天學之「誠」，誠中形外，即誠則形。故「慎獨」與《中庸》首章同②。「不見不聞」，即所謂獨往獨來。

---

① 貴本觀：原無，據原書目録補。

② 同：原脱，據原校補。

《中庸》：「誠者，天之道；誠之者，人之道。」以天人分，至誠如神，則在天學之上等，爲道家之真人矣。

「誠意」由人企天，爲天人之交。四等名詞，各分等級。漢儒言《大學》，猶不失先儒本意。隋、唐以後，佛學大盛，「知止」以後之定、静、安、慮、得與「知至」之「誠意」，皆屬天學。而①道家言與佛學近，本爲平治以後至人、神人、化人、真人之學説。宋人饜②聞佛説，遂以天學移於修身之前，説玄説妙，談性談心，皆屬顛倒。使孔學至「治平」而止，則有人無天，囿③於六合以内。聖量不全，固已不可；以堯、舜病諸之境量，責之童蒙，衆生顛倒，種種迷惑，以致庠序無學術、無人才。佛學六合以外，爲平治以後之進境，移之童稚，此不得不急正之者也。

唐以前學重力行，宋以後重致知，故墜落禪寂。

儒詳人事，佛詳天游，合併接續，爲孔學人天一統。自來譯佛書多失此旨，講宋學者以佛法爲入德之門，尤差以千里。

人學先：「欲明德於天下者，先治其國；欲治其國者，先齊其家；欲齊其家者，先修其

---

① 而：原作「爲」，據原校改。
② 饜：原作「厭」，據原校改。
③ 囿：原作「固」，據原校改。

身；欲修其身者，先正其心。」原文當至此而止，「欲正其心者，先誠其意」九字，爲後師記識語，誤以正心、誠意連合。

人學後：「心正而後身修，身修而後家齊，家齊而後國治，國治而後天下平。」

天學先：「欲致其知者，先格其物。」

天學後：「物格而後知致，知致而後意誠。」原文當止此，下「意誠而後心正」，以心、意相連，當爲後師所羼。刪後師記識二句十五字。「欲誠其意者，先致其知」，九字。「意誠而後心正」。六字。

《大學》引書分人天例。「平天下」章三引《詩》，爲三皇，上、下、中；五引《書》，爲五帝，前、後、左、右、中。

凡引《書》爲帝，人學。《大學》由人企天，先《書》，後《詩》。

凡引《詩》爲皇，天學。《中庸》天學，專引《詩》，無《書》。

宋儒天、人顛倒。

以致知、格物、誠意爲科目，在修、齊之前。

《大學》先人後天，先行後知。平治以後，乃言安静。

《大學》人學五等本末學科例

正心、修身、齊家、治國、平天下、明德、新民。

《大學》天學本末五等科目例

定、静、安、慮、得。《管子》多言静虚，「慮」當作「虚」。止至善。

人天合爲知十等先後格致例分十等先後，即爲「知所先後」，知先後即致知。

正、修、齊、治、平。以上爲行爲學。

定、静、安、慮、得。以上爲知爲思。

物有本末五等格物表物爲名辭。「格」即①「格於上下」之「格」。分本末，即爲「格」。

心、身、家、國、天下。

事有終始十等表十等爲科條。格致者，分其本末先後，爲各學之次序。

正、修、齊、治、平。

定、静、安、慮、得。

修身。中國一人例。如修身科，中學以下之要科。此等科學全②屬六藝，必學六藝方有人格。唐宋以後，專於此求聖賢，所以卿相全爲學究。

齊家。天下一家例。如倫禮科，中學以下之要科。六藝如今之普通學，人人所當卒業。

六藝之禮、樂，以爲修身齊家之學。《大學》之功，專在治國平天下，如今之法政學。《大學》推論平治之本，原於身家。實則《大學》之功，專在治平，而身家已習於中小學堂。至於

① 即：原作「知」，據原校改。

② 全：原作「余」，據原校改。

「修身」以前，更加四條目，朱子所謂「八條目」者，則尤爲誤説矣。

子曰：「弟子中小學之教。入則孝，出則弟，謹而信，汎愛衆，而親仁。以上皆六藝禮樂之教，所謂小道、小業。行有餘力，凡民之俊秀者，小學畢業則入大學，餘則分途治事。則以學文。」文爲六經，廿以後入大學之教。

子夏曰：「賢賢易色」至「而有信，四①事皆修身倫禮，爲六藝之禮樂教育。雖曰未學，「未」當作「末」，下論：「子夏之門人小子，當灑掃進退，抑末也。本之則無，如之何？」六經爲本，六藝爲末，謂此修身倫禮皆屬私德，個人資格，後人以之爲聖賢者，誤。吾必謂之學矣。」小、大二學同有禮樂，優於小學，則可進大學。此學爲大學，謂許其由小學升大學也，大學則爲治人成物之事。宋人所主不能出六藝範圍，適成其爲鄉黨自好之士，動以聖賢自命，且並以此待孔子，此經學之所蒙晦，人才之所消沉。

子游曰：「子夏之門人大、小學同爲門人。小子，廿以下如今中小蒙學學生。當灑掃、詳《弟子職》。應對、《容經》言。進退，《容經》貌行。則可矣。未冠習小道、小業，六藝之學。抑末也，《大學》詳本末，《論語》之末學。本之則無，大學爲本，以小學爲末。如之何？」如子夏云：「雖小道，必有可觀，致遠恐泥，君子不爲。」子夏聞之曰：「言游過矣。此篇專詳八儒分派，此章所謂子夏之儒、子游之儒。君子儒有君子、小人之分。之道，《大學》之道明德、新民，即好惡治平之學，專以治人者。孰先傳焉？《大學》諸「先」字。孰後倦焉？《大學》諸「後」字。一説

① 四：原作「曰」，據原校改。

先傳爲法古，後倦爲知來。如「傳不習乎」、「誨人不倦」之「傳」、「倦」字。譬諸草木，區以別矣。區別即《大學》格致。君子之道，大學爲君子，小學爲小子、小人。焉可誣也！「物有本末，事有終始，知所先後，則近道矣。」有始有卒者，即《大學》終始。其惟聖人乎？」聖人得人、天之全，君子爲人學終始，小子小學，宜于修身倫禮，爲六藝學。六合之内，以聖人爲止境。皇帝稱聖人，平天下；王伯爲君子，治國。各有本末、先後、終始之分，即爲格致。此章論爲學，詳其先後、本末、終始，爲《大學》格致説，故並録之。

流演觀

道家出於六經①

古之道術有在於是者。六經爲古道家所主，《詩》、《易》之天學，關尹、老聃聞而慕之。《莊子·天下篇》：墨學好引六經，道家之於經文則多融化而出。古爲「孔氏古文」，即指六經而言。古之道術有在於是者，莊周聞而慕之。同上。

凡用六書文字之書，皆出孔後。

凡用經語及傳記師説禮制者，皆爲孔學。

《樂》、《詩》、《易》三經爲天學。

《論語》「巍巍乎惟天爲大」一章。「無爲而治者，其舜與！」「《詩》三百，一言以蔽之，曰『思思爲哲學。無邪讀作「涯」。』。」《春秋》三千里，《書》三萬里。《詩》爲天學，無極無盡，如《列子·天瑞》。「爲政以德，譬如北辰，居其所而衆星拱之。」

---

① 本篇與下《墨家出於孔經》篇，原置於《大學以修身爲本》篇前，兹據原目移。

化諸天星辰爲大一統，即佛三千大千世界也。以星辰爲地域部落，諸天化人爲天學。

《中庸》：「不言而信。」「不思而得。」「無爲而成。」又：「不賞而民勸，不怒而民威於鈇鉞。」「德輶輶軒使者之車。如毛，「毛」讀爲「衺」。《尚書》「四衺」，從衣，毛聲，與裏對文，衺即黑道所服之裘，裏爲當暑之絺綌，表裏不過取譬裘葛耳。「衺」字多作「毛」，《小雅》：「不屬于毛，不離于裏。」毛裏即表裏，「左右芼①之」，或作「覒」，與采、流、服名同咏，即「衺」字。《論語》「當暑袗絺綌」，絺綌爲衣，表而出之，即四表之下三裘。毛衺猶有倫，四表三萬里。《書》説萬五千里爲一表，四衺雖校《春秋》爲大，然仍有邊際可窮，不如《詩》之無邪也。上天天學之載，「載」與「輶」同，地域天球，皆以車象之。無聲無臭，耳不可聞，目不可見，無極無盡，乃爲大遠。至矣。」至人之化。天學無極無盡，無聲色可言，與《尚書》②不同。

案：《列》、《莊》爲《詩》、《易》師説，已有專書發明矣。《列》與佛書同者尤多，佛同《列》，《列》出經，則佛之爲天學，爲質諸鬼神，爲譬如北辰。天官星辰、靈魂、仙真學，無疑矣。佛專言天學者多，人事則從畧。或疑孔子「夫子之門何其雜」，蓋孔子爲萬世立法，一身兼備，原始要終，固萬能俱備，使亦如佛經荒唐，則人道標準不能立矣。《莊子》之某「游於方之内者」，某「天之戮民」，子夏曰「夫子能之而不爲者」。故孔子專詳人事，立儒法之準，而以道家推之老

---

① 芼：原脱，據原校補。

② 尚書：原作「六書」，據原校改。

聃，更由此推之佛，則道、佛詳天而略人，孔法詳人而略天，互文見義，合觀乃爲孔之真象。佛不能逃於天之外，《列子》首篇《天瑞》，所以多用《易緯》之文也。

孔以前爲六藝學，爲祆教、回教、佛小乘法，爲化草昧土著，不得不從先進也。自創爲六經，人、天各學，然欲立人極，故以道推之老。老子化胡，因變爲佛。此孔、佛一家，互文起義之法。後來二家子弟皆失此旨，言孔攻佛，言佛攻孔。佛經牽引支離，無所歸宿，每乖世界公理。今以佛歸統《詩》、《易》，則移步換形，不拘拘於舊法矣。

墨家出於孔經

墨與耶教、回教、佛法小乘皆爲孔教前驅，諸教已行而後孔法可施；佛大乘法與《列》、《莊》同，全爲天學，與墨成反比例，則孔子之後勁。今引墨、道二家以明孔學始終，餘則從畧。

「古之道術有在於是者，墨翟聞而慕之。」《莊子·天下篇》。

案：《墨子》引用六經，自作《墨經》，載在本書，或以《墨》别自有六經，大誤。儀文等級由少而多，由質而文，所謂其德愈尊者，其文彌縟。大抵《墨子》所主皆質家士庶人之禮制，故利于初行。

《論語》：「先進如夏於禮樂，野人也。夏制一切減于周，如喪期①三月，周則三年，故爲野人。後進如周

---

① 喪期：原誤作「表用」，據原校改。

三代表中，由質而文，由簡而詳者，皆爲進化説。於禮樂，君子也。如周三年喪，質家爲①野人，文家爲君子。如用之，與《中庸》「今用之」不同。如者，如也，謂當時；今則來今，指後世。則吾從先進。」《中庸》從周爲儒家，《論語》「從先進②」爲墨家。當時無教化，孔子初創典禮，亦如今日對於泰西各國，誘而進之，不能遽言文家，祇從先進，即《墨子》服喪三月，用夏制之所本。

「禹，無間然矣」一章。《禮》説德彌尊者文彌縟，三代以漸而加，故夏爲最簡。進化又以尊卑爲例，凡天子、諸侯爲從周。庶人、士所行則爲夏制。由此推之，可得數十條，不止服喪三月乃爲夏制。墨學主夏制，其餘師説多出此章。

子曰：「禮，與其奢也，寧儉；喪，與其易也，寧戚。」

「林放問禮之本」一章。

《公羊》改周之文，從殷之質，説本此。

「子曰禮云禮云」一章。

曾子曰：「喪致乎哀而止。」

宰我問「三年之喪」至「汝安則爲之」。

① 爲：原衍一「爲」字，據文意删。

② 進：原作「野」，據《論語·先進》改。

宰我問國卹，如《堯典》「百姓如喪考妣，三載四海遏密八音」，故有禮壞樂崩之說。使爲宰我一人一家之事，則何崩壞之可言？後世國卹，漢文改爲以日易月，二十七日而止。宰我以《尚書》之法難行於小康之世，故請孔子別立一期年之經，以便遵行，食稻衣錦而安。天子與母后之喪，今制亦止穿孝百日，以外婚嫁不禁，此宰我瞻言百里，與孔子籌商制度之事也。孔子則以小康不能行者，大同則能行，故「三載」之文，特著於《帝典》。皇帝愛民，如保赤子，民之父母，則民喪君，如喪考妣。王伯之世，無此資格，故謂之無三年之愛於君也。禮緣人性而作，故有從先進、從周之分。《傳》曰「進夷狄」者不一而足。當大同之世，有三年之愛，則用三年。宰我有期年之愛，則用期年。後世或百日，或二十七日，各如其量，稱情立文，若無三年之愛，强之三年，豈復成何禮制？

《墨子》三月之喪，引進夷狄之法。周本無三年喪服制，孔子新制有之，時人不能行，亦如前日推此法於滿洲，不能三年，斷以百日。自今以後，推之海外，亦必自三月始，待其資格已深，再加時月。此《墨子》三月，即「汝安則爲之」，不備責以必三年也。

《禮經》儀文制度以多爲貴者，皆爲進化等差。故庶人之儀最爲簡陋，大抵全爲墨家所祖，所謂國民資格。進於士則倍加，卿大夫則三加，諸侯則四加，天子則五加。儒家多爲天子之數，墨家則庶人之數，所謂從先進，近野人也。

諸子以皇帝王伯爲優劣符號學說表 諸子發原六經，初創學說，其學大明以後，見之實行，數千百年後①，乃有帝、王、伯、君之分。

		超等	上等	中等	下等
		三皇其學說之超等，託皇。	**五帝**其學說之上等，歸帝之堯、舜。	**三王**其學說之中等，託之夏、殷、周之三代諸王。	**二伯**其學說下等，託之伯者所爲。自定四等高下。
農		有爲神農之道，賢者與民並耕而食。饔飧而治。			
縱橫		黃帝以戰得天下。	五帝之戰。		「自古至今，未有不戰者」云云。

① 數千百年後：原作「數千後百年」，據文意改。

墨	兵	法	名
儒家之言，大約與墨爲反比例。			
			黄帝正名，文明以後，名乃備；草昧之人，蠻野之俗，名皆簡略。
堯、舜茅茨土階，非飲食，惡衣服。	善爲陣者不師。	帝王皆嚴刑。	
禹手足胼胝。	善爲師者不戰。	湯有棄灰之刑。	名家循名責實，不主變法，故三王多同。
《莊子》云：「其道太觳。」《墨子》主儉、薄葬、非樂。	二伯善戰不敗，君善敗不亡。	專明賞罰。就其殺人學説優劣中，分別帝、王、二伯。	卜筮、種樹小技，利於方言。法令必須同文。《論語》：「事不成，則禮樂不興，刑罰不中①。」

① 刑罰不中：原作「刑法不定」，據《論語·子路》改。

儒	道
	縱橫、名、法、兵家，大約與道家成反比例。
道	黄帝道天。
德	堯、舜無名如天。
仁義。伯主藝，即今泰西技藝，與六藝同①，故海外之學説不外「利」、「藝」二字。	三王
六經所言爲經説，儒家不必同。如孟、荀及漢初諸儒所論古事是也。	二伯

《韓非·顯學篇》詳②八儒三墨，各自以爲真孔、真墨。孔、墨已不再作，不能定，更由孔、墨以推堯、舜，亦不能定。

按：泰西虎哥、盧索、孟德斯鳩等所創學説，不過發明虚理。有此學説，待人而行；既行之後，各有深淺、純駁、優劣之分；事後久經論定，乃就其人陳迹定其高下。吾國諸

① 同：原無，據文意補。

② 「詳」下原衍「六」字，據原校删。

子同屬創學，所有帝、王、伯、君四名詞，不過如優等、上等、次等、下等之符號，爲代名詞。故不能定其真僞。今學堂之古史課本，出於《通鑑前編》等書，皆采輯諸子各家學說而成。諸子自立宗旨，專門名家，於其中自分優劣。高者爲皇、帝，其次爲王，其次爲伯，又其次爲君。即以儒、墨二家而言，墨主野質，極其簡陋；儒主詳備，極其文明。又以縱横與道家言，一則專恃兵威血戰，以成功業；一則純仍自然，無名無爲。每相對成反比例，各以其學說爲真堯舜、真三王、真五伯，而彼此程度天懸地絶，不能相同。韓非所以藉儒、墨論堯、舜，彼此相反，而皆自以爲真，後人不能從而決之。以草昧之堯舜本無傳聞，經傳之典謨皆爲學說，指後來之堯舜。諸子各自名家，自以其學説之優等，結爲堯舜行事，其學之文質、功利、道德不同堯舜，遂因之化爲種種形狀，是堯舜同爲思想之所幻化，宗旨之所區别，徒有懸虚之觀念，而非實行之陳迹。所以人人異法，各自堯其堯，舜其舜，而無真假是非之可言。則諸子之所謂堯舜，亦如海外學說諸大家，結想大同之主人，爲其思想所凝結，初非真有是人，果有是事也。

小大觀

《王制》《周禮》疆域不同表

《春秋》《王制》九州三服圖

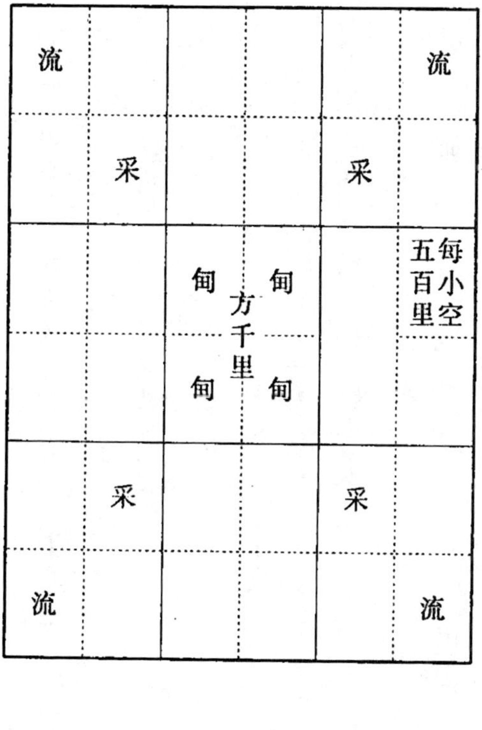

《王制》：「千里之内曰甸，《左傳》同。九服九畿，同以甸爲王居。千里之外曰采，其外方五百里。曰流。又其外方五百里。《詩》「左右采之」，「左右流之」。推三千里于三萬里，名同實異。

《孟子》：「四海之内方千里者九。」合爲方三千里，與《王制》合。

《王制》：「四海之内方三千里。」分爲方千里者九。

按《王制》説，《春秋》三千里，爲小標本；《周禮》説，《尚書》加十倍，方三萬里，爲大標本，而六合以内人事盡之矣。《鄒衍傳》所稱「大九州」，得九九八十一方三千里；儒者九州，止得八十一分之一。所稱儒者九州，即指《春秋》、《王制》而言。今欲考皇帝九州各種制度，不得不先立此標準，以皇帝之法皆由此推廣也。

《詩》亦用三萬里立説。《關雎》「左右采之」，「左右流之」，「左右覒讀作表。之」。采、流即此三服之采、流，小者五百里，大者五千里。古文説黄帝畫井萬國，以三萬里立九州，皇極各五千里爲甸，其外五千里爲采，又五千里爲流。

《白虎通義》云：「王者王三千里，不治夷狄。」今本或作五千里。按五千里蓋用《禹貢》五服説，其中本有夷蠻明文。王三千里，爲《春秋》家説，絶不至有五千里，且五服亦非全圖，乃帝一州之地，當以三千里爲正。

《尚書》《周禮》五千里一州圖

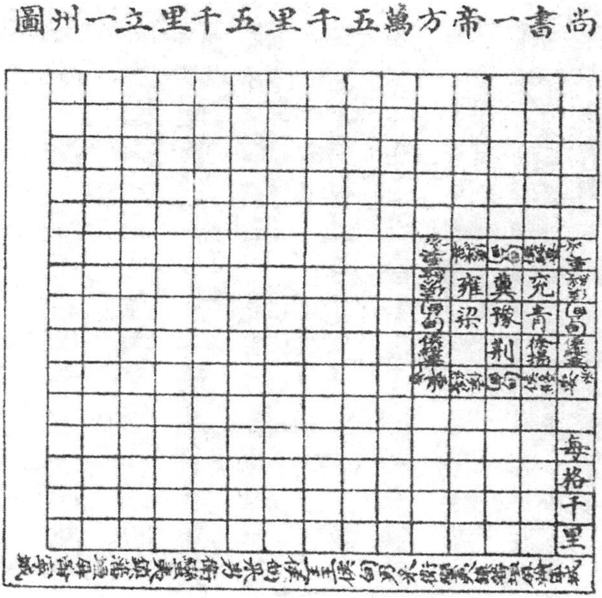

内爲《周禮》九服，外爲《板》詩六服，合爲十五服，一萬五千里，爲全球方三萬四分之一。

四帝平分，各得萬五千里，立九州，以五千里爲一州，合九州爲方萬五千里。惟舊説牽拘文義，以五服爲禹之全域。夫《尚書》、《周禮》皆以三萬里爲起例，則如五千里者，實有三十六。經不能但取其一以立法，而置其三十五方五千里於不顧。地域等級，各有不同，故經舉一該八，以明四帝平分方萬五千里之制。《帝典》之「州」字當絶句，以五千里爲一州。

按：此四帝平分天下，各立九州之制，《尚書》、《周禮》舉此爲例，其義有三：一、五服例，冠、衣、帶、裳、履。一、《王制》封國分三等，大國百里，次國七十里，小國方五十里。經傳每舉小國以爲公式，如諸侯三軍，二千五百人爲一軍是也。《尚書》皇所封國，大者方千里，次七百里，次五百里。經傳所言五服五千里，亦如《王制》舉小國以爲公式也。又此爲四帝四分十五服之制，以一化三，五服即十五服之起文。

經《皋陶謨》：「弼成五服，至於五千，句。州，句。十有二師，十二州，十二牧。外薄四海。」此用地五起例，四海二十五千里，爲二十五民。《内經》①云「天地之間，六合之内，不離乎五」是也。

經《禹貢》：「五百里甸服：百里賦納總，二百里納銍，三百里納秸服，四百里粟，五百里

---

① 内經：「經」下原衍一「經」字，據原校删。

米。五百里侯服：百里采，「百」上當脱「三」字。二百里男邦，三百里諸侯。五字當爲衍文。五百里綏服：三百里揆文教，二百里奮武衛。五百里要服：三百里夷，二百里蔡。五百里荒服：三百里蠻，二百里流。」

按：《禹貢》外四服，每服之下有二小名，先三後二，爲每服之小界，固也。然五服《周禮》作九服，加以藩以外六服，實作十五服，以一化三。今每服合二小名，亦爲三，三五合十五，亦可由此起義。

按：經「四表」，傳「土圭」，舊説皆以爲三萬里。方三萬里，爲方五千里者三十六，舊説以《禹貢》五千里爲《尚書》疆域之定制，不知《禹貢》崐崘、弱水皆包全球而言。五千里一州，方一萬五千里爲九州，配十五服，只作爲四帝平分天下之圖。又方五千里共得方千里者二十五。《周禮》諸公封方五百里，亦得方百里者二十五，《王制》千里一州，諸公封方百里，《周禮》公封方五百里，必五千里爲一州，而後有此封地。驗小推大，一定之例也。

傳《國語》：「夫先王之制，邦内甸服，邦外侯服，侯衛賓服，賓，《禹貢》作「綏」。蠻夷要服，戎翟荒服。甸服者祭，侯服者祀，賓服者享，要服者貢，荒服者王。日祭、月祀、時享、歲貢、終王。」

按：《周語》以終、幾、時、月、日分屬五服，即《洪範》之歲、時、月、日、星，終王即《周禮》之世一見。《周禮》九服九畿，第三爲甸，第九爲鎮，鎮以内爲九州，以三服當九服九畿，則五服即十五服、十五畿之起例。就文義言，爲五千里，而日、月、時、歲、終之五等，則爲十五畿純全之比例。

【傳】以《書》爲經，《周禮》爲傳。《周禮·大司徒》：「凡建邦國，以土圭度其地而制其域。諸公之地，封疆方五百里，其食者半。」諸侯方四百里，諸伯方三百里，諸子方二百里，諸男方百里。

【傳】《周禮·職方氏》：「凡邦國千里，封公以方五百里，則四公。」

按：傳言此者，以明《周禮》之州①必大於《王制》而後可也，方五千里。方千里爲方百里者百，據《王制》諸公之封，只得天子百分之一。鄭注乃以《周禮》王畿認爲千里，誤之甚矣。辨見下。

【傳】「方四百里則六侯，方三百里則七伯，方二百里則二十五子，方百里則百男。」

按：《王制》方千里一州，公侯方百里。《周禮》公封方五百里，多於方百里者廿四倍。自來説《周禮》者，皆以千里説之。《王制》方千里一州，爲方百里者百，公侯封方百

---

① 州：原作「周」，據原校改。

里，只得百分之一，《周禮》方千里止能封四公，《記》有明文。一公之封，已占全州四分之一，除三公封地之外，只剩方五百里，何以立國？且援《王制》之例推之，畿内方百里之國九，以封三公六卿，《周禮》雖再加一倍，作爲方千①里者二，亦且祇能封三公七卿②。蓋以正官論，尚有二卿、二十七大夫、八十一元士無地可封。又考《王制》畿内九十三國，封地不過占王畿三分之一，其三分之二另有典章。今千里之地祇能封四國，大抵尚少方千里者二十四。鄭君不悟此弊，仍以爲《周禮》王畿實祇千里，左支右絀，無一可通，萬無此等制度。古今説者皆欲求通，而至今不能通。今立《尚書》爲經，《周禮》爲傳，《帝謨》、《禹貢》皆以五千里爲一州。方五千里一州，則諸公例得封方五百里，故《周禮》諸公封五百里，一見《大司徒》，一見《職方氏》。凡《周禮》所見，皆以傳《尚書》五千里一州之文也。經傳兩兩比合，如磁引針。其所以舉五千里示例者，考皇帝分合，地域廣狹不一，不能徧舉，特舉一小者以示其例。《王制》封國有百里、七十里、五十里三等之差，《周禮》援推，亦有千里、七百里、五百里之别，舉一以示例，其餘皆可推。今立此爲第二圖，其制自明。

① 方千：原作「千方」，據文意乙。

② 三公七卿：「七」前原衍一「五」字，據原校删。

《尚書》《中候》考

《尚書》順行。《易大傳》：「數往者順。」由皇而帝而王而伯。《中候》逆行。《易大傳》：「知來者逆。」由五而六，由六而七。

二十八篇爲備。 二十八篇以應列宿。又以《皇篇》法北斗，爲二十九篇。○古文與今文爲二十八篇，增多《泰誓》①，乃《牧誓》之傳。

《皇篇》一 《書》爲皇帝學，首舉皇以明一統。「帝曰：咨！汝義暨和」以下，乃爲《帝典》正文。《尚書》以皇、帝、王、伯爲起例。

「乃命羲、和」五節爲經。 用五紀「皇省爲歲」例。

《月令》爲傳。 凡《逸周書》、《靈樞》、《素問》、《大戴》、《管子》、《淮南》所有歲、時、月、日之説，皆統爲此經記注。

《尚書》十篇 《書説》：百篇爲《尚書》，百當爲十。此十篇爲法古，王降爲伯，經據衰而作，往古過去時代，所謂皇降而帝，帝降而王。《史記》言尚者十餘見，皆由此起義。十篇如數《皇篇》，則爲十一篇，《百兩篇》所以有奇零歟？

四帝四鄰 皇在中央，四帝如羲、和四子，仍爲五方。○董子《三代改制篇》：「故王者有二而復者。」「有四而復者。」又：「王者以制，一商一夏，一質一文。」又：「四法修於所故，祖於先帝。故四法如四時，然終而復始，窮則反本。」

---

① 泰誓：原作「秦誓」。按，廖平以《尚書》爲備，《泰誓》後增。

《帝典》堯。一名《堯典》。東北艮維，堯九男。《春秋》子、丑、寅三月之王，由此起例。《改制篇》「主地法文而王」云云。

《帝謨》舜。一名《舜①謨》。《大傳》「帝告」即「帝謨」字誤。西南坤維，舜十子。卯、辰、巳。「弼成五服，至於五千（句）州（句）。」以五千里爲一州。故諸公封方五百里也。《改制篇》「主天法質而王」云云。按：四法皆詳儀制四等之異同，文多未録。

《禹貢》一名《九共》。高陽才子八人。東南巽維。四帝各土萬五千里爲一表。午、未、申。《改制篇》：「主地法夏而王。」案：夏如九夏，高陽，故稱《禹貢》。

《洪範》高辛才子八人。西北乾維。四帝九州以五服五千里爲一州，酉、戌、亥。《改制篇》「主天法商而王」。案：商法如高辛，故稱《商書》。

此四篇爲四帝、四鄰、四時次第，用《大傳》七觀說。圖附後。

三王三誓《穀梁》：「誥誓不及五②帝，盟詛不及三王。」

《甘誓》一名《禹誓》。司空。

《湯誓》司徒。

《牧誓》一名《泰誓》。司馬。

---

① 舜：原作「帝」，據文意改。

② 五：原作「二」，據《穀梁傳》隱公八年改。

殷三公二伯

《肜日》司徒，仁者居守，司祭祀。

《西伯戡黎》異姓伯，司馬。

《微子》同姓伯，司空。

《尚書》十一篇表

《尚書》、《論語》所謂「退」，所謂「告往」、「成事」、「往者」、「老者安」、「傳習」。《中候》、《論語》所謂「進」，所謂「知來」、「後生」、「來者」、「少者」、「恒」、「天」、「不愠」。

一皇歲　四帝時	三王月。《春秋》三月有王。	三公二伯日。
歲皇—春高陽貢 　　—冬堯典 　　—夏舜謨 　　—秋高辛範	《甘誓》黑 《湯誓》白 《牧誓》赤	《西伯》司馬 《肜日》司徒 《微子》司空
	一帝三王	一王三公

合皇爲五方	四帝十二王	見三公隱六公
	見三王隱九王	三十六王隱一百零三公

《中候》十八篇

《書》說十八篇爲《中候》，俟後聖、知來。「候」與「俟」同義，言「中」者，皆取法於《射經》「立正鵠，以待後生之射」。「告」爲「鵠」本字，「誥」與「告」同。凡《尚書》十篇皆法古，故十篇中無「新舊」、「繼續」、「後生」、「後王」、「嗣」、「孺子」等字。《中候》中專言繼自今、後王、嗣天子，王嗣、王孺子，不爲當時人君而言，專爲後來聖王立法，待其人而後行。故俟聖知來之學說，專用《中候》之經爲起例。《盤庚》亦與五《誥》同，故從《左傳》、《史記》，歸入《中候》。

周公七篇俟後。逆讀由六而七，即由帝進皇也。比於《皇篇》一統，故爲七政。人統如《周頌》，泰皇六五，則天地二統。七、六、五合爲十八、二九。

七篇皆以「周公曰」爲主。凡七政、七年，以「七」立名者，由此起例。

中央揖讓授受，除《金縢》以外，三篇無序，皆周公一人之言，無問答。

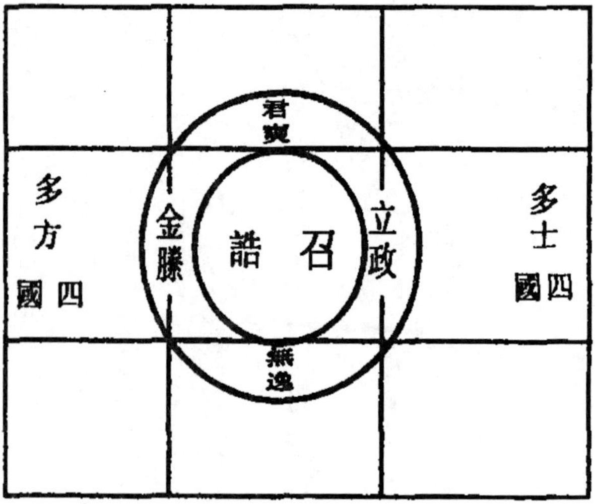

《召誥》：周公主祭祀，武王讓周公，如堯禪舜，有風雷之變。內爲四輔，即四方四時之義。外州二多，一多四國，合爲八伯。周公七篇一稱「誥」，王六篇一不稱「誥」，合爲六「誥」。《大傳》六「誓」五「誥」，五、六字當互異。

成王六篇俟後，逆讀由五進六，由王進帝，比於四鄰四時。天統。《素問》：天以六爲制，五運六氣，天六地五。

六篇皆用「王曰」爲主。六府、六宗、六沴，凡言「六」者，由此起例。

	《梓材》冬遇	
《酒誥》秋覲	《洛誥》大會同 盤庚之誥時會殷同	《大誥》春朝
	《康誥》夏宗	

盤庚：《左傳》稱爲「誥」，《史記》言武王、周公用盤庚法以教殷民。六府：金、木、水、火、土、穀，盤庚五邦五遷，主五行，《洛誥》即爲「穀」。六沴亦於五行外別加上帝。中央揖讓，餘五篇，皆一人之言，無問答。王主祭祀，周公讓成王，如舜禪禹。《周禮》會同曰「誥」。誥皆會同諸侯之辭。《康》、《酒》、《梓》，封字爲封人。《大傳》「封若圭璧」，指內外服諸侯言，非康叔名。

周五篇如《春秋》爲王伯學，俟後之書，逆讀二誓二伯，如《西伯》、《微子》、《顧命》與二「王曰」爲三王，如三《誓》。此由伯進王之説也。地統。《素問》：「天地之間，六合之内，不離乎五。」又：「地以五爲節。」

東方兵，南方刑，西方學校、議院，北方選舉，中央傳家，父子授受。外四篇二「公曰」、二「王曰」，兼包天地二統言之。《顧命》父子相傳，如禹家天下，故爲小康。

	孟獻子《費誓》	
舅犯《文侯之命》	《康誥》《顧命》	《楚書》《呂刑》
	同《秦誓》①	

經云：「天命有德，五服五章，天討有罪，五刑五用。」《大學》專以好惡進退爲主，即所謂明德、用賢、新民、除不肖。明德慎罰。明德，司空封建，錫命爲柯；新民，司馬九伐，斧鉞專征。《詩》曰：「析薪如之何②？匪斧不克。」除惡以新民，比於析新③，後來居上。《大學》五引《書》爲五帝，中《康誥》，東④孟獻子，西《秦誓》，北舅犯，南《楚書》，與此疊矩

① 秦誓：原作「泰誓」，據《大學》及本書下文改。後「秦誓」同。
② 析薪如之何：原作「析之如何」，據《詩·鄭風·南山》及原校改。
③ 析新：據《詩·鄭風·南山》，當作「析薪」，此爲廖平改字解經。
④ 東：原脱，據原校補。

重規，互相印證。

案：二十八篇，各有取法，不能增損。考《大學》以孟獻子、舅犯、《楚書》與《康誥》、《秦誓》并舉，舅犯、《楚書》，文見《國語》、《戴記》。經文之外，兼舉傳記，非一引《書》，便爲孔經。《百篇序》出於莽、歆時代，無論其他，即生造《舜典》、《大禹謨》，名目已萬不能通，作僞之迹顯然。近賢皆知其僞，特以其文大約全載《史記》，從而附會之。不知《史記》所引《書序》，除二十八篇外，諸僞撰篇目，皆直鈔《序》文，與二十八篇體例迥殊，凡有《書序》者，其文隔閡上下不相通。蓋漢時注《史記》者①，皆屬古文家，以《書序》補注《史》下，後來刊本誤爲正文，亦如《水經注》經、注混淆之事。樂山黄孝廉鎔曾舉而删汰之，廓清之功不小，每篇皆有取法，不能加亦不能減。枚本古文其僞已明，人猶以爲無害於道。夫勸人爲善，其書多矣。即《感應篇》、《陰隲文》、諸子、佛、老，豈無佳篇？足以勸善，與經別行，學者無異詞。苟僞輯善言便可與經并列，則前人以古文雅正爲三代之《尚書》矣。今定此表，掃除一切，學《書》者庶不致徘徊門外，老死而無得而入也。説過新，閱者必致按劍，惟專致數十年乃成此説，自不能如白香山詩老嫗可解，特各義皆有專篇發明，文多不録。凡有所疑，舊學商量不妨質問，如萬不能通，則可更變，不敢以爲定説也。

① 「者」前原衍「服」字，據原校删。

四帝四鄰四表平分天下圖如後。

亥　子　丑

六三德 仲熊	一五行 叔豹	八庶徵 季貍	仲忽	叔夏	季騧
四五紀 伯虎	高五辛 皇八 紀元	三八政 伯奮	伯适	堯九男	伯達
九五福 六極 季仲	二五事 叔獻	七稽疑 仲堪	季隨	叔夜	仲突
辛 和伯	壬 和叔	癸 和季	雍 經有四岳四至 庭堅	冀 經有四岳四至 仲容	兗 叔達
庚 和仲	舜十子 戊 己	甲 羲仲	梁 尨降	高陽 八愷	青 蒼舒
丁 羲季	丙 羲叔	乙 羲伯	揚 大臨	荊 檮戭	徐 隤敳

戌　酉　申（左）　寅　卯　辰（右）

未　午　巳

四帝分占四維，各萬五千里，爲十五服，立九州，每州五服，得五千里，故曰「弼成五服，至於五千，句。州，句。十有二師。」外十二牧以三十度、六千里爲月計之，萬五千里加二六千里，正合三九之數。

《禹貢》「弼成五服」，謂一州耳。一表方萬五千里，已得方五千里者九，四表共有三十六方五千里，則知五服非全幅。《謨》曰：「欽四鄰。」《論語》：「德不孤，必有鄰」，《易》曰：「東鄰殺牛，不如西鄰之禴祭。」又曰：「富以其鄰。」

《洪範》九疇，用生成數法，本即九州，疇、州古字通用。九共、九疇，即八元、八愷之義。《大戴》宰我問五帝德，共有六帝，由黄帝起，終於禹，如六經終於《易》，始於《春秋》，其中四帝，二高與堯、舜，正如四教之《詩》、《書》、《禮》、《樂》也。天主六，人帝則五，故黄帝爲五天帝之一，舉一以示其例。人帝始顓頊，終禹，别有五人帝，黄帝不在五人帝之内。又《五帝德》每帝各有四至之文，各王一方，非全在中國。

《尚書》始堯之故，舊説多不安。今考定五人帝，二高爲二帝，後如《春秋》之杞、宋，爲已往二代。堯、舜南北二帝，如晉、楚夾輔皇室。經雖始堯，包有高陽、高辛在内，而一皇四帝四鄰之制全矣。

《逸禮》、《淮南》均言五帝分司五極，各得方萬二千里。其説以二萬七千里開方，各得一百四十四方千里，此以皇爲天，再用四帝平分三萬里，故各得一表爲方萬五千里，故經曰「四鄰」、「四表」，合皇則爲五。

由四帝變爲五，則以夏居中。以四帝各九州言之，取其中一州五千里歸中央，四州合爲方萬里。土寄王於四季，今則四季之辰、戌、丑、未，入中宫爲九夏，則得方萬里，其餘八支各爲一州，各得方萬里，與中之禹服正同。蓋方萬里爲方千里者九百①，九人各得萬里而適平，此又一法也。

《左傳》引《書》説，牽引二高十六族，非用四鄰，則十六族無位置之地。又堯、舜之治，如用舊説，不免有優劣。今以分方求之，堯在東北維已治安，惟對冲之坤維未治，所謂四凶等，皆在坤維。舉舜以治坤維，舜之作用全在下方，與堯舊治不同。所云大麓、畎畝、深山、貳室、南河②之南，皆指坤維。故《孟子》曰：「居堯之宫，逼堯之子，是篡也。」《尚書》爲皇帝學，乃百世以下大同之法，則海禁未開以前，學者多囿於一隅之見以説之，如能小中見大，統五帝而區畫之，則思過半矣。

①　九百：「九」字當爲衍文。
②　南河：原作「南陽」，據《孟子·萬章上》改。

天人觀

《内經》天人四等名號學術説考

舊撰有《内經分表》，有天學，有帝學。於科學有生理，有衛生，有論病，有針灸。其專言治病者，不過十之二三而已。凡論病當以藏病經絡爲主，不當言運氣五行。運氣爲三才之上下學，五行爲五帝，五方符號舊皆融合爲一。俗醫不求實際，專説干支五行泛語，當其治病，幾如子平家之推命。不知推五行者，皆屬帝學，泛及病狀，是爲通論。醫家則不尚此空言。

《素問》上古

「古」字從十從口①，口②爲天，十爲地，大圓大方指天地而言。經足以參贊天地，故以古

---

① 口：原無，據原校補。

② 口：原無，據原校補。

言之。後世「故」、「詁」皆由「古」而出，不指時代。真上古則愈蠻野，各①書有明文矣。「古」又爲告，鵠之本字，經爲正。告半②，口③象侯形，半象矢形，古兼二義。

《天真論》云黄帝曰

讀作皇帝，《周禮》：外史「掌三皇五帝之書」。《列子》以《道德經》爲黄帝書，皆治皇帝學者之專書。孔門七十子所傳者出孔子後，非古黄帝之書也。

余聞上古

經爲古之道術，上古指《易》而言。

有真人者

即《中庸》「至誠」，《文子》二十五人，首真人、至人、化人、聖人。乃在第五等④。《莊子》：「至人無己，神人無功，聖人無名。」

---

① 各：原作「名」，據原校改。

② 半：原無，據文意補。

③ 口：原脱，據原校補。

④ 此處所引不確。《文子·微明》：「天地之間有二十五人也：上五有神人、真人、道人、至人，聖人。」

提挈天地

如《華嚴經》世界説。

把握陰陽

王注：「真人，謂成道之人也。夫真人之身，隱見莫測。其爲小也，入於無間；其爲大也，徧於空境；其變化也，出入天地内外莫見迹，順至真以表道成之證。凡如此者，故能提挈天地，把握陰陽也。」

呼吸精氣

説詳《列》、《莊》。

獨立

即《中庸》「慎獨」之「獨」。

守神肌肉若一

王注：「真人心合於氣，氣合於神，神合於无，故呼吸精氣，獨立守神，肌膚若冰雪，綽約如處子。」《校正》引全元啟注本云：「身肌宗一。」《太素》同，楊上善云：「真人身之肌體與太極同質，故云宗一。」《列子》作「骨肉俱融」。

故能壽敝

王注：「敝，盡也。」

天地

壽與天齊。

無有終時

與天地相終始。

此其道生

爲《易》形游天學之至。

中古

《莊子》：「六合之外，聖人存而不論。」《詩》、《易》是也。《莊子·天下篇》首言六經四通八達，後言六家，與《藝文志》先六藝、後九流同。所謂諸子，爲經之支流也。《天下篇》云：「古之道術有在於是者，老聃聞而慕之」，「莊周聞而慕之」，云云。所云「古之道術」，即指六經。若上古洪荒，中古草昧，愈古愈蠻野，則知古指經①，不指時代明矣。《詩經》六合以外，爲中古神游學。

之時有至人者

賈子《容經》有至人，即《中庸》「誠」者，《莊子》：哀公稱孔子爲至人。

① 經：原作「今」，據原校改。

淳德全道

王注：「全其至道，故曰至人。然至人以此淳樸之法，全彼妙用之道。」《新校正》云：「詳楊上善云：『積精全神，能至於德，故稱至人。』」《中庸》作至德、至道。

和於陰陽調於四時

和謂同和，調謂調遣。言至人動静，必適中於四時生長收藏之令，參同於陰陽寒暑升降之宜。

去世

《論語》所謂辟世。

離俗

《離騷》之「離」，由此取義。《楚辭》詬詆世俗者，凡數十見，其義俱取此。

積精全神

王注：「心遠世紛，身離俗染，故能積精而復全神。」

游行天地之間

《莊子》「游於六合以外」，「游於無何有之鄉」，《楚辭·遠游》取此。

視聽八達之外

王注：「神全故也。」《庚桑楚》曰：「神全之人，不慮而通，不謀而當，精照無外，志凝宇宙，若天地然。」又曰：「體合於心，心合於氣，氣合於神，神合於无，其有介然之有，惟然之音，雖遠際八荒之表①，邇②在眉睫之内，來於我者，吾必盡知之。夫如是者，神全故所以能矣。」《詩》「不聞亦式，不諫③亦入」，《中庸》「莫見乎隱，莫顯乎微」，釋氏所謂天眼、天耳，不用凡夫耳目，即《莊》、《列》所謂「不以耳目聽視」是也。

此蓋益其壽命

《莊子》：「八千歲爲春，八千歲爲秋。」三萬二千年恒星天爲一歲。

而强者也

《中庸》「子路問强」之「强」。

亦歸於真人

王注：「同歸於道也。」如菩薩之成佛，由神游以至形游④。真人、至人爲天學名號，聖人以下乃爲人帝。此段如《楚詞》總叙，讀此則《楚詞》爲天真學説，爲秦博士所撰，非屈子一人

---

① 表：原作「外」，據《亢倉子·全道篇》改。
② 邇：原作「近」，據《亢倉子·全道篇》改。
③ 諫：原作「見」，據《詩經·大雅·思齊》改。
④ 由神游以至形游：據文意，似當作「由形游以至神游」。

牢騷之作，不辨而自明矣。

其次

《尚書》六合以内之學説。《莊子》：「六合之内，聖人論而不議。」如《尚書》是也。

有聖人者

顓頊爲人帝之首，《書》曰顓頊以後「絶地天通」；《左傳》顓頊以後德不及遠，乃爲民師而民名。

處天地之和

中天下而立。

從八風

《九宫八風篇》，八節爲八正，包地球三萬里而言。

之理

王注：「與天地合德，與日月合明，與四時合其序，與鬼神合其吉凶，故曰：聖人所處天地之淳和，順八風之正理者，欲其養心正，避彼虚邪。」

適嗜欲

下「被章服」三字當在此下。

於世俗之間

游於六合以内，不去世離俗。

无恚嗔之心

聖人志深於道，故適於嗜欲，心全廣愛，故不有恚嗔，是以「常德不離，殁身不殆」。

行

巡狩。

不欲離於世

三十輻爲一轂，以象月也。《周禮》世一見，釋書謂之世界。

被章服

《新校正》以三字爲衍文，按當在「適嗜欲」下。

舉不欲觀於俗

王注：「聖人舉事行止，雖常在時俗之間，然其見爲則與時俗有異爾。何則？貴法道之清浄也。《老子》曰：『我獨異於人，而貴求食於母。』母亦喻道也。」不要譽。

外不勞形於事

無爲而治。

内無思想之患

王注：「聖人爲無爲，事無事，是以内無思想，外不勞形。」《易》：「無思無慮。」

以恬愉爲務

如道家之學説。

以自得爲功

王注：「恬，静也。愉，悦也。法道清静，適性而動，故悦而自得也。」自得猶自然。舊説黄帝號有熊氏，乃「自然」二字之誤。《白虎通》有作「自然之性①」。袁爽秋亦主之。

形體不敝精神不散

説詳《六家旨要》。

亦可以百歲

王注：「外不勞形，内無思想，故形體不敝；精神保全，神守不離，故年登百數。此蓋全性之所致爾。《庚桑楚》曰：『聖人之於聲色滋味也，利於性則取之，害於性則損之，此全性之道也。』敝，疲敝也。」道家宗旨爲皇帝。

其次

王伯王三千里。

有賢人者

---

① 性：原作「本」，據《白虎通義·號》篇改。

《春秋》學說。《莊子》:「《春秋》經世,先王之志。」聖人日夜切磋而不舍者也。

法則天地

上、下。

象似日月

王注:「次聖人者謂之賢人。然自强不息,精了百端,不慮而通,發謀必當,志同於天地,心炷於洞明,故云法則天地,象似日月也。」四旁。

辨列①星辰逆從陰陽

王伯不能與天地交通往來,而以祭祀通之。

分別四時

王注:「星,衆星也;辰,北辰也。辨列者,謂定内外星官座位之所於天三百六十五度遠近之分次也。逆從陰陽者,謂以六甲等法,逆順數而推步吉凶之徵兆也。《陰陽書》曰:人中甲子從甲子起,以乙丑爲次,順數之;地下甲子從甲戌起,以癸酉爲次,逆數之。此之謂逆從也。分別四時者,謂分其氣叙也。春温、夏暑熱、秋清凉、冬冰冽,此四時之氣叙也。」五紀曆法。

---

① 列:原作「别」,據《黄帝内經·上古天真論》改。

將從上古

治曆明時，如《春秋》年、時、月、日爲大一統，四時首月爲四始，言災記異，以明天法，皆敬天順時之法，與皇帝同。

合同於道

取法乎上。王法皇，伯法帝。

亦可使益壽而有極時。

王注：「將從上古合同於道，謂如上古知道之人，法於陰陽，和於術數，食飲有節，起居有常，不妄作勞也。上古知道之人，年度百歲而去，故可使益壽而有極時也。」王伯諸子。

《靈樞》、《素問》，舊以爲醫書，不知其中有天學，詳六合以外；有人學，詳六合以內；有道家、有陰陽五行家。凡言皇帝學派者，每以疾病爲標目，如《月令》、《繁露》，皆有民病之説，不必皆爲醫書也。

《漢·藝文志》九家有陰陽五行家，爲帝學道家之輔。古書則《内經》爲一大部，如《素問》王氏次注所補之《陰陽大論》七篇，爲全元起本所無者，皆①《尚書》陰陽五行師説，本爲大醫醫國治天下之專書。其中惟論疾諸篇，乃爲醫學專書。《上古天真論》真人、至人爲《楚詞》之

① 「皆」下原衍「書」字，據原校删。

師説，專爲道家神仙去世離俗之所本。讀《内經》而後《楚詞》之本旨明①。下二節爲《尚書》、《春秋》師説，上二節爲《詩經》神仙之學，爲六經之要領，故特爲提出，以爲標幟。知此而後孔子天人之學乃得而明也。

四經人物名號依託表 孔經全屬空言垂法，絶非古史。

《春秋》　三千里疆域之王伯。

王據周而作。實則止有一王，凡云三王，則已屬《尚書》説。　伯借時人立法，其事則齊桓晉文，其義則孔子自作。

不言堯、舜。殷以七十里，文王以百里。夏五十，殷七十，周百畝。《春秋》言一王二伯。

《書》六合以内三萬里疆域之帝王，與《春秋》名同實異，即非一時，自非一人。

二帝　用四鄰例，二高爲帝後，典、謨爲重黎。《董子》：「王法四時。」而《易》主地主天，法夏法殷。　三王一帝

統三王，四方十二王以應十二月。一王統二公，當有二十四公。　周公據衰而作，故託之帝王。周公以爲符號，其人至今尚未生。

---

① 明：原脱，據原校補。

不言五天帝。至人爲止境，五人帝自顓頊起。《周穆王》：天下皆有車轍①馬跡。禹稱帝禹，若《詩》則爲大禹，《易》則爲神禹，同爲禹名，而有人真神天之别。《書》：「格于上下。」契、稷皆有父而生。

《詩》六合以外，存而不論。

皇 帝 王 伯 《五帝德》：「宰我問：『黄帝，人耶？非人耶？』」明五天帝皆星辰符號。

五天帝，星辰所託。《詩》爲神游，故詳招魂夢境。穆王神游。大昊、神農、黄帝、少昊即四天帝，人皆由天神降生，除契與后稷外，《詩緯》所②列諸聖賢帝相，皆無父而生。《楚詞·天問》所見之人，皆屬《詩》説。人與天人同名。《易大傳》所謂「游魂爲變」，《列》、《莊》詳《詩》説。《左》、《國》六太所言皆屬天人。《左氏》與《楚詞》所引羿、浞事，皆天學，非人事。傳説入箕星，《山海》、《淮南》引大禹曰神靈所生。

《易》所稱人名，即釋家所謂諸天帝。釋四經相同，爲翻譯例。

皇 帝 王 伯 凡《易》皆形游，爲真人，入水不濡，入火不焚，履虚若實，入實不礙。

《易》主形游，《易傳》所謂「精氣爲物」。凡《山經》所有之人，皆屬星辰符號，屬《詩》、

---

① 轍：原無，據原校補。

② 「所」下原衍「言」字，據原校删。

署。

《書》：聖人，皇帝。六合以内。由九千里以進三萬里。陰陽五行雜家。《周禮》、《大戴》爲此經傳説。

《樂》：皇。天人。之交。羅漢。位道家。佛法，儒家所署，《樂記》爲師記。

《詩》：至人、至德。菩薩。位釋法、道家。六合以外。《詩》爲夢神游學。《楚詞》、《靈》、《素》、《山經》、《天文志》爲此師説。

《易》：真人。形游。佛位、至道、至誠。逆讀爲進化，由《未》、《既》以至《乾》、《坤》；順讀爲退化，由《乾》、《坤》以至《既》、《未》。

《詩》：至人。餘同前。

《樂》：同前。

《書》：由三萬里以降九千里。餘同前。

《春秋》：由五千里以降三千里。餘同。

《禮》：同前。《禮經》既絶以後，惟六藝孤行。

順數退化法古表

或疑尊孔，則二帝、三王、周公皆在所黜。不知世所號稱之帝、王、周公事跡，作經説則諸子之學理，非古史已往之陳跡。今以歸入諸經、諸子，則帝、王、周公與經、子並尊矣。

孔經三戒表 戒與界同，山河兩見，猶用此字。

未來　始于一。原始。	見在　壯于五。	已往　終於九。要終。
少戒之在色。空即是色，成劫爲色。	壯戒之在鬭。絜矩、忠恕。	老戒之在得。毁劫成空。
少者懷之。年歲指世界言。	朋友信之。肥馬輕裘，與朋友共。	老者安之。老將智而耄及之，老少頗相似。
人不知而不愠。「而」作「天」，「愠」作「韞」。《易大傳》：「先天而天弗違。」	有朋自遠方來。樂。	學而時習之。悦。「而」讀作「天」，《易大傳》：「後天而奉天時。」
爲人謀不忠。立言垂教。	與朋友不信。交易而退，各得其所。	傳不習。
不知言，無以知人。《論語》始終同言三戒。	不知禮，無以立。	不知命，無以爲君子。

君子依乎中庸。不見知而無悔。《論語》同。聖者能之。立言。	君子遵道而行，半途而廢。讀作「發而皆中節」之「發」。吾弗能。未至其時。	索隱行怪，後世有述，吾弗爲。《列子》：「夫子能之而不爲。」
後生可畏。當後王嗣王，孺子繼自今後王。	四十　五十	無聞不足畏。
其人亡則其政息。	人存政舉。人存政舉	其人亡則其政息。
亂世。《公羊》三世。昇平。	太平　太平	亂世　昇平
邦無道、邦有道、天下無道。	天下有道　天下有道	邦無道、邦有道、天下無道。
《中候》十八篇。原始。知來。俟後聖。		《尚書》十篇。要終。告往。法古。
知來者逆。春養孤子。進化。		數往者順。秋食耆老。退化。
以待後之學者。百世可知。百世以俟聖人而不惑。		守先王之道。

《未濟卦》：「未見君子。」		《既濟卦》：「既見君子。」
鳳鳥不至，河不出圖。待其人而後行。	中　略①	鳳兮鳳兮，何德之衰。
夢見周公。夢皆占未來。		甚矣！吾衰也久矣。
先行其言。木鐸，先行空言。孰先傳焉。		而後從之。力行。孰後倦焉。
童子見，與其進也。		不與其退，不保其往。
來者猶可追。		往者不可諫②。成事不説，遂事不諫，既往不咎。
末不其諸亦樂堯、舜知君子。作《春秋》，俟後聖。		君子③樂道堯、舜之道。

① 二字原無，據原校補。
② 諫：原作「見」，據原校改。
③ 「君子」前原衍「其諸」二字，據原校删。

奮乎百世之上。聞者興起，後來取法。		服堯之服，行堯之行，言堯之言。
後來居上。初先進，後君子。		見堯于羹墻，一步一趨。
吾説於夏、殷禮，杞、宋不足徵。新經垂法，非舊所有。		法夏、殷、周而王。主天地，法夏殷。

天學神游説

至誠生知前知，泰西困知勉行，一定科級也。近來研究空理，有思想家、哲學家，催眠術家亦發達焉。學者或頗訝爲神奇，不知此固吾國老生常談，特少專門研究耳。《論語》以學思分爲二派：「天道遠，人道邇。」人事爲學，天道爲思。「思」與「志」同，即古「詩」字也。緯云：「在心爲志，發言爲詩。」是「志」、「詩」本爲一字。乃全詩中無一「志」字。「思」與「志」音義皆同；字形則「志」爲從心，士聲；「思」從心從囟。囟爲腦，即西人腦氣筋之説，于思想尤爲切合。是「思」爲「志」本字，「志」則續增之形聲字。詩爲思想，故《詩經》中「思」字甚多，每言「思」即「詩」也。如「無思不服」、「思無邪」，讀作「涯」。猶云無詩不服、詩無涯耳。《周禮》掌夢立爲專官，與卜筮同爲知來學説。且有「獻吉夢於王」之明文。考占夢立官，《始皇本紀》已有卜夢博士，「獻吉夢於王」，特爲怪誕。考其六夢，統於第三之思夢。舊以《列子》爲神仙之説，與經傳典制宜乎不合，乃掌夢，六夢詳列于《列子·黃帝篇》中。《楚辭·招魂》言上帝召巫陽，告以有人在下，魂魄離散，今欲招之，巫陽辭，以爲掌夢之職。《楚辭》乃道家之書，《始皇本紀》言「始皇不樂，使博士爲《仙真人詩》。及行所游天下，傳令樂人絃歌之。」即今之《楚辭》。是《詩》全爲思想學，全爲夢境。思夢全爲靈魂學，故《詩》中八徵之生、死、得、喪、哀、樂、故、爲，爲人事。六夢之正、噩、思、寤、喜、懼，全爲夢境。《斯干》、《無羊》同云「大人卜夢」，所云「吉夢維何」，即掌夢獻王之吉夢。他如「甘與子同夢」、「視天夢夢」，皆言夢。《韓詩》讀「聊樂我云」之「云」爲「魂」；《卷耳》「僕病」、「馬痡」，「云何吁矣」，「云」即古「魂」字，文與《離騷》之「僕夫悲予馬懷兮，蜷局顧而不行」同①。《召南》爲《招魂》，云、兮古篆形近，「之子于歸」即「云兮歸來」。《遠游》爲《周南》。凡「歸」字皆謂歸天上。《遠游》云神雖去而形留。是《楚辭》之周游六虚，即爲《詩》神游夢想之師説。本爲《詩》、《易》之師説，故博士傳有此派。《始皇本紀》云：「招文學方術士甚衆，欲以興太平。」考盧生、侯生、徐市皆博士。《中庸》：「『鳶飛戾天，魚躍古「逃」字。于淵』，言其上下察也。」人事專在本世界，神游六合以外，乃如《離騷》之上征下浮。《列》、《莊》所謂塵垢

① 不行同：原作「不同行」，據《楚辭·離騷》及文意乙。

之外，無何有之鄉。離去塵垢指地球耳。而升降，故取法魚鳥。《莊子》云：「夢爲鳥而戾天，夢爲魚而潛淵。」夢鳥、夢魚，即所謂「匪鶉匪鳶，翰飛戾天；匪鱣匪鮪，潛逃于淵」，又即所謂「牧人乃夢，衆爲魚矣，旐爲旟矣」。「旐」當爲「兆」，與「衆」對文，兆民同化鳥而上征，衆生同夢魚而下游，即所謂衆生皆佛。《莊子》所云夢鳥、夢魚，乃變化神奇之事。若爲旐，則與盧抱經改「衆」爲「蝝」同爲實物，非夢境變化之事矣。以此推之，則全經皆同。《離騷》、《遠游》凡與「爲熊爲羆」、「爲虺爲蛇」、「兆爲旟矣」、「衆維魚矣」託物起興者，同爲思想，即同爲夢境。讀《詩》如《楚詞》與《莊》、《列》之華胥化人之宮、蕉鹿、蝴蝶，同屬神游。《列子·周穆王篇》全説夢游。佛書亦屢以寤夢立説。蓋世界進步，魂學愈精，碧落黄泉，上下自在，神鬼之事，未至其時，難取徵信。惟夢者雖屬寤寐之近事，而神通肉體之分別，可藉是以考鑒焉。此千萬年娑婆世界飛相往來之事迹，預早載述，使人信而不疑，樂而不倦，則惟恃此夢境以道之，寓玄遠于平庸，託神奇于淺近。《詩》爲靈魂學之大成，固可由《楚詞》、《列》、《莊》而通其理想。若修養家之出神，與催眠術之移志，則事實之萌芽矣。又經傳五帝言五極，三皇則言上下，所謂游于方之外。經傳之天神地亓人鬼推之，自今日言，則曰神亓鬼以別于人。自其時論之，則天地相通，神人往來，彼此同類，亦如今之中外交通，互爲賓主，並無人鬼之別。故以人學言，則如《列子》之説，以覺爲真，以夢爲妄；至于天學，則衆生皆佛，反以夢爲真，以覺爲妄，故有「獻吉夢于王」之典。所謂夢非夢，覺夢顛倒，固是平等，則掌夢一職，非後來靈魂學之起點，催眠術之大成乎！《中庸》曰：「道不可須臾離。」《老子》

曰：「大道不止。」「道」，今本作「盜」，「盜亦有道」，字可通用。《易》曰：「在天成象，在地成形。」後來事實，曇花幻泡，偶爾一見，以爲將來之印證。後來乘雲御風，人人可以飛身，而神仙之佚事，時有見聞，亦如麟鳳龜龍，皆非世界所有，乃星辰之精。本世界以人爲靈，四宫則以四蟲爲靈。自我言之，謂之四蟲；自彼言之，則同爲人。必上下交通，而後四靈至，乃《春秋》已書獲麟、獲長狄。《山經》爲將來天官之太宗祝、神靈學。諸天星辰各世界，爲五山、四荒、四極，故《楚辭》以神魂立説，游于六合以外，凡有所聞見，則必非本世界，明矣。其人事、地名，乃全見于《山經》，是不惟神靈物産、奇形怪狀，不在本世界，即所有堯、舜、文王、鯀與社稷，亦非指古人，特藉本世界之古帝王人物，以翻諸天之星辰。《左傳》：使知鬼神之氏族者，爲之宗。故天神地示，亦如人鬼之詳氏族矣。然則《春秋》書獲長狄兄弟三人，不傳國土，不詳種族女口，豈非諸天氏族，偶爾降落人間？又形天負貳，本爲神示，古有載記，不皆虚誣。蓋即上征下浮之理，周游六漠，偶見人間，如電光泡影，又如仙佛，乘風御雲，偶爾一見，以爲先覺。後來人人具此知能，則爲平常。因其少見，詫爲異聞，指爲妖妄。同車同行，有同天國，則又何足駭異！此麟鳳長狄，即參天地、育萬物之起例也。每怪秦、漢之間，神怪游仙，實多異聞，方士神山，司馬大人，何以有此奇聞？後世漸少，蓋亦如諸子爲六經支流，孔子後忽然擁出，紛至沓來，積如山岳，前無所承，後不能續。故仙、釋同爲經説，否則何以興也勃焉，亡也忽焉？孔子所謂知天知人，觀志觀行，又何以分别之也。

《楚辭》爲《詩》神游師説①，見於講義者詳矣。所謂《遠游》、《招魂》二篇即二《南》《周》、《召》之師説也。道家説謂生人爲行人，死人爲歸人，謂天學世界。地球之人，皆由天上降生。《楚辭·招魂》謂有人在下，上帝遣巫陽招之，凡言「歸」者，本以天上爲家。今游行人間，招之反於天上，故以死人爲歸人。二《南》之數十「歸」字，皆同此義。言「告」言「歸」爲發端，以下分方而見。「云何吁矣」，「云」爲古「魂」字，「之子亏歸」之「亏」即「魂」字。「亏」字古篆與「云」字形似，由「云」誤「亏」，故「之子云歸」，即「魂兮歸來」。《召南》在上招之，所謂「招招舟子」，魂由人間反之天上，天不一天，故周游層累，曲折而上。「之子于歸，百兩將之」，即「魂兮歸來，家室安止」；「馬痡」、「僕瘏」，即《離騷》之「馬」、「僕」二句；《易》之「周游六虚」，在《招魂》曰「周游六漠」；二《南》之分方上下四旁，即所謂六漠六虚之周游。後儒以「之子」爲新嫁娘，真屬夢囈。《國語》黄帝廿五子、《爾雅》黄鳥、皇。《周南》之「黄鳥于飛」三句，即《大雅》「鳳凰于飛」一章。《周南》之子孫、公孫、父母，皆天下一家例。鳳凰爲祖，鴡鳩、二鳩爲父母，九牧、九扈爲八才子。《周南》十一篇，合《九歌》之數，《召南》十四篇，共爲廿五篇，以合廿五人。廿五子而得姓者十四，則指《召南》十四篇。故《周南》爲周游六虚之上下四旁，而《召南》則在天之中，爲六宗、六漠之中心點。

① 案：「《楚辭》爲《詩》神游師説」以下文字，原錯入《流演觀》之末，據原校移。

《易》八卦上下圖

宋儒誤以為《先天圖》指為伏羲作。

上下圖加入方位，上下四方合為六宗。

《詩》《易》上中下三才圖

《莊子》：夢為鳥而戾天。

中為地球，即三才之人，或稱萬物。

或稱六合，六合之外，去世離俗矣。

《莊子》：夢為魚而潛淵。

宇宙觀

地球成住毀三劫九十年命運表

五歲 以上成劫。動物初生，由蟲八變而爲人。地長至五千里。初本空虛，由微塵所積而爲地，如人之胎胚。

十歲 以上人類初生，九九八十一。地長至萬里。

十五歲 此世人禽混雜。地長至萬五千里。孔經未立之前，先有六藝。以前三級爲本，地球之地獄以年分等差。

二十歲《禮》。地長至二萬里。一爲俟後之孔子。

二十五歲《春秋》。地長至二萬五千里。

三十歲《書》。地長至三萬里，爲一世界。地球黑道無冰，赤道退熱，盡如黄道。以上三級爲本地之成劫。

三十五歲《樂》。三萬里周術數拾遺之小數。以下三級爲本地球之天堂、天仙世界。

四十歲《詩》。三萬里周術數拾遺之中數。《論語》「後生可畏」，進化説也；「四十五十無聞」，指《詩》之時代言之。

四十五歲《易》。三萬里用大數，地有三千萬里，爲大千世界。五九爲極盛之數。此三級爲住劫。神仙飛相往來，凡人不能住此，世界淨土之説近之。

五十歲《詩》。地縮至三百萬里①，爲中千世界。以上五帝：青帝、赤帝、白帝、黑帝、黄帝，「帝」字在下，又稱伏羲、太昊、神農、黄帝、少昊、共工，皆天帝星辰之精，非人間世之人。以上爲本地球之天堂。爲鬼神學，爲星辰學。

五十五歲《樂》。地縮至三十萬里，爲小千世界。顓頊以下不能及遠，民師民名。顓頊以後絶地天通。以下五帝，「帝」字在上。

六十歲《書》。地復縮爲三萬里，爲一世界。

六十五歲《春秋》。地縮爲二萬五千里。

七十歲《禮》。地縮爲二萬里。以上爲法古之新字。

七十五歲此世人禽混雜。由人類復反于禽獸。地縮爲一萬五千里。以下爲本地球之地獄，以年歲分等差。

八十歲以下人種絶。地縮爲萬里。孔經既絶以後，六藝孤行。

八十五歲以下動物絶。地縮爲方五千里。

九十歲由毁而復空，如人之死而化。以前毁劫。毁後爲空，《列子》「天下有形之物，未有不毁者也」，指此而言。釋云「色即是空」，毁劫，「空即是色」，成劫也。

---

① 三百萬里：原作「三萬里」，據文意改。

〔附〕孔經哲學發微續編（嗣出）目録

祛誤門其説統爲貶孔派。

以一名定孔子。教育、宗教、政治、哲學、儒、聖。　周公先聖，孔子先師。

以經爲史。　伏羲、文、周皆立言作經。　孔守先法古，孔以前有六經。　集大成。

欲行道當時。　庸言、庸行。　格致誠意正心爲四條目。　退化專言降。

陰陽五行。　尊君、專制。　古有六經文字。　六經同治中國。

以禪爲聖，静坐、良知。　《易》爲四聖之書。不知地球。　諸子創教。孔以前有子書。

以仙道爲孔。　周公當爲先聖。　《書》有百篇。　《河圖》、《洛書》。

先天後天之誤説。　周公作《周禮》。　六經皆我注脚。　抱道在躬。　孔子與人相同。　人

皆可爲堯、舜。　賤伯，以道爲異端。　韓闢佛。　孔子以前金石文字，即六書體。

禦侮門其目編時更有增損，又一人聞見不能周知，更望同人推補。

中人：疑經、攻經、反經。諸子及各集散見類而申明之。

外人：疑經、攻經、反經。如《經學不厭精》、《五大洲女俗通考》及無政府學説之彙。

諸子：貶孔、攻經。

外教：貶孔、攻經。尊君、專制。初級民權即爲大同，大同無君。

近議：廢經、攻孔。章氏著書尤橫肆。

四庫經部提要駁義

昔撰《尊孔篇》，分四門四目：曰受命、曰立言、曰祛誤、曰存疑，二十四題①，文甚簡約，不盈廿紙。大抵西漢以下，所有尊孔者皆流爲貶孔，至語録、制義而極。近來歐美風行，乃全與漢、宋相悖。聖經將大行，藉此掃蕩俗誤，而後反之周、秦真實義，欲揚先抑，闇而彌章，天心人事，皎然可覩。因兵事留歇，中秋乃議赴曲阜大會，倉卒編此。上卷大抵皆受命、立言二門，以祛誤、禦侮歸之下卷，以俟補編。不直則道不見，亦受攻而彌縫更堅。外患深鉅，小嫌捐除，合志同心，不似摸象捫盤，迷妄顛倒。至聖真象，六經微言，庶可以中興於世界，願與同志共勉之也。井研廖平編目畢敬述。

---

① 二十四題：原作「二十四目」。按《尊孔篇》自序：「乃綜核大綱，立四門：一曰微言，二曰寓言，三曰禦侮，四曰祛誤，分二十四題。」因據改。

皇帝大同學革弊興利百目

廖平 撰

邱進之 校點

校點説明

《皇帝大同學革弊興利百目》是廖平經學四變時期著作。全書分論聖、《論語》、《周禮》、《詩經》、《易經》、《尚書》、《禮記》、《春秋》、《大學》、《中庸》、子學、九家、理學家、中國政治家、中人西學、西人宗教家、西人大同學、西人政治家、西人思想家、西人天文家、西人地學家、今日時局等二十二題，共列各題中有關皇帝大同説的正反觀點一百零一目，逐條予以簡要解説、論證或反駁。書中主要以公羊張三世、夷夏之辨、素王立法、小康大同等角度，從經典和中西思想家觀點中尋求佐證，提出六經皆孔子微言，諸子爲孔子後學，孔子爲全球立皇、帝、王、伯之法等思想。該書原附於《公羊驗推補證》，有光緒三十二年（一九〇六）則柯軒刊本，今據此本整理。

目録

皇帝大同學革弊興利百目

論聖 附西人

舊説虛尊孔子，講章以村學究爲至聖。西人以朱子比孔子。

匹夫爲百世師，一言爲全球法，真堯舜之不及。不見宗廟百官美富，以在海外、後世。

宰我、子貢以孔子爲「生民未有」，不得其詳。

經營天下，力臻美備，千古一人。不言皇、帝，不知其大。

子貢：性與天道，不可得聞。

性命、天道皆屬皇、帝之學。當時不睹不聞，無徵不信，多以性命天道、陰陽五行立説。

孔子自云不爲魯國爲天下，不爲當時爲後世。與「至誠」、「前知」同意。

數千年前早立全球治法。如《詩》、《易》、《周禮》，後世平天下之規模。

古文家以孔子爲纂輯傳授，先文明，後蠻野。

實先野後文，作而非述；小即《王制》、《春秋》。治中國，大即《詩》、《易》、《周禮》。治全球。

孟子空言高深，不見實際。

但治中國，能者多矣！於春秋時詳。全球乃真如天之不可階而升，非文王周公之成迹；作而非述，乃可見。

西士以孔子爲教主。耶蘇、釋伽，可擬孔子。

孔子爲萬世師表，天下政教皆其所主。宗仰迷信者，統入《周禮》十二教。

西士以孔子爲政治家。管、晏、蕭、曹，可比孔子。

爲全球經營，大經大法。經傳多從古未行，尚有待於數百千年之後者。

西士以孔子爲哲學家。伏、董、程、朱，可爲孔子。

古今中外，萬事皆備於一人。由《春秋》以推行《詩》、《易》、《周禮》大統，海外典禮俱備。

論語

君子，小人。宋儒誤以君子爲善良，小人爲宵小。

君子儒、小人儒分大、小二統，一道德，一仁義。

舊以匹夫可以抱道。從漢至今，不知「道」字真解。

道爲天行軌道。皇法天言道，苟非其人，道不虛行。

舊以學、思平立，故宋學以幽怳說中正。

事實但重力行。學、思分二統，一述往，一知來。即告往知來、守先待後之義。

舊惜當時不得行道，志欲求官，時不可。

立意不取行，故以不爲政自標。當時略如泰西，使實治《春秋》中國，不過如華盛頓、拿頗崙，何能原始要終，師表萬世？如政域有皇、帝、王、伯之分，孔子自爲不過伯而已，王以下何能爲？故特以言立教，皇帝亦可言。

周禮 必今日以後數百千年乃能全行。二千五百年前，已以空言立教。

舊講主周公，宗旨誤，全經皆乖。鄭注無一條明通。

本有三皇五帝明文。孔子著《周禮》，爲《尚書》典制，治天下之書，故與《王制》小、大不同。

先儒以《周禮》强合於《王制》，矛盾不休，故西人譏中儒束縛於争論。

《周禮》大統，海外疆域，輻員封建，畿服州國，爲小、大不同之實據。

舊以五土五民、一轂三十輻、地球四游爲一王之制。又，五官六官，争論靡定。

四游，即西人四季

《周禮》地中即赤道下萬五千里。合則大地三萬里，如鄒衍大九州之説。

舊執周制以説《周禮》封建。

《周禮》封建無王伯之制。五等封地，公方五百里，侯四百里，以下皆數倍於《王制》、《孟子》。○大、小共爲四等，皇大帝小，王大伯小。以帝、王言，帝大王小。

詩經 《詩》爲志，與《書》對文。

舊以《詩經》爲古事，故以序説《詩》，後世更以爲誨淫小説。

《詩》爲預言神游事，借古人翻後人，無一真古人古事，故班氏譏以序説《詩》非本義。

舊誤解鳥獸草木爲中國之物。

全球。《周禮》五土、五民、五植物、五動物，如古之河圖，今之五洲動植圖。又，主素皇素統，故以鳥名官。如鳲鳩爲司徒、黄鳥爲皇之類。

舊誤解小、大二《雅》。

《雅》爲翻繹之書，兼喻大、小二統。《大雅》爲皇，如大東、大共、大球；《小雅》爲帝，如小東、小共、小球。

舊以二《南》實指周、召。

《詩》分陝爲中分天下，即後世泰皇，二伯爲天皇、地皇。

舊以十五《國風》爲往事。人名、國名皆指實。

《詩》十五《國風》内配三垣，外配十二次，又以配皇輻十五服，如讖緯，皆寓言後事。

舊以「顛倒」、「反覆」爲敗壞。

《詩》「顛倒」、「反覆」，即撥亂反正，以水濟火，以熱易寒，以柔助剛之事。皇帝治天下之妙用。

易經

舊以《易》爲卜筮之具。如梅花數、牙牌數。

平天下之書。運用消長，裁成輔相，皆爲百世後法。

舊誤解《易》爻内、外之分。

《易》内外赤黑相移，水火既濟，治天下之妙用。四合。兩、三爻配全球五帶，二五爲二黄道，三四爲赤道。

舊誤解《易》卦大、小之分。

皇帝大小二統，大卦爲皇，合；小卦爲帝，分。天下分合之治。

舊誤解《易》上、下經之分。

上經爲先進，古之世界；下經爲後進，後之世界。又，上下指世界南、北二球。與《詩》「明明在下，赫赫在上①」同。

舊以《易》无咎、吉、凶爲休咎。如得失、利害、成敗、可否之説。天、地、人三統，无咎爲泰皇，天皇爲吉，地皇爲凶。

尚書

舊以《尚書》全爲述古之書。止言往事，不爲後法。《尚書》分前後，《洪範》以上爲述往，《金縢②》以下爲知來。前後兩皇帝王伯，有三羲和：皇羲和、帝羲和、王羲和。

舊讀五《誥》，莫得其解。五《誥》分應十五《國風》，爲五土例，即今五大洲。末四篇爲王、四岳，五《誥》則皇之五岳，相比自明。《洪範》、《禹貢》舊多誤解。九疇即九州。《禹貢》小九州，《洪範》大九州。《尚書》九疇即大九州，《禹貢》有全球之説。《禹貢》冀州爲皇大九州，雍州爲帝大九州，故全有天下。九州外再言四隩、九山、九州、九澤，即《淮南・地形訓》之所本。

① 「明明」二句，原誤作「明明在上，赫赫在下」，據《毛詩注疏・大明》改。

② 縢：原誤作「滕」，今改。

舊以五行配人身五官。

《洪範》五行、五事，即《周禮》五土、五官、五帝之制。

禮記

《禮記》大同小康。小爲國，大爲天下。先儒不知，誤以大統説小康。

皇帝之世，天下和同，不言小康。知《春秋》進步易行，《易》、《詩》、《周禮》一統以後，乃言大同。

舊讀《王制》，不知運用。先儒多惡《周禮》之異己。

《王制》爲小統典禮。故與《周禮》多不合。

春秋

舊以《春秋》經傳全屬小統。止治中國，不能治全球。

《春秋》言人事小統，記災異大統。

《春秋》内夏外夷。小統教化未廣，止尊中國，反鄙外夷，於諸夏則詳之；以荆、徐、梁、揚四州爲夷狄，故略之。

大統三經，《詩》、《易》、《周禮》。中外如一，無遠近親疎之别。皇帝一視同仁。

舊以《大學》爲蒙童初讀之書。如程子謂「初學入德之門」。《大學》爲皇帝之學，專詳平治天下。非先習《王制》，不能讀此書。《大學》絜矩、六合。《大學》言平天下，即《周髀》六矩之法。與《詩》、《易》、《周禮》同意。以一心貫六合即七政，所謂從心、不踰矩。下七引《詩》、《書》，即中、下、上、南、北、西、東。

舊解定、静、安、慮、得如禪學清静無爲。定甸，静侯，安綏，慮要，得荒。《大學》定、静、安、慮、得乃皇、帝、王、伯五等疆域之名。五千里爲定①，七千里爲静，方萬里爲安，方萬五千里爲慮，方三萬里爲得。

舊以格致爲即物窮理。宋人、西人所言皆蒙學。《大學》格、致即分别修、齊、治、平之本末先後。物指身、心、家、國、天下，格即修、齊、治、平之事。致知者，知所先後。

① 定：原作「安」，據上下文意改。

中庸

《中庸》施及蠻貊，六合尊親。

《中庸》爲全球立法，無徵不信，百世俟聖不惑。

舊以謹獨、慎獨爲衾影、屋漏。

「獨」實指海外，與《大學》同。故有「不睹不聞」之説。

時文家感應類文科。如修身則家自齊，國自治，天下自平。

《大學》諸「其」字，國爲侯，家爲卿大夫，身爲士庶人。積身成家，積家成國，積國成天下。諸國全治，天下乃平；各家皆齊，一國乃治；各身皆修，一家乃齊。非皇帝自修身而天下平，如時文感應話，無此事，並無此理。

舊以《孝經》專言孝。《孝經》與《大學》事理相同。

《孝經》移、易、安、全，皇帝平天下之功用。移風易俗莫善於《禮》，即《易》、《禮》別爲帝；安上全下莫善於《樂》，即《易》、《樂》合爲皇。

子學

俗儒惡諸子爲異端。

諸子出於四科，九流備大九州之治法，皆有聖人之一體。

《列》、《莊》詬詈，芻狗糟粕。

漢儒言古文者以六經爲古帝王之舊書，孔子彙而傳之，乃知所詬詈者即東漢古文僞儒，非孔子。

九家

舊以道家爲虛無之學。清淨寂滅，大同於世。

道家出於德行科，重道德，輕仁義，無爲而無不爲。

舊以陰陽家爲技藝家。漢魏相、丙吉皆用此學爲丞相。

陰陽出於《詩》、《易》、《周禮》，皇帝學之二后。即《周禮》「天産」、「地産」。

舊以名家主刑名之學。

名家出於《春秋》，爲文學科嫡派。

舊以法家主法術之學。

法家出於政事科，冉有、季路之宗派。

舊以儒家爲孔派嫡傳。誤以身心性命專就本人一身附會磨礱。

西漢儒家出於文學，篤守章句，多爲《論語》「小人儒」，與孔子「志道」、「據德」迴別。若漢馬、鄭爲音訓，宋陸、王之釋理，皆不得爲真儒。

舊拘聞見，專尚儒家。

皇帝大同之世，儒乃東方一教，不過十二門中之一。

宋、元深惡縱横家，故辭命之學絶。於四科已絶其一。

縱横出於言語科，宰我、子貢之宗派，爲今外務部最切用。

俗學誤以音訓、禪宗爲聖學旨歸。今所謂經學，不出章蒙音訓，道學則主釋之禪宗。

聖學以六經經營天下後世，至爲美備，何音訓之足云？

理學古文家，貧賤驕人，以道德自高。如陸、王不知道德。

道德非皇帝尊貴、法天明德不能言，皆有實用，不可須臾離。後來貧賤傲人乃自詡爲道德，道德可以懷包紙裹①，養成虛憍無用之士風，遺害庠序。

墨攻儒，《論語》尚質從簡，墨家宗旨。如「禮喪寧戚寧儉」、「禮云禮云」，又「禹無間然」章，皆墨家宗旨。

墨祖孔子，以攻俗儒。若真儒爲東文，真墨爲西質，一文一質，並行不悖。

儒分爲八，晚近教而非學。才士晚年多逃禪。宋學之盛，蓋自詡聖賢，託名甚尊，實則希圖安逸，少有聰明一學而成。其養心却病，一如二氏。方外迷信宗仰，與祆、回同，故爲十二教之一。

---

① 裹：原作「裏」，據文意改。

孔子爲聖，皇帝學。儒東方文王派，墨西方武王派，儒墨合一，爲今日大同基礎。儒專詳典章得失成敗，有實用，可程課，非高談性命如晉人清談。

舊以農家爲小人之事。

農家出於后稷，政事派。

舊以清談爲道。

道家無爲無不爲，其要在無不爲。以無爲爲道，如以季桓際可推孔子，故孔與道反，遂成爲害人學術。一入其中，無不愚戇。

理學家附中儒

理學家以空渺禪寂爲道德。不能解「道德」二字。

孔子言皇帝學，有「胞與」之量，乃知所謂天下、天子、道德、上帝、帝、皇爲人。

宋儒誤以禪宗爲聖學，於修身外贅以格、致、誠、正。中國因此無人才。終身格致，且不能盡。

聖學廣大如天，與地球相終始。然《大學》明云：「自天子至庶人，壹是皆以修身爲本。」修身爲本，則不應於身外頭上安頭，使人無下手處。故删削枝節，一從修身起，則道若大路，人人可行，不似從前之迷惘矣。

宋儒誤以天道、天命、性情、心身在己身。

大統用天下一家、中國一人例，心屬京師，身爲邦國，性情指五方之民。《中庸》「喜怒哀樂之未發謂之中」，謂海外四極未通之前只有中國也。考檢外域，撫循鎮服，其學至巨，乃盡屬之藐躬，爲刺棘端之猴，造似楮之葉，故凡理學爲愚人之物。欲開士知，非先屏此蔽，中學永不强也。

宋儒誤以身家屬皇帝。

身家本爲士庶人與大夫之事。大夫有家，士庶人有身，乃誤讀「一家仁，一國興仁；一人貪戾，一國作亂」，積久成派，爲八股家感應文料。窗下言之易，一旦出仕，迥與文章所話不同。雖謂明天下亡於此感應派、今之中國弱於此感應派可也。學者當如洪水猛獸，力屏絶之。

中儒妄談災異占驗，西士力駁之，兩失。

經傳災異爲大統説法，百世可知，非目前所能見。漢儒占驗固是誤説，然如救日、求雨，其中别有精義。西人僅以格致爲據，天下事理出格致外者多，西人方求實迹，未能逸超。必數千百年後始能聲入心通，不待恃耳目爲功。

中儒疑緯讖妄談禍福。

緯讖皆屬後事，俟後而言，必天下大同乃驗。

「老死不相往來」爲上古蠻野之變文，中儒誤解爲古樸，誤會《老子》而然。

天下小通則小利，大通則大利。由一鄉一邑一國以至天下，通則樂利，閉則草昧，一定之局也。大國遠近如一，無物我親疏之別。

中儒誤以儒爲孔子、道家爲異端。孟、荀於孔子，如百里國之於至尊。後儒誤以孟爲孔，宋人專學孟，與孔道直成天淵。近人以孟爲大同，尤誤。

儒爲文學之支派，道乃德行科。《論語》與道家符合者不下百條。俗儒直無耳目心肝，妄自高大，不由理解，不知皇帝之學君逸臣勞，無爲無不爲。如舜有臣五人而天下治。

中儒以鄉愿爲道德，動以防弊爲說，誤盡天下蒼生。今之中國，一防弊政教，所以孔子深惡鄉愿，爲好好先生痛下針砭。

道德乃皇帝之學。《論語》「志道」、「據德」，《莊子》「道失後德」，緯引「堯云皇道帝德非朕所專」之類皆是。

中儒以規行矩步、平庸爲聖賢。如八股所稱之孔子。

聖人應運而生，言爲天下法，行爲天下則。古者立學分經，分尚實，貴異不貴同，如藥方有薑、附，有硝、黄，功在相證，不能誤投。今之學術則務求一太平藥，人人可服。大抵上而政府，下而名宿，合成一好好先生太平藥而已。宜殺人如麻，死而無悔也。

中儒誤以孔道爲及身可盡，見於施行。因包後世伯、帝、皇，有四等之異，經乃託見古之皇、帝、王，「及身」則亦如管、晏之伯而已。

皇、帝、王、伯，疆域大小不同，運會古今各別。分一時一國，固必以六經分任之。又，說三代堯舜羲昊，三皇合天下，千萬年後乃能盡發其藏，見之實事。使當日能盡行於世，則不託古之皇、帝、王，《春秋》、《王制》外，不必更作《詩》、《易》、《周禮》、《尚書》也。

中國政治家

政治家言學止於王、伯，經營不出五千里。如禹、皋、伊、旦、管、晏、蕭、曹諸人皆然。皇帝經營天下，由《春秋》推行《詩》、《易》、《周禮》，以成一統之治。政治家競言窮經致用，實無實學。西人常以行非所學、學亦非所行譏之。言皇帝之學，知群經典禮乃爲有用。字字切實，不似從前空虛，後來踵事增華爲無窮。

中人西學

中人一入西學，專心外向。奉聲、光、化、電爲神明，鄙經傳如糞土。廢經之歎，朝野相同。諸學以六經爲歸宿，無泛務，有實效。中人西學，好講民權自由。有庶民，無君上。以亂世草昧辦法推行中國，勢成齟齬。大統以通經爲主，各因宜俗，歸於尊君親上，以成一統之治。

西人宗教家

宗教家專主一天，以爲獨得之奇。

春秋以前，中國亦爲祆教，六經同主一天，由一天以化三天，決嫌疑，辨等威，踵事增華。西國四百年前有路德，中國三千年前已有孔子，改新教，爲中外古今立至善之準。

宗教獨守一隅，不能兼通。近鬼神，未能務民義。《論語》「知死」、「事鬼」，即靈魂復生之説。

皇帝政學外，以十二統天下異同，如《周禮》十二教，各因土俗所宜，禪、釋、回是也。祆乃西方一家説。

宗教家競言大同，乃以争勝自强爲宗旨。

皇帝大同，毋固、無我，舉世如一，無所謂愛憎。争弱强、決勝負乃戰國風尚，爲亂世之言。若至大同，實無須此。

六經同主天論，論述改正舊教甚詳，不僅路德之九十餘問題。不郊，譏三望；郊，則不必譏望。獲罪於天，不禱奥竈；得天庇佑，不必禁奥竈。生死、幽明、終始、遠近詳矣。

西人大同學

大同學以民權自由爲持平。

皇帝一出，萬物得所，鳥獸草木，皆能通其性情，知其言語。當時「不識不知，順帝之則」，何議院之足云？

宗教復生升天。無歸宿，終覺荒渺。事鬼先事人，知死先知生，務民義，遠祈禱。惟皇帝乃稱天子，以下立祖宗姓氏學，然後奉行天道，方有實效。

西人政治家

西人政治專言利。如管、晏雜伯之學。皇帝一統天下，無弱强貧富之足言。役天下以德。今之西政各書，一言以蔽之，曰「言利」而已。政治家競言變法自强。聖經爲後世天下法，一成不改，千古常新。今爲亂世，由今改良，非數百年不能至。如能範我馳驅，事半功倍，庶不致背道而馳。

西人思想家

思想家師心自用，與宋學同苦無歸宿。以經爲師，以經範我心思之謂也。宋人則曰「六經皆我注脚」，故一生教而不學，所以迂疏淺陋，不能深造。西人之予智自雄，其失一也。《詩》爲思之本旨，今之思想即古之《詩》教。然古無徵不信，故用思；今地球已通，當用行，不貴思。以經爲依歸，依樣葫蘆，何須憑空結撰，不悉準則？

西人思想，一切以失奴隸性根爲主。西書云有思想而後有事業，文章制度煥然一新。

聖人經營天下，典章制度盡善盡美，千古不朽。於古曰思，今則曰學。學古人爲奴隸，學今人亦奴隸。學今人之不奴隸，實亦奴隸。即言學，則奴隸不可免，特須善擇主耳。

西人天文家

天文家①地動四游，寒暑五帶。

西人絶業，孔子二千年已言之侃侃，且無事不較西説詳美。當時無儀器、無衆力，今合數千年人才、數十國勢力所成，乃不敵一數千年前之匹夫，優劣何待言！由此以推其餘，直所謂無極無盡。

天文家言天象，以爲獨得之奇。

經傳日月星次預推全球曆法，三法六曆至精至密，迥出西人上。由今日盡窺經之秘藏，不審美備更爲如何？然經尚待數千百年之鑽研。既竭②吾材，所得亦僅今耳目所及而已。

① 「天文家」下似脱「言」字。
② 竭：原作「揭」，據文意改。

西人地學家

地學測量全球，實不詳合統治法。

《詩》、《易》、《周禮》包括全球，陰陽、寒暑、剛柔、晝夜，舉得其平。典章制度，裁成損益，其説詳矣。

地學家侈言地動天虚。舉而措之，千萬年不能盡，其中大等級尚有數十層。

《中庸》「舟車所至，人力所通」，聖人早爲立説。又，大地四游、緯書升降，最活最醒，西書僅就形言，不及二字精切。

今日時局

山陰湯氏著有專書，以爲孔教時數已過。

孔子六經盛行未艾，與地相終始，愈久愈新。

南宋偏安，與金、遼世仇，故鎖國攘外之説，至今援爲頑固黨口實，自尊卑人，刻忌褊狹。

言皇、帝始知聖無不覆幬。胡越一家，進夷狄爲中國，器識心思乃能宏遠。

今日中國失遵守，無依據。舊學當世變，中士如喪家之犬，西士如紈袴之兒。

皇、帝宗旨定，中外方有實學。

中國行政，以八股學當堅艦巨礮，時變不知所極。

諸皇帝諸經皆切實，學堂方出有用人才； 人才出，方有轉機。 經方大顯，何廢之足言？
天下分裂，人民塗炭，如春秋戰國之局。
皇帝學天下一家，中國一人。 中外推奬此宗旨，患害可以潛銷。
泰西諸國爭戰不休，互相翦滅。
皇帝以德服人，血氣尊親，不滅國，可以弭兵。

世界哲理箋釋

廖氏學説　黄鎔箋釋
邱進之　校點

校點説明

民國二年（一九一三）教育部召集各地代表統一國音，廖平被推舉爲四川代表，赴京開會三個月，旅京同鄉在湖廣會館發起歡迎會，廖平發表題爲《孔學關於世界進化退化於小康大同之宗旨》的演講，大旨以經爲新作，所以俟後。帝王、周公皆屬符號，先小後大、先野後文，以駁「經爲古史、專主退化」之舊説。並立世界進化六表、世界退化四表，認爲用夏變夷爲進化説，用夷變夏爲退化説，地球進化由微塵漸長至三萬里，退化則由三萬以至於毁，比附佛書之成、繼、毁、空四劫，當前全球皆屬進化，數千萬年後乃爲退化世界。《世界哲理進化退化演説》曾刊於民國六年（一九一七）《國學薈編》第九期。民國九年（一九二〇）黄鎔嘗集師説和經典爲之作箋釋，名《世界哲理箋釋》。民國十年（一九二一）四川存古書局印入《六譯館叢書》，今據此本整理。

目録

世界哲理進化退化演説

民國二年癸丑，四益先生以讀音統一會代表稅駕詣京，同鄉諸君子發起孔學歡迎會，萃集中外名流於湖廣會館，迎請演説。先生辭不得已，因就孔經制作之大綱、世界施行之次第略舉概要，具説如左。

鄙人先生自道。譾陋，於中外學派無所知識，諸公是日中國碩彥鉅公、各省讀音會代表，及海外教育大家俱在焉。過采虛譽，先生素以經學名家。發起大會，孔學歡迎會。不勝慚忝；又期期拙於談辯，《漢書》周昌口吃重言。方音土語，尤見困難。各省方言不同。惟明承雅愛，不敢辭謝，謹將孔學關於世界進化退化舊解孔經，以爲愈古愈文明，愈後愈退化；按之世界公理，殊覺不合。與大同小康之宗旨，《禮運》以「天下爲公」爲大同，以禹、湯、文、武爲小康。述爲此章，以當喉舌。方言隔閡，或難入聽；文字普通，無不領解。故孔經施行，可以統一世界。伏乞大雅君子當日中外畢集，頗極一時之盛。不吝教誨，是所切禱。

一、經爲古史帝王堯、舜、禹、湯、武王、成、康。周公舊謂周公制禮作樂。所遺留，孔子述而不作。舊説如此，竟似孔子無所制作，濫竽俎豆。海外以海外爲中國比例。法政學説昌明，因時立法。海外之法隨時變遷。三王且不同禮，五帝且不襲樂，中國帝王政治亦有沿革。果係古史，芻狗糟粕，説見《莊子》。今日已萬不能見之實行，古與今時勢不合。更何能推之萬世以後？後更阻礙。此必須改爲改良。至聖立言，古無立言傳世之書。師表萬世，惟孔聖作經，乃立言傳世。決非已往陳迹，非同古史。而後經乃可以自立。

鎔案：經、史分途，不可淆混。《尚書》斷自堯舜。《謨》曰：「弼成五服，至於五千，句。州句。」以五千里爲一州，則以萬五千里爲九州。孟子説堯時禽獸逼人，秦博士説古之帝王地方不過千里，此古史與經不合之實證。故《書》中政治之文明、典制之宏廓，説詳《書經宏道編》。迥非巢窟時代所宜有。降逮春秋，吴、楚王而以子稱，天王召而以狩諱，皆與事實不符者。他若世卿喪娶、吉禘用郊、同姓昏、不親迎、娶母黨、天子下聘、求貢諸侯、專封專殺，即當日史事之明著者，《春秋》一一譏之，以起新經新制。《儀禮》既出聖裁，《詩》、《易》更詳天道。孔學高深，生知獨創，自後儒謂六經皆史，等聖作於鈔胥，而斯文埽地矣。誦堯舜者高談祖述，尊周公者頌言制作，豈知禮政樂德遠賢二帝？及門親炙，論斷非虛。《左傳》、《周禮》，在魯實謂大統禮制，作自尼山，屬之姬公，注家誤解，試思太伯端委以治周禮，彼時文王方屆髫齡，公旦安有才藝？《尚書》爲經，《周禮》爲傳，説詳《皇帝疆域圖表》。一作一述，權輿孔門。惟聖筆動多託古，有美足觀，弗敢驕吝，後學不解微言，猥以「敏求」、「好古」偏説群經。《雅》、《頌》讚揚文、武，卦象傳自羲、文，麟經魯史，誓誥周書，久假不歸，日月晦闇；先生知聖獨斷，規矩從心，著有《知聖篇》發明此義。詮註各經，將以問世。

一、經由皇降帝、由帝降王、由王降伯，專主退化。舊説《書經》、《春秋》，大略如此。

日本學説以六經退化有違進化公理。日本那珂通世頗疑《尚書・禹貢》未免誇飾，且謂中人尊經守古，坐此奴性，凡百學術遂無進步。春秋時，王天王。伯桓、文。疆域不過方三千里。人民程度如世卿、喪娶之類。尚且如是，東有淮夷，晉有赤狄，秦有白狄，皆在内地。二千年前萬不能有堯舜文明。内九州，外十二州，四岳群牧來朝，聲教訖於四海。或以爲史官諛飾，曲説求通，不啻圓誑。即以爲史，亦非信史。或以爲神教荒唐，《周禮》多祀神之官，《戴記》詳祭祀之典，或頗訾爲神權。必須改爲聖作新經，《春秋演孔圖》「據周史，立新經」。帝王周公皆屬孔氏學説符號，堯、舜、湯、文、武等稱，皆見《謚法》。《儀禮》：「死而謚，今也。」謚乃孔經所制。周公稱公，即《列子》所謂孔子尚公，託之以開大統者。先小後大，《騶子附傳》：「先驗小物，推而大之，至於無垠。」由退知進，先進野人，後進君子。數往知來，《易繫》：「數往者順，知來者逆。」數往法古，知來俟後，《論語》謂之告往知來。而後孔經乃可自立。

鎔案：三皇五帝、三王五伯之説，由來舊矣。假令中國古史果有三皇，則史公作史，奚爲嗃矢五帝？五帝亦節録《大戴・五帝德》耳。厥後班氏《人表》略增名號，皇甫謐作《帝王代紀》，徐整作《三五曆》，至唐小司馬乃補《三皇本紀》，多采緯説。後儒撰《通鑑前編》、《外紀》者纂輯益多，相矜博洽，不知《書》始唐虞，《大戴》因詳五帝，黄帝爲天帝，如《月令》五人帝法天；以高陽、高辛、堯、舜爲四帝四鄰，禹居末，爲升降之消息，上可爲皇，下則爲王。「迺命羲和」五節總統六宗，天地四方。爲皇道。伏《傳》、緯書乃説三皇，天皇、地皇、人皇，即由三王三正推而大之者也。董子謂之「尚推」，《古今注》：程雅問仲舒曰：「曷爲稱三皇五帝？」對曰：「三皇者，三才也。五帝者，五土也。三王者，三明也。五霸者，五岳也。」《周禮》外史乃掌三皇五帝之書。經立其綱，傳詳其目，由《春秋》而上溯，莫非孔經託古之文；《書》曰「稽古」，即《論語》所謂「好古」。實則孔子始作《春秋》，創起一王之制，地方三千里，上考夏殷制度不謬，乃驗推堯舜，以起一隅；又建皇極，以開大統。此孔經先小後大之標本。傳記由經而生，非上古即有三皇五帝也。由《春秋》而下行，足證孔經俟後之義。《中庸》：「百世以俟聖人而不惑。」故古之皇帝疆域愈廣，將以立後世之楷模，説詳《皇帝疆域圖表》。經所以愈久而愈適用也。太史公曰：「百家言黄帝，文不雅馴。」此真古史之帝也。擇言尤雅，《論語》：「子所雅言，《詩》、《書》執禮。」著爲《本紀》，所謂孔子所傳也。後儒不察，竟以退化説經，而昧俟後進化之義，迷瞀千年，聖道不著。迄今世局轉變，或詆孔經止言中國，哲想未及全球，豈通論哉！

一、經主退化，先文後野。但據經制文明言之，未能按合事實。

海外學説以中國文字、倫理二者乃中國進化之證。希臘羅馬皆通行，自誇以欺人。因其不便，悖逆人多，識字人少。乃改爲自由拼音。人民自由，無禮教；文字拼音，無理解。此皆未能進化之證。近來學者厭故喜新，以中國爲半開化，中國固得孔學之半，海外僅如初小幼稚程度。必廢五倫、可遂狂肆之私。無家族、家庭革命，無父。無政府、民不統一，不如蜂蟻。齊財産，相率而爲游惰。乃爲大同。蠻野之大同，非《禮運》所謂大同。亦如海外去倫常、《采風記》云：「歐人不知『孝』字之義。」用字母，孔經以前，中國亦用字母。而後爲文明，誤解文明。必須改良。群言淆亂衷諸聖。以經據衰而作，《春秋》據定、哀追敍桓、文，《書經》據《顧命》五篇上推堯、舜。由遞降可悟漸升。《書》始皇、帝而終王、伯，爲降，然以堯、舜下俟則爲升，故《公羊》云後之堯舜。經言先野後文之明說具在，《儀禮》：「野人曰：父母何算焉！」經乃重父子之倫。《孟子》：堯時獸蹄鳥迹，《書》以方五千里爲一州，魯、滕皆無三年喪，《儀禮》乃爲父斬衰。《禮緯》唐虞二廟①，夏四廟，殷五廟；經制天子七廟。《禮記》有虞氏官五十，夏后官百，殷二百，周三百；《周禮》五官三百四十八，皇統乃千九十二官。僅舉大略，難以殫述。不能以經專主退化。當主進化。大地見當進化時代，疆域漸次交通，漸趨大同。不能仍主張退化，閉關時代之說，不宜於今。而後經書大同之宗旨可明。《禮運》大同之說。《易》謂之大有、同人。

鎔案：世界開闢之通例，先野後文，毛血而火粒，皮羽而布帛，巢穴而棟宇，酋長而君主。由漸而進，程級遞增，天演自然之理，中外所同也。中國春秋之時，句吴文身，荆楚鴂舌，疆輿較隘，文化未興；若謂中古唐虞即已四表光被，九州攸同，其可信乎？須知經之文明，乃爲後世立法，不爲往古記事，則經、史分途，孔聖之作用以顯。即以文字倫理論，中國古代結繩拼音，如今英文英語。孔門經傳改用古文。即六書文字。《史記》八引孔氏古文。如勃鞮爲披、邾婁爲鄒、之斯爲差、終葵爲椎之類，此拼音之顯著者。《爾雅》歲陽歲名，即古用結繩詰屈之字體合兩音三音，全無義別，孔經改作干支，以記十日十二月，文野固迥殊矣。非洲埃及初用巴比倫圖畫文字，傳至希臘羅馬，誤以爲即中國文。按中國古文象形，一字一音，巴比倫圖畫字一字數義，大似中國訓詁，與歐洲方言多所阻礙，因改用

① 二廟：恐誤。據《四庫》本《古微書·禮稽命徵》：「唐虞五廟：親廟四，始祖廟一。」

今之字母耳。古之中國亦用拼音字母。倫理則父子隔離，無姓氏，無宗廟，無喪服，無昏禮，無媒妁，與中國孔經以前風俗相等。由此奉行孔教，再加二千年，可侔中國今日程度。故孔經表面先文後野，徵諸事實，先野後文。先文者，託古之楷模；後文者，俟後之等級。不明此旨，至謂孔經純主退化，無以爲法於後世，豈非研經者未之深考歟？三大綱已立，而後經乃可獨立於世界，以統括各種學說。孔經包孕九流，囊括百家，乃全球獨一無二之學說。其本已立，外人所有攻孔廢經諸條件如《經學不厭精》之類，是其所是，坐井而觀。可以迎刃而解。再作十表，以明進化退化真理。理不真不足以服人。潛心致志，好學深思，語見《五帝本紀贊》。當不致河漢斯言也。深望好學之士精研此理。

世界進化退化十表

用夏變夷爲進化説，《春秋》以内五州化外四州，推之全球，則以中國化海外。用夷變夏爲退化説。《孟子》「未聞變於夷者」。以百年爲比例，人生百年，少壯老死；世界始終，成住毁空。亞不過二十歲，少而成立，未及於壯。故全球皆屬進化。由野而文。數千萬年後，乃爲退化世界。由文而野。

鎔案：此十表爲總綱，譬諸一年之氣化。冬至之時，陽氣始萌，如地球初出海；春時陽氣沖和，草木暢茂，如人民方進化；夏至陽氣極盛，如世界酣嬉日久，亂機漸伏；秋時陽氣減半，草木蒼涼，如世界人心陰險，日趨於壞；至冬而陽氣消盡，木落蟲蟄，如地球毁滅，無復生機。世界進化退化之情狀，大致如是。

世界進化六表

六經雖據衰而作，《論語》傳記言進化者最多。如先進野人，謂春秋以前之世界。後進君子，謂春秋以後將來之世界。後生可畏，指後王，如《書經》之沖人、孺子、嗣王、嗣天子王。與進不與退，許後世之進化，不取前古之退化。往者不可諫，既往不咎。來者猶可追。俟聖不惑。與凡俟後諸説，皆屬進化。以堯、舜爲後世法，故經主進化。舊以堯、舜爲古聖帝，後王莫及，則主退化，貽笑外人。

五大洲次第出海成陸如兄弟表 五洲以六千年分長幼。

亞長，二十而冠。先歐三千年出海。
歐美仲，十二歲。先南美一千年出海。
南美叔，九歲。先非一千年出海。○下三洲以土著論。
非又叔，六歲。先澳一千年出海。
澳季，三歲。出海不久。

鎔案：《大戴·易本命》詳敘天地生物之理，蟲最早生，人最後生；謂天一地二人三，三三而九，二九生蟲，三九生虎，四九生鹿，五九生猿，六九生豕，七九生狗，八九生馬，九九生人。其數至重九而極，非孔子所推闡者歟？《樂記》：「天地訢合，陰陽相得，煦嫗覆育萬物，然後草木茂，區萌達，雨露滋養之地，莓苔先生，草卉次生，乃生昆蟲。羽翼奮，鳥生。角觡生，獸生。蟄蟲昭蘇，蟲生當在草木區萌下。羽者嫗伏，蟲生然後生鳥。毛者孕鬻，育通。○鳥生然後生獸。胎生者不殰，卵生者不殈」云云。殰，散也。殈，裂也。大抵世界肇始之初，雨露日月，温潤照臨之地先生苔蘚，次生草木，今地球北部僅生苔蘚，稍南爲草原，再南爲森林。凡温帶山極高者，苔蘚皆不生。乃生昆蟲及鳥獸，迨品彙蕃淫，氣血感通，倮蟲以出。《老子》云陰陽精氣爲人，《淮南子》云：「至陰生牝，至陽生牡。」《論衡》云：「天地合氣，人偶自生。」《穀梁》：「獨陰不生，獨陽不生，獨天不生，三合然後生。」人之於天地也，猶魚之於淵，蟣蝨之於人也，因氣而生，種類相產。據此諸說，則生人之原，無待蓍龜矣。今全球分劃，五洲次第出海，亞洲成陸最早，開化獨先；孟子謂舜居深山，幾希野人，又以舜爲東夷，文王爲西夷，酋長嬗代，國漸開廣。迄今數千年，惟中國淑陶孔教，蟬蛻汙泥，其他蒙藏禮佛，西亞天方，露西荒寒，印度蒸熱；以亞洲一隅，尚未同風，推之歐美，正當沖幼；至於非澳，無殊弱稚。比較程度，不有若弟兄五人之少壯乎？

現在五洲比例表此舉大略。

中	孔教久昌明。
歐	美祆教精者思再求真理。
南	美祆教盛行，以土著言。
非	多神未絶，祆教初行。
澳	多神教。

鎔案：此表以宗教比較程度。中國古亦崇信多神教，蓋由人民芴昧，智識淺薄，故牛鬼蛇神、木石之妖，易惑觀聽；繼知多神無益，群奉一天；至孔作六經，定爲天子祭天地，諸侯祭社稷，大夫祭五祀，士祭其先。廟制則天子七，諸侯五，大夫三，士二，庶人祭於寢，而後等威不淆，禮意周洽。此中國之聖人改良精進，傳之二千餘年，所由文化蒸蒸也，況經中美富，更有待價而沽者乎！歐美耶教盛興，崇拜上帝，猶中國孔前之奉天也。此等程度，非、澳瞠乎其後。考武進謝氏《外國地理》，謂澳洲土人崇拜自然諸物，非洲内革羅人樹皮蔽體，殺人而祭，南非西非土人崇拜神鬼各物，南美多奉天主教，歐與北美多奉基督耶蘇教云云。然科學發達，徵實理，祛迷信，則以日月五星由漸而冷，人種由猿猴進化，其説與《創世記》大相違反，祆教恐難自立，因欲進求至理，以爲捍衛彌縫之計。夫逃墨歸楊，逃楊歸儒，窮變通久，實進化必經之階級。歐美不出而求真理；歐美苟出而求真理，舍孔道將安歸哉？

五洲次第引進表

亞長兄之法，以次相傳，不能躐等。
歐美以亞教歐美，引之二十歲，可以齊中國。
南美以歐教南美，引之十二歲，可以齊歐美。
非以南美教非，引之九歲，可以比南美。
澳以非教澳，引之六歲，可以比非。○以土著論，不指客民。

鎔案：《書大傳》云：「古之帝王必立大學、小學。十三年始入小學，見小節焉，踐小義焉；年二十入大學，見大節焉，踐大義焉。」此以年齡爲進學之階，今之初等、高小、中學、高等，及實業、法政，斯爲近之；誠以學有等級，不可淩節而施，升高自卑，弗容躐等。先覺乃後覺之師，前轍爲後轍之導。亞洲自開闢至今五千餘年，文明進步，冠絶全球，如五倫三綱、禮俗文教，皆足爲五洋之巨擘；他洲欲臻此程度，則涵濡教育，浸淫漸漬，各有遲速敏鈍之不同，一蹴以幾，形隔勢禁也。欲使牛驥同棧，雞鶴同群，雖至愚知其不等。昔堯舜貶放四凶，以化四裔，在中國爲駑馬，在邊鄙爲上駟。用夏變夷，自邇行遠，需以歲月，乃克奏功耳。

四弟用夏變夷與兄同冠年代表 諸弟長進比例，皆可借證於長兄。

亞用孔已二千餘年，孔教洋溢，將浮海四布。	歐美二千年後如長兄。加冠，全洲人民服習聖教，同文同倫，如今中土。	南美三千年後如長兄。加冠，由祆進耶，由耶進聖。	非四千年後如長兄。加冠，由多神以進耶教，再由耶以至經。	澳五千年後如長兄。加冠，澳如今日中華，又長出十二歲矣。

鎔案：兄弟五人，先後誕生；長兄少弟，知識迥判。低昂其間，仲叔各有軒輊，自然之勢也。若俟少弟成立，長兄學與年進，德業更必增高；少弟固望塵不及，仲、叔亦學步參差，莫能一致。全球猶一家也，五洲猶兄弟也，開化於先者，禮教文德，後來者難與並駕。中國地當溫帶，嶽峻水長，天生孔聖，肇宣文化，禮以意起，樂以德成，《春秋》撥亂反正，《尚書》驗小推大；上下千萬年，縱橫三萬里，莫非孔經所包涵。蓋哲想周至，與世彌綸，天地菁英，盡發洩於尼山一席。迄今世界漸通，孔經蘊火，甫見萌芽，將來必有充滿寰區之一日。西儒亦謂孔教當徧行全球。祆教尊奉一天，滅絕多神，其初行教中國，僅曰勸人爲善，其書亦多記善言而止，而於國家天下鮮所經營。孔經則因時制宜，百世不惑，天人一貫，變化猶龍，可以爲法於中國，亦可以爲法於全球。特進化次第，各洲有難易不同耳。

中國孔經以前事實程度比今五洲表

經據衰而作，《退化表》乃其理由。若進化，則愈古愈野蠻，如傳說所言上古之世。

經託。君孔前五百年。	經託。伯孔前千年，如歐美。以下多火山。	經託。三代孔前約千五百年，如南美祆教。	經託。五帝孔前約二千年，如非多神，初行祆教。	經託。三皇孔前約三千年，如澳多神教。
《春秋》吴楚稱子。《左傳》吴楚稱王。紀、滕、薛稱子伯。三國本爵侯。黜杞稱子伯。	《春秋》譏同姓昏。齊桓姑姊妹不嫁者七人。《左傳》：「晉公子，姬出也。」又子產謂晉君「内實有四姬」。	經制天子七廟，祭天地。《墨子》：「紂不肯事上帝，棄厥祖神祇不祀。」《肜日》高宗「豐於昵」。《禹誓》「用命賞於祖」，《國語》黎、苗之王	《書》堯時考妣三載。《孟子》魯滕未行三年喪。《謨》五服五千里一州。《秦本紀》古者五	《國語》：顓頊以前，人能登天。少皞之衰，九黎亂德，民神雜糅；夫人作享，家爲史巫，民匱於祀。

杞本爵公，爲王後。 莒、邾内卒正。 莒、邾皆蠻夷。 鄫爲連帥。 鄫本侯爵。 經重昏禮。 魯惠、齊襄、衛宣、楚成皆不知禮，魯昭娶於吴。	經起祭義。 《孟子》：湯征葛伯，罪以不祀。 《左傳》「夔子不祀祝融與鬻熊」。 《書》帝咨羲和，未有其人。 《吕刑》「乃命重黎」，亦無其人。 《詩》：「韋顧既伐，昆吾夏桀。」 《國語》殷伯大彭、豕韋，夏伯昆吾。	及夏、商之季不共神祇，而蔑棄五則。 經制天子七月而葬。《尸子》：禹之喪法，桐棺三寸，制喪三日。 《論語》：禹菲飲食，致孝鬼神；惡衣服，致美黻冕；卑宫室，盡力溝洫。上三句爲史事，下三句爲經義。	帝，地方千里。 《典》「象以典刑」。 《吕刑》有苗氏劓、刵、椓、黥。 《謨》「百僚師師」。 《禮記》虞官五十。 鳥獸蹌蹌，鳳皇來儀。 《孟子》：堯時禽獸逼人。 《典》「八音克諧」。 《禮記》：堯蕢桴土鼓。	《董子》：「尚推神農爲九皇。」 《孟子》：許行爲神農之言，並耕齊價。

鎔案：孔經所託皇、帝、王、伯、君皆與事實不符，正如傀儡登場，供人指使，故所言政治極爲文明，此經制也。考之古史，極爲蠻野，此史異於經之證也。以上臚列諸條，不過略舉一二，以示端倪耳。孔子生於春秋之世，見夫當世諸侯弱肉强食，兵争不已，上無

王綱，外有夷患，禍亂若斯，不至人類殄滅不止；孔子憂之，乃託《春秋》爲新王，託大國齊、晉爲二伯，託次國魯、衛、秦、鄭、蔡、陳、楚、吴爲方伯，託小國曹、莒、邾等爲卒正、連帥，肇起一王之規，宏敷綱紀，糾正列邦之失，胥就範圍，典禮曆法，盡出新裁，不仍舊貫。又以世局靡常，乃設三統循環之制；疆輿漸廣，乃有四帝接壤之鄰。地各萬五千里。考三王而不謬，地方皆三千里。稽古帝以有徵。先作《春秋》，次作《書經》。皇道成篇，皇極立範，地方三萬里。寄託愈遠，規模愈大；實則倒景俟後，酌古準今。《論語》云「繼周可知」，《公羊》云「後之堯舜」，豈謂上世已如此文明乎！《莊子·天運篇》老聃告孔子曰：「六經先王之陳迹。」又曰：「時不可止，四時遞嬗，世變日新。道不可壅。」天道流行，五德終始。孔子不出三月《論語》：「吾嘗終日不食、終夜不寢以思。」復見，曰：「丘得之矣！哲想冥悟，將作經，以傳久遠。烏鵲孺，世代無窮。魚傅沫，同類相化。細要者化，異類相化。有弟來者。而兄往者。啼。自傷衰謝，後勝於前。久矣夫！丘不與化爲人。天地造化之大，中國一隅不能概之。不與化爲人，不能如造化之大。安能化人？」安能化及全球。○一説化人爲天學。老子曰：「可，丘得之矣。」其説規天矩地，哲想周至，深慮時勢變更，六經將如已陳芻狗，不足以利用於世。推舟於陸，立見其窮，幾何而不敗哉！孔聖受命制作，與時偕行，經中既有周旋補救之條，如夏尚忠，殷人承之以敬；殷尚質，周人承之以文。又，救僿莫若忠。復起小大驗推之例。董子闡明經義，乃有再而復、文質。三而復、三正。四而復、四帝。五而復、五德。九而復如神農、二高、堯、舜、禹、夏、商、周。諸等級，以濟世變之窮。彼泥古不化者，竟目經爲史，而混糅金鐵，是管窺也，蠡測也，豈識天海之高深乎！

中國孔卒以後經術進行比今五洲表借用五等名詞，以明進行之次序，年愈久愈文明。

澳君。○三歲。○如戰國、先秦，僅識六藝之學。	非《春秋》伯。○六歲。○如唐宋。至今全球爲大戰國，南美、非、澳尚不足伯者資格。	南美《春秋》王。○九歲。○由今再加數千年，全球皆同用王法。	歐美《尚書》帝。○十二歲。○地球四帝五帝。	亞《尚書》皇。○二十歲。○全球一統，其餘六十歲爲天學進退。

鎔案：孔子卒於魯哀公十六年，其晚年，創作新經已漸施行於世。如尼山授徒，從遊者日益衆；喪服既遵於及門，知禮見疑於司敗；晏子知其莫殫，封人決其何喪。經開選舉，而戰國多遊士；孟子亦歷聘梁、齊。經興學校，而子夏教西河。過化存神，禮意深洽人心，故聖制無所阻滯。迨嬴秦合併，始稱皇帝，《尚書》學。其實不過一王之疆域也。方三千里。李斯爲相，學出荀卿，卿爲子夏五傳弟子，斯學於卿，得帝王之術。開國建設，憲章經制。郡守

即《王制》方伯之異名，小篆即孔氏古文之變體；長城嚴夷夏之防，《春秋》學。巡狩舉岱宗之典，《尚書》學。博士乃興學之漸，焚書絶百家之言；專存孔經。規摹孔道，漬入經郛。漢代沿革官制，始備三公；武帝罷太尉爲大司馬，成帝改御史大夫爲大司空，哀帝改丞相爲大司徒。後漢、曹魏因之。肇始舉賢，限以四科；夏時準行於《太初》，五經特掌以博士。更置博士弟子。以及典午沿漢制之九卿，西魏仿周官之六職；唐則府兵有似井乘，刑律且從八議。損益潤澤，大都祖述孔門，非所謂由是則治，不由則亂乎？況孔經屢言四海，至今大東洋、大西洋、印度洋、北冰洋始徵實驗；將來五洲五帝，必合於《大戴·帝德》之説、《尚書》四鄰之義；直至泰皇一統，六合爲家，經中人學，《春秋》、《尚書》爲人學。概徵實行，乃可進求天道，《詩》、《易》爲天學。孔經所以下俟百世，久而彌光也。方今非澳草昧，歐美割裂，世界競爭，甫入大戰國時代，列强放恣，説士横議，滄海狂流，終折衷於至聖。天將啟之，誰能阻之？木鐸萬世，其在斯歟！

世界退化四表

以百年比五十以下爲退化。○地球進化，由微塵增長至三萬里，退化則由三萬里歸於毁、空。《列子》天下有形之物未有不銷毁者也。

六經據衰而作專言退化表

經説詳退，由退可以知進；西人詳進，由進可以知退。二者互文見義，合之乃全。

皇皇降而帝。○道失而後德，《尚書》、《周禮》三皇學說。○以上爲六經通天地人三才學。
帝帝降而王。○德失而後仁，《尚書》、《周禮》五帝學說。○以上爲六經平天下學。
王王降而霸。○仁失而後義。《春秋》、《王制》王學。○以上爲六經治國學。
伯霸降而君。○義失而後禮，《春秋》伯學。○以上爲《禮經》，六經治術齊家學。
君禮。○男女有別，禮由此始。六藝作用，射御書數西人所長，禮樂則中國所優。○以下六藝國民普通學。

鎔案：老子《道德經》曰：「失道《書·顧命》：「皇天用訓厥道。」而後德，《月令》五帝五德。失德而後仁，《孟子》：「三代之得天下以仁。」失仁而後義，如《春秋》召陵伐楚、救邢、城楚丘、盟首止之類。失義而後禮。《春秋傳》於列國交際多言禮。夫禮者，忠信之薄，而亂之首也。」據此，可見列國諸侯泯棼無禮，大國以禮責弱小，小國以禮事强大；攜貳取戾，玉帛乃變干戈。衰亂已極。孔子作《春秋》，表彰桓、文爲伯，上尊周室爲王，此《春秋》所以爲王伯學也。《王制》爲之傳。《書經》由成、康之王《顧命》。尚推堯舜，肇開帝統，又於《鴻範》建皇極，此《尚書》所以爲皇帝學也。《周禮》爲之傳。就時代而順推，則虞、夏、商、周遞嬗遞降，主德由盛而衰，疆域由大而小，以爲退化，似也。徵諸事實，文野懸殊，經爲雅言，史不雅馴，二者枘鑿；長夜綿綿，不知經中文明政治乃後世帝王之標本。作法於前，垂範於後；立竿於上，倒影於下。

五帝四帝待人而行，三皇泰皇非時不可。故已往之孔經分明退化，現在之孔經正當進化，將來之孔經必進大化。全球一統。進化之極，勢必分裂，地球之成，終必毀滅；則孔經退化之説，正爲分裂毀滅之世界而言，其韞匵而下俟者，年代之久長，真不可思議，不可限量耳。自史公作《史記》，擇雅言，厥協①六經異傳，糅雜經説，立名古史，後人遂以《春秋》爲魯史，《尚書》爲古史，豈足以知聖哉？

亞洲退化用夷變夏例表經説留此四字，以爲退化標目。近日新學家皆主之，如無政府主義是也。

亞退化時運。如今日中國爲百歲之二十歲，必再更三十歲，由人企天，五十以下，由天退人。	歐美八十以下。再三千年，無家族倫理，比於南美、非洲，用祆教。	南美八十以下。再四千年，退爲野人。見無政府、廢三綱、姓氏、婚姻等學説，皆退化時代之哲理，數千萬年後，乃當見之實行者也。	非八十以下。五千年後，退至近於禽獸，多神，知母不知父。又，「父母何算焉」，自由結婚。五大洲必由中華起，以進在先，退亦在先。	澳八十以下。六千年至此，蓋近九十矣。

① 厥協：原作「協厥」。據《史記·五帝本紀》乙。

鎔案：《孟子》有曰：「吾聞用夏變夷，此《春秋》大例，進化之說。未聞變於夷。」後世退化之說。天地之道，日中則昃，月盈則虧，陰陽盛衰，亘古如此，人事亦然。中國春秋以前，禽獸野人，不知禮教，與今海外習俗相等；自麟經破荒，撥亂反正，由内五州開化外四州，用夏變夷，以成一王之制。《禮》陶《樂》淑，漸洽肌髓，家誦《詩》、《書》，人樂道義，由此舉隅反三，推驗全球，是昔日之《春秋》撥中國之亂，將來之《春秋》撥海外之亂。進化次第，必先歐美，而後浸漬於南美、非、澳，年代多寡，各有等差。然亞洲先進化，亦亞洲先退化，其故何歟？全球之大，日曜於西，陰晦於東，暑蒸於南，冰凝於北，同樹春華，先開先落；故進化既久，轉以倫理文教爲桎梏性靈之具，隄防決潰，洪水滔天，幾何不胥而爲夷也！況天演自然之因果，即人之體質事業，亦有革更變易之殊，英儒威爾士所著《八十萬年後之世界提要》已推想漸長漸消、人事轉移之理矣。中國而爲文明古國也者，有用夏變夷之日，必有用夷變夏之時。循環至理，晝夜推遷，高岸谷而深谷陵，安得籌添海屋，盡歷世界之滄桑哉！

五洲退化次第表

先進者先退，後進者後退，至退化極時，則五洲澳最文明，亞最黑暗，與進化成顛倒。

亞先澳五千年退爲禽獸資格，彼時澳、亞顛倒，成反比例。
歐美先澳三千年絕教化倫理，如今日之澳洲土著，較黑蠻尤甚。
南美後亞四千年乃退化爲禽獸。以退化言，中國之爲禽獸在四洲先矣。
非先澳一千年退於禽獸。
澳進化最遲，故諸洲次第退化已爲禽獸，澳殘火猶明。後生者死必遲。

鎔案：《白虎通》曰：「古之時未有三綱六紀，民人但知其母，不知其父，《儀禮·喪服傳》：「禽獸知母而不知父。野人曰：父母何算焉！」能覆前而不能覆後，臥之詓詓，起之吁吁，饑即求食，飽即棄餘，茹毛飲血而衣皮韋。開創之世界如此。於是伏羲仰觀於天，俯察於地，因夫婦正五行，始定人道，然尚自由結婚也。畫八卦以治天下。但取卦畫以別異，非有深義也。天下伏而化之，故謂伏羲。」此世界進化之說也。又按《河圖挺佐輔》文曰：「百世之後，地高天下，下音滸，通俯。此南半球非、澳、南美之天地。山陵消去，多山之北半球漸就毀空。不風不雨，天氣不下

降，地氣不上升。不寒不暑，日月不能照及。民復其土①，民之仍居其故土者。皆知其母，不知其父。退化爲禽獸野人。如此千載之後，天可倚杵。南半球地勢愈低，大氣不能升舉，而墮落近天。洶洶隆隆，曾莫知其始終。」世界至終劫時，莫由知肇始之景況，又不知其能復始否。此世界退化之説也。觀於所由進化之狀，即可推測退化之狀。如登崇山然，上陟之時，拾級而升，其勢難；下降之時，循途而返，其勢易。

先生撰有《世界進化退化總表》，刊存《四益雜著》。據《公羊》三世例，仿《太玄》元統會蔀，以萬年爲一運，定爲八十一運，原始要終，誠巨眼也。竊以全球五洲之大，啟塞晦明，胥以日光爲準：日出於東，故東亞中國先進化；《易》曰：「帝出乎震。」日没於西，故歐洲北美次進化。物生於春，而成於秋。地球升降，北半球夏至與日等衡，主上半年。南半球冬至與日等衡。主下半年。日光所及，北則俄國、坎拏大進化，南則南美、非、澳進化。彼此晝夜寒暑相反，故此進彼未進，彼進此方退。中國寢饋孔教，入室最先，迨澳弟弱冠，亞兄必傷老大，然急流之舟，有進有退。進者由人希天，神遊六漠，精爽不貳，飛相往來，《詩》、《易》之苞符以啟；退者見異思遷，以孔道爲無奇，縱情横溢，偭規越矩，淪於禽獸。上者語上，下者不可語上。文章天道，聖學迥判淺深，仰高鑽堅，亦視後學之罷與不罷耳。上智

① 民復其土：《太平御覽》卷三六引作「民復食土」，當從。

之士，騏驥遵道而絶塵；下愚之夫，駑蹇僨轅而却步。所冀中行者流，卓立致志，早躋鳶魚戾逃之境，勿貽犬馬無别之譏，庶不至滅倫敗紀，墮落九淵，而爲名教所不齒歟！

中國教化自具五等資格表

亞	歐美	南美	非	澳
詩書世家，彼都人士，服膺孔教，淪肌浹髓。	交通便利，習染風潮，如暴發之家，鄉鄙之俗。用祆教。	蒙、藏土司，熟蠻比於野人。	苗民酋長，游牧近於禽獸。用多神教。	僮傜野人，野處生蠻，比於禽獸。

鎔案：世界進化之次序，毛血時代，人與禽獸相等；游牧時代，人漸遠於禽獸；酋長時代，人群競爭，如阪泉、涿鹿之戰。而未知政教；君主時代，政教漸興，如唐虞至春秋之史。而未知倫理。此等階級，中外所同，如人之自少而壯；然壯夫狂蕩，率意徑行，無禮法以繩檢，其與禽獸相去幾何？天生孔聖，制作六經，先爲中國創興禮樂，並爲全球增進文明。孔經以前，媚鬼用人，被髮祭野，夷狄風俗，舊染相沿，先生《倫理約編》所舉，已見崖略矣。尼山定制，禮緣人情；《春秋》誅譏，彗除污穢；尚推帝宇，更驗皇輿。茂哉茂哉！百世莫違。中國絃誦《詩》、《書》，甄陶孔教，漸企敦龐，然東亞幅員廣袤遼闊，比較

文野，髣髴小球；僮、傜如澳，苗酋如非，蒙、藏如南美，沿海商埠，思兼歐、美，世家文學，抗衡游、夏；是孔教權輿中國，已具小五洲之模範。自此施及全球，雖五大洲之廣遠，血氣尊親，循序漸進，安利勉强，成功皆一。顧以先覺覺後覺，尤當以先進勵後進，引而上行。魂學精邃，真人化人，造詣深玄，《莊子》：「六合以外，聖人存而不論。」《詩》、《易》是也。中國學者當立標前導，誘掖後來。無如尊孔既久，中道自畫，未登造極之峰，竟逐退流之水。偶染歐風，任情放浪，猥欲毁冕裂冠，用夷變夏；是猶中年夭折，蕭牆自殞，而甘爲暴棄之流也。舍近聖之資，而沾或陋之俗，下喬入幽，君子不取，背明投暗，盲瞽所爲。曷詳參文化之優劣，而審端致力乎！

故夫聖人之制禮也，酌人情以救世亂，效天法地，杜漸防微。因自由結婚，《公羊》鄫季姬自擇配，《左傳》徐女擇壻子南。乃定爲父母之命；《詩》娶妻「必告父母」。因父子情薄，乃定爲斬衰之喪；三年。奪媳争姻，乃定親迎之禮；棄宗餒鬼，乃定廟祀之儀；血統一家而生不蕃，乃聯昏必異姓；種族無別而家不正，乃命氏以篤宗。孔子吹律定姓。凡此新經新制，中國習久而安常，外人聞之，駭爲破空霹靂。蓋孔經託古，深洽人心，當時莫不信從，陳司敗不韙昭公，即其證也。以故漢世妃嬪，進由倡者；唐初宮寢，不免慚德。延及有宋，内廷清肅，民德益以敦厚。即北魏起由塞外，入主中原，漸染華風，思革其國俗之陋，乃禁胡服，斷北語，改國姓爲元氏。其後元、清繼踵，多采漢儀，則中國同化之力大也。迄今海外哲人，涉獵孔義，羨中國爲有子之國；其來華客居者，或譯定姓氏，或婦從夫姓，齊變至魯，已兆端倪。其本國習尚，父子不相養，夫婦可離婚；積重不返，少者自立，壯者避孕，老者獨居，致每年計較人數，生死不相抵，而日以減少，識者有絶種之憂，思用中藥以起沈疴。蓋中國倫理雅化，基礎深固，所由螽羽詵詵矣！孔道之美如此。人之攻經廢經者，不過惡禮教之迂拘，而樂新學之放誕耳。《記》曰：聖人使人有禮，知自别於禽獸。杏壇垂範二千餘年，久已脱腥羶之臭，乃復入羽、角之倫，是舍棟宇而野處，却衣冠而裸裎也。進化何其難！退化何其易！吾爲此懼，豈好辯哉！

家學樹坊

廖師慎　編
楊世文　校點

校點説明

《家學樹坊》，光緒二十四年（一八九八）廖平命其子廖師政初編，作爲提要刊於《井研縣志》，光緒二十八年（一九〇二）由廖師慎補成。此書宗旨有三：一辨明外間以素王改制爲有流弊之説；二斥標舉宋儒及帖括；三復興言語科以救時病。此書主要爲回應外界對廖平學術批評而作，實際上是廖平學術思想前三變之提要。《光緒井研志》卷十四《藝文四·子部一》著録《家學樹坊》二卷，今本實只有一卷。包括《知聖編及孔子作六藝考》、《知聖編讀法》、《家學紀聞》縣志提要、《諸子凡例》提要、《諸子四出科論》提要、《古今學考》提要、《五等封國説》、《三服五服九服九畿考》等，並附《致劉室主人書》。民國三年（一九一四）成都存古書局印入《六譯館叢書》，民國六年（一九一七）《國學薈編》第七、八期連載。今據民國三年成都存古書局印本整理。

目録

家學樹坊序

往年鏡吾兄編前篇，未卒業，提要刊於《縣志》。辛丑，燮夫從鄂索稿甚急，鏡吾館事牽掣不暇，慎乃補足前編，並以新學輯爲下卷。壬寅，病中力疾鈔入新稿諸編，共爲兩卷。輯録初成，精華苦竭，蒲柳之資，愧乎重器，不足以仔肩家學也。壬寅四月一日，師慎自序。

是書上卷初稿出政手編，去年鄂中索稿急，因付慶弟補編，並及下卷。編成疾革，未踰月，遂以勞卒。弟輯《紀聞》等書，卒業者少，此書遂全署弟名，或足慰弟泉下之志，四益喪明之痛，其亦藉以稍解乎！七月朔日，井研廖師政拭淚記。

凡例

一、四益之學，庚子以前自撰及朋友子姪共百四五十種，彙刊於《井研縣藝文志》中。凡欲攻其學者，均宜先讀《縣志》，必觀其全體，知其精神所注，方能得其肯要。若一知半解，論其從違，則徒貽笑方家。辛丑以後，續有新書，《提要》五六十種另行。

一、四益之學，無一不新，實無一不舊。凡所標立綱目，莫不由苦思而得，然皆本舊說，不過精思所至，鬼神相告，有非尋常循行數墨者所能望其肩背。若徒詫爲新奇，則殊爲門外人語耳。

一、今古小大淵源及各經宗旨，皆著有專書，此册不過略舉綱目，以示宗旨，如欲求詳，須讀原書。又凡内不足者，乃以口給禦人，大端既明，則流弊悉化。故此篇多在自明，讀者自能冰解而去。

一、四益撰述宗旨，多本緯候。宋儒欲删緯文，不知泰西所稱新學新理，皆早見於緯候，未當其時，故詫爲奇詭。今日證明，始知一經一緯，的爲聖門傳授微言。

一、四益所撰各經注疏，固曰尊崇舊説，而青出於藍，每多獨到。即以《公羊》論，雖董、何不免有異同，《群經大義》條考於《白虎通》，亦有糾正。大約獨闢門徑，與駁正舊説以千萬條計，故欲論得失者，須先就一經一派入手；若不自立旨歸，恐終目迷五色，勞而無功。

一、四益著述既久，成書亦多，雖屬小種偏端，亦超出前人。神龍一出，葉公退走，固其常也。欲使閱者舍己相從，殊難取信。常設一譬，以爲當以讀西書之法讀之。西書事事與中異，乃專門别派，自成一家。四益卓然自立，凡所疑慮，皆有通解，非以西書讀之，不能先入取信。

一、此册分二卷。上卷①王伯，十年前舊學；下卷皇帝，近日新學。素王改制，自有真解，《周禮》、《左傳》，别有明説。略載《凡例》。皇帝之説，多涉時事，意在合通中外，精進千里，不知將來歸宿，精進何如？但就今日論述，已足包括古今，統制中外矣。

一、《詩》、《易》二經，射覆占影，自古無心安理得之書，百世下俟，至今日乃顯。然海外九州，人尚疑其怪誕。驟語二經象占比託之實，徒遭按劍。唯《周禮》典制之書，一成不變，今故先詳《周禮》。已篤信《周禮》，乃可再以《詩》、《易》進。今於二經略詳宗派，推詳實義，姑俟異日。

一、諸經「新義」之作，四益皆先攻舊説，如攻《左傳》十年，攻《周禮》二十年。洞徹癥瘕與其生死之所以然，乃起而立綱改目，經營彌縫，以成新撰。近派多以史讀經，望文生訓，從無於未有

① 上卷：原無，據文意補。

文字之先，殫精竭思如此之久者，宜聞者之掩耳。乃觀新作，則文約事明，條理深切，無一切影響悠謬之談，較古注疏，事半功倍。

一、《論語》四科，政事爲今政務部，言語爲今外務部，德行爲帝王學，文學爲師儒事。宋以後德行、言語科斬絶無遺。是篇志在復古，以存舊法。

一、是書亦爲防弊而作，似不欲戰，且多代申之辭，何也？曰：是非真僞多在疑似之間，但自明宗旨，依託自無所立，叫囂醜詆，非著書之體，且菩薩低眉，固勝於金剛怒①目。

一、今日時局，即乘桴浮海施及蠻貊之候。聖教發源《春秋》，至今乃洋溢中國，漸及海外。《春秋》進吴、楚以成小九州，今引非、澳以成大九州，事理相同，相比自見。

一、采用西法，即禮失求野。公羊家説之改文從質，今人詫爲異聞。聖賢於二千年前已言之鑿鑿，未值其時，郢書燕説，至今證明，始知爲今日時局而發，決非當日所有。

一、中外合同，即《公羊》「大一統」，《論語》之「周監二代」。今所謂中外，即《公羊》之文質，《詩》樂之齊、商。周即週徧、週帀，《詩》、《易》、《周頌》、《周》、《召》、《周髀》皆謂地球一週。經傳全爲俟聖，指今時局而言，不必詫爲新奇。

一、皇、帝、王、伯即《論語》之道、德、仁、義，君子小人，《春秋》、《尚書》三王爲全球立法，

①　怒：原「努」，據文意改。

《周禮》、《詩》、《易》爲别行星立法。百世俟聖，必來取法，非此不足以統括全球，師表萬世。

一、皇帝之學即《中庸》之「無爲」、「無名」，《中庸》之「並行」、「並育」。明證既多，時會相值，血氣尊親之聖，雖不能快覩，大同公理，天下人心所趨，固可默計。

一、世局進境無窮，今日僅就目見推比，後來進步不可預知。雖全寓經傳，未值其時，則熟視無覩，專望後之君子匡所不逮。

一、此編除同學所撰及已刊各書及經解、文集外，多採自《經話》，小統乙編，大統丙編。不更注所出原書，名氏則改作四益編纂，未能盡善，識者諒焉。

家學樹坊①

《知聖編》及《孔子作六藝考》提要《井研藝文志》

平初作《今古説》，丙戌以後，乃知古學新出，非舊法，於是分作二篇，言古學者曰《闢劉》，言今學者曰《知聖》，取《孟子》「宰我、子貢智足知聖」之義。此編用西漢説，以六藝皆由孔子譯古書而成。《莊子》之「翻經」，《論語》之「雅言」，皆謂通古今語。以天生至聖，道貫古今，《詩》、《易》爲百世而作，《春秋》、《書》爲上考而作。由後推前，知制作全出孔子。於是撰爲此篇。因疑設問，最爲詳明。平客廣州時，欲刊此本，或以發難爲嫌。東南士大夫轉相鈔録，視爲枕中鴻寶，一時風氣爲之改變。湘中論述以爲「素王之學倡於井研」者，此也。宋以後，專學《論》、《孟》，故取證二書尤詳。學人囿於舊聞，於二書微言最爲奇險者，視爲故常。一經洗伐，如震雷發人猛省，乃知《論語》多屬微言，爲六藝之鎖鑰，非教人行習之專書。即以《孟子》

---

① 「家學樹坊」下原有「上卷」二字。按序及凡例，《家學樹坊》實爲二卷。但今本實不分卷，故「上卷」二字當删。

論，所謂「五百年必有王者興」、「《春秋》天子之事」、「三年喪，魯、滕莫之行」、「仲尼不有天下」、「周無公田，《詩》乃有之」、「堯舜時，洪水初平，獸蹄鳥跡交於中國」，與《堯典》、《禹貢》典章美備，事出兩歧。以孔子繼周公，以周公繼帝王，五六見，至以孔子爲「賢於堯舜遠甚」，爲「生民所未有」。非得此意，則《論》、《孟》不能解，而六經記傳、諸子百家更無論矣。或以六藝歸本孔子爲新創，不知莽、歆未出之先，無論傳記子史，皆以六藝傳於孔子，并無周公作經之説。故平又編《孔子作六藝考》一卷，以證其實。其書取西漢已上爲主，東漢已下，微文散見，亦附録之。考國朝學派，康、雍則漢、宋兼主，乾、嘉則專治東漢古文，道、咸以後，陳、李乃倡言西漢，由粗而精，自博反約。王刊《經解》與阮刻學海本相較，後來居上，固天下之公言也。平承諸家之後，閉門考索，以數十年精力，乃能直探本原，力翻舊案。史公「好學深思，心知其意，固難爲淺近寡聞道」，或亦謂此歟！

《藝文志》子部儒家類《家學樹坊》二卷

廖師慎撰

《知聖編》用《論語》「天生」、「知命」，《孟子》「賢於堯舜」，以孔子生民一人，翻經立教，以空言垂法萬世。外間誤以素王改制爲干與時政。孔子改制後，諸子群起而效之，攻之者或授以柄，益不足息其談。大統皇帝之學，所以通中外，集大成。外間「血氣尊親」之説，久爲常談，引之經、傳，則爲四益所獨創。《周禮》、《詩序》舊説，深入人心，雖庸惡陋劣，毫無足取，乃南皮張尚書、吴子修學使猶以新奇爲言。故師慎此編專以辨明僞託。夫空言立教，不過如《罪言》、《待訪》，明論既張，則翳障自退。當今中外一家，舟車來往，風土宜俗，各有聞知，豈能如古閉關自守。政學相同，故當争戰之世，則學術多歧；一自絶徼開通，則服色必異。運會值百世之時，文教當大同之會，皇帝之學無不可，夫子之門何其雜，非博奇之是好，乃事理之自然。或乃欲舉帖括以相抵禦，不知崇法宗風，同爲外教。《論語》「不得中行」，「必也狂狷」，故《易》之功用，專在損益長少，以合中行。聖門進退，喜得偏才，蓋化偏即德，而鄉愿中庸，鉛刀無用。中國之弱，原於儒士惡異喜同，挾私自小，不求政學本原，以防弊爲得計。究之防弊而弊愈生，何如取偏而偏自化？水火同位，白黑一區，積久相忘，才德交備，此大同之宗歸，亦救時之良策。若徒以議論平正爲宗，是帖括餘毒，又何足言致用乎？

附《家學紀聞》縣志提要

廖師慎

四益每立新解，輒求駁議。丁酉以前未定之説，悉經改正。近來《詩》、《易》卒業，乃以小、大二派爲歸宿。許、鄭駁議，朱、陸異同，鄉人擬爲《正楊》之作，書未殺青，故命師慎輯爲此編。凡南皮、湘潭、錢塘、鐵江、徐山、邛州諸老之議論，以及江叔海、陸繹之、周宇人、吴伯朅、岳林宗、楊敬亭、耿焕青、楊雪門、董南宣、吴蜀尤、龔熙臺、吴蜀籌之撰述，周炳奎、王崇燕、王崇烈、施焕、帥正華、李光珠、陳嘉瑜、黄鎔、賀龍驤、胡翼、白秉虔、彭堯封、李傳忠、羅煦、曾上源、李鍾秀、劉兆麟等之問難，外如《亞東報》、《湘學報》、《翼教叢編》，雖不爲四益發，宗旨偶同，亦引爲心咎，《序》謂「置之座右，以當嚴師，務求變通，以期寡過」。竊四益開創新門，一掃舊案；許、鄭既有詰難，班、何亦多罣誤，旗鼓自標，矛矢群進，高明鬼瞰，固是一途。而風疾馬良，去道愈遠，微言久絶，得失無徵，與其非常之可駭，何如繩尺之是循。《勸學篇》欲假西報爲諍友，是書所録，不愈於西報乎？且閣《書》久爲定案，毛氏《寃詞》已譏自供，鄂中洪侍御猶專著一書，畢生自喜，彼此是非，何有一定？要之寸心得失，真僞難欺，後賢不遠，姑俟論定可也。

《知聖篇》讀法

及門公輯

《勸學篇》兢兢於「開民知」，此編特爲「開士知」。今日序庠宗法認孔子爲八比家，而孔子遂成村學究，乃師法相承，堅於自信，豈不較焚坑之禍更酷？今更引而闢之，以見聖人非匯參十八科所能盡也。此編初成于戊子，東南士人當時擬刊，或以發難爲嫌，乃有用其義著書立説，至形之奏牘，或以焚坑歸咎孫卿。今議刊此篇，既曰自明，更以闢謬。

孔子作、述之辨，爲千古學派一大案。以爲作者，《論》、《孟》、《公》、《穀》、《列》、《莊》、博士是也。以爲述者，《左》、《國》、莽、歆、馬、鄭古文家是也。二説偏至，皆有流弊，故古存二法，亦如文質，敝則相救。自東漢至今千餘年，《左》、《國》孤行，聖作之説，不絶如綫，循其得失，較然可覩，所以揮張微言，雖遭按劍，不敢自沮。

或以某等傳四益之學，其有無不足辨。惟朱子師法二程，立義非標程説，别無明據，方足以云宗派。某等著書甚多，無一語齒及，則足見非私淑，且採拾舊聞，持之有故，言之成章，並以見四益此編，亦述舊聞，輯舊説，初非自創門户，好爲奇詭也。

學人持議易至離宗，變本加厲，去道愈遠。攻之者當按理擘脈，絶其依託之根，彼則自敗，不必定攻其依託之書。如某引《公羊》、《孟子》以附會己説，明著二書本旨，與彼懸殊，則不攻自破。如引《公羊》攻《公羊》，引《孟子》攻《孟子》，牽引勁敵，互鬥不休，是反墜其術中。大抵古説流傳數千百年，必有實義，未可草率命師，但當追尋本旨，甄落誤解附會足矣；不可輕挑大敵，致使藉兵齎糧。

制作遺説，載記録不勝録，惟近賢特尊《論》、《孟》，以爲醇乎其醇，故此編多引據二書；至於子、史、師説，時賢多未篤信，故少所徵引。又此編與家學諸作互相發明，學者先入爲主，受病各有所中，非詳考博求，未能瘝痞消融，一掃翳障。

主作爲微言，主述爲大義。劉歆當移書太常時，亦以六藝歸本孔子，首云：「仲尼没而微言絶，七十子喪而大義乖。」大義可以訟言，微言必求知我。使《論》、《孟》盡如高頭講章，十成死語，則但有大義，初不得云微言。微言之説，雖劉歆亦主之，則不得謂經學斷無微言一派。《論語讖》云：「七十子纂孔子微言，以事素王。」以《論語》專屬孔子，目爲微言，是《論語》乃群經義例，作述秘旨，七十弟子乃得與聞。又孔子自述精微，故多非常可駭之義，非如《少儀》、《曲禮》教童蒙行習之專書，《容經》、《儀禮》爲庠序準繩之要籍。自帖括盛行，學人棄平實而索堅高，村士學究皆欲力追大成。實踐神化，以爲今我所不能學，則必非當時所敢言。等《論語》于幼儀，視至誠如朋輩，非敢必以其説爲不然，特不解宰我、子貢何以知出童蒙下萬萬也。

古今帝王聖賢立言，皆有立教、自述之分。立教之言，可以共之天下，傳之後世。凡自述受命神符，精能神化，皆不許人攀躋，佛書所云「學我者死」是也。孔子爲生民未有之第一人，宰我、子貢其知方足以知之，以下且不得知，更何言學。自師心之學盛，人皆自以爲孔子，所知所能，投契無間，其辨别聖語，如數家珍，故傳記所引孔子語，宋元以下儒者多直斷以爲必非孔子之言，詢其有何根據，則以心心相同、六經注脚爲據。立説非不玄妙，無如帖括盛行後，所謂精微之論，與至聖無間者，汗牛充棟。以此爲真聖學，則孔子直不啻百千萬億化身，何聖人日多，學術日壞，以至斯極乎！故四益立學者厲禁曰「學聖」，立爲學大綱曰「知聖」。以吾人而言聖，誠子貢所云，不知天地之高厚，其相去不知其幾千萬里。若於八比中求聖人，則十室之邑亦可得數十百人。人皆可爲堯舜，三代下誰爲堯舜者？故必銷化予聖自雄之謬見，然後可以問津。

素王之説與素封同，即《孟子》「《春秋》天子之事」，《論語》「庶人不議」，以匹夫而擅作述之柄爾。孔子自云受命爲之，原非教人學步。自孔子作經以後，百世師法亦絶，不許人再言作，其理至爲平常，即程子《春秋序》實亦主之。自亂法者假舊説以濟其私，變本加厲，謂孔子以改制立教。人人皆可改制，更由立言推之行事，此説者之過，非本義有誤。攻者不察，竟以「素王」二字指爲叛逆，但就名義言，已失「素」字之義。六藝教人行習，别有專條，何嘗①以天

① 嘗：原作「常」，據文意改。

生之事徧加「芸生」二字？自莊子以下至兩漢，幾無書不有，無人不談，當時叛逆之人誰是因二字所致？董江都從祀孔廟，宋人所稱爲純儒者，于二字發揮尤詳，有何流弊可指？《孟子》謂《詩》曰：「以意逆志，是爲得之。」如但以辭，則觸處疑難，奚止二字？自學人不知微言、大義之分，遂解素王爲真王，改翻經爲亂政。我今日所不敢學步，遂群起而攻之，一倡百和，牢不可破。使將二字文義本旨，平心潛玩，當亦啞然自失。或曰：此説實有流弊，故爲亂法者所依託。嗟乎！古今無流弊者孰有過于「謙恭」二字，乃王莽以之奪漢室，亦將爲周公咎乎？

經傳注疏，惟《公羊》尚傳古法。自某等託之《公羊》，以爲變法宗旨，天下群起而攻《公羊》，直若《公羊》故立此非常可駭之論，爲教人叛逆專書，遂云凡治《公羊》皆非端人正士。嗚呼！何以解于董江都。且西漢《公羊》盛行，議禮斷獄莫不宗主，由《公羊》而仕宦者幾半天下，尊君親上，絶亂鋤奸，動得《公羊》之利益。當時《公羊》何以不爲毒，至今日而毒乃大發。宋人自欲直躋孔、孟，鄙夷漢師爲不知道，久爲識者所竊笑；至以《公羊》爲毒藥，則非但不知道，且爲亂階。豈兩漢師儒君相悉皆醉生夢死？豈又當時讀《公羊》者皆癡愚瞽聾不知其味？因《公羊》而爲亂首，史無其人其事，莽、歆爲漢賊，攘奪天下，《周禮》、《左傳》實由其表章，其事明著，猶不得以莽、歆罪二書，何況《公羊》。乃《翼教叢編》因而攻《公羊》，並因而罪孟子，其不因而攻孔子幾希矣。古今藥品有平有毒，平甘者常服，救病則非毒劑辛熱苦寒不爲功。但就平常論，則毒藥可以禁絶，而起死回生，絶非常品所能。《公羊》多非常可駭之論，董子云每因人之所惑而爲之立義，故不免於恢奇。然其論雖詭怪，其理則最平常，亦曰以適用救病而已。南宋諸儒最不喜奇論者也，復九世之仇又爲《公羊》最詭怪之説，幾乖於理。乃南宋人詈詆《公羊》者多矣，至於此條則劄奏語章幾千百見，轉相傳述，視爲常語。蓋魯莊忘仇，《公羊》發此奇論，以鞭辟復仇之義。高、孝之病，亦如魯莊有病。病受遂不覺其奇創，而轉嫌其平淡，方且加倍其説，云百世尚可，奚止九世？故讀經須識時務，寒而談扇，暑而謀爐，群以爲棄物，不轉瞬而需之甚急。傳者欲于一經悉古今之世變，剖錙銖之疑似。學者不知用意所在，以爲奇，亦未嘗致於用耳。

古今之爲學者，皆學而不教；宋人之談經也，皆教而不學。自「六經皆我注脚」之説倡，學者于經傳皆如生徒之課藝，或得或失，或筆或削，由我自主。故其心一成不變，不能上進求深，積成一師心自用之世界。張廉卿引曾文正云：「説理之精粹，至八比而止。」竊謂宋學以八比而日彰，亦以八比而日潰。丱角童子少有聰慧，操筆學爲聖人之言，爲宋人之學者以爲雖聖人不能加，不敢謂其不精不粹，然不解何聖人之多，學聖之易也？游、楊以下至於今之口程、朱而身誠正者，無人不以仲尼自命，實則高頭講章、庸濫墨調之見解。故聖以學而能至，如四科爲聖門四維，而言語一門，言宋學者至無人齒及，而以平正爲歸，不知聖人當日何以不求平正而立此一科。諸子百家言多過激，然因病設藥，不毒不能回生，語曰：「參芪殺人無罪，薑黄救人無功。」孔子最惡鄉愿，今之平正即古鄉愿之遺派，非之無非，刺之無舉，依阿苟容，以求曲附于仕途爲巧宦。人皆知其誤國殃民，至於學問則必求巧宦以爲無流弊，若鄉愿則固無弊之尤者也。

世之論學者曰：必求無流弊，「詩書發冢」①，「盜亦有道」，《莊子》論之矣。揖讓征誅，飲食男女，皆無久行不弊之道，於是服藥者遂專求不寒不温、不辛不苦之劑，以爲可以日日服之，則天下之勢不群趨于鄉愿不止。明孫太宰創爲掣籤之法，則謂無弊矣，而選法以亡。此固易知易解，而説者固持此見。嗟乎！韓昌黎《諱辨》，今日讀之以爲常語，方嫌其過拘，不知《舊唐書》論赞且以此篇與《毛穎傳》同譏，習俗移人固如是乎！

① 詩書發冢：《莊子·外物篇》作「詩禮發冢」，後同。

《知聖篇》撮要

孔子受命制作，爲玄聖，爲素王，此經學微言，傳授大義。帝王見諸事實，孔子徒託空言。六經即其典章制度，與今《六部則例》相同。「素王」一義，爲六經之根株綱領。此義一立，則群經皆有統宗，互相啟發，鍼芥相投。自失此義，則形體分裂，南北背馳。不以六經爲一家之言，以之分屬帝王周公，或以屬諸史臣，則孔子遂流爲傳述家，不過如許、鄭之比，何以宰我、子貢以爲賢於堯舜，至今天下郡縣立廟，享以天子禮樂，爲古今獨絶之聖人？《孟子》云：「宰我、子貢知足以知聖人。」可見聖不易知。今欲刪除末流之失，不得不表章微言，以見本原之真，洵能真知孔子，則晚説自不能惑之矣。

余立意表章微言，一時師友以爲駭俗，不如專詳大義。因之謂董、何爲罪人，子緯爲詭説，并斥漢師通爲俗儒。夫使其言全出於漢師，可駁也。今世所謂精純者，莫如四子書。按《論語》孔子自言改作者甚詳，如告顔子用四代，與子張論百世，自負斯文在兹，「庶人不議」，是微言之義實書以告門人，不欲自掩其迹。孟子相去已遠，獨傳「知我」、「罪我」之言，「其義竊取」之説。蓋「天生」之語，既不可以告塗人，故須託於先王，以取徵信。而精微之言一絶，則授受無宗旨，異端蜂起，無所折衷。如東漢以來，六經歸之周史，其説孤行千餘年。今之人才學術，其去孔子之意奚啻霄壤？不惟無儒學，並且乏通才。明效大驗，亦可觀矣。

宰我、子貢以孔子遠過堯、舜，生民未有。先儒論其事實，皆以歸之六經。舊説以六經爲帝王陳迹，莊生所謂「芻狗」，孔子删定而行之。竊以作者謂聖，述者謂賢，使皆舊文，則孔子之定六經，不過如今之評文，雖選擇精審，亦不得謂選者遠過於作者也。夫述舊文，習典禮，後世賢士大夫與夫史官類優爲之，可覆案也，何以天下萬世獨宗孔子耶？且立行來和、過化存神之迹，全無所見，安得謂生民未有耶？説者不能不進一解，以爲孔子繼二帝三王之統，斟酌損益，以爲一王之法，達則獻之王者，窮則傳之後世。纘修六經，實參用四代，有損益於其間，非但鈔襲舊文而已。執是説也，是即答顔子之兼采四代，《中庸》之「祖述」、「憲章」，《孟子》之「有王者起，必來取法」也。然先師改制之説，正謂是矣。如謂孔子尊王從周，則必實得文武之會典、周公之則例，謹守而奉行之。凡唐、虞、夏、殷先代之事，既隻字不敢闌入，即成、康以下明君賢相變通之成案，亦一概删棄，如是乃可謂之尊王，謂之不改。今既明白參用四代，下俟百世，集群聖之大成，垂萬世之定制，而猶僅以守府録舊目之，豈有合乎？夫既曰四代，則不能株守周家；既曰損益折衷，則非僅繕寫成案，亦明矣。蓋改制苟鋪張其事，以爲必如殷之改夏，周之改殷，秦、漢改周，革鼎建物，詔敕施行，徵之實事，非帝王不能行。若託之空言，本著述之常，春秋時禮壞樂崩，猶爲蠻野，孔子道不能行，乃思垂教，取後來帝王成法，斟酌一是，其有時勢不合者，別爲小大、人天之分，著之六經，託之空言，即明告天下萬世，亦不得加以不臣悖逆之罪也。祖宗之成法，後世有變通之條；君父之言行，臣子有諫諍之義，豈陳利弊者便爲無狀之人，論闕失者悉有腹誹之罪？且孔子生值衰微，所論述者雜有前代，亦如賈生、董子值漢初興，指斥先帝所施，涕泣慷慨，而請改建耳。然賈、董所言，後世不以爲非，反從而賢之。且以今事論之，凡言官之封事，私家之論述，拾遺補缺，思竭愚忱，推類至盡，其與改制之説不能異也。此説之所以遭詬病者，徒以帝王見諸實事，孔子託諸空言。今欲推求孔子禮樂政德之實迹，不得不以空言爲實事。孔子統集人天之變，以定六經之制，則六經自爲一人之制，而爲後來帝王所取法。弟子據此以爲賢於堯舜者，實以《尚書》美善，非古所有。以六經爲帝王之大典，則不能不有素王之説。以孔子爲聖爲王，此雖因事推衍，按之實理，亦必如斯。故南宫适以禹、稷相比，「子路使門人爲臣」，孟子屢以孔子與堯、舜、禹、湯、文、武、周公並論，直以《春秋》爲天子之事，引「知我」、「罪我」之言，則及門當時實有此説；無怪漢、唐諸儒之推波助瀾矣。然後説雖表見不虚，非好學深思者不能心知其意。若改制則事理平常，今不信後説，而專言著述有損益，亦無不可；至制作之説，亦欲駁之，則先入爲主，過於拘墟矣。

《國語》爲六經作傳，或以左丘明即子夏，「明」與「商」、「羊」、「梁」同音，左丘即「啟予」，所謂左丘明即「啟予商」，「左丘失明」即子夏喪明。是①三傳始師，皆爲子夏，爲文學傳經之事，故兼言六經，不僅傳《春秋》。然以六藝推之舊文，此欲掩改制之迹，即孔子作而不述之微意也。故不言孔子改古書，而言古書合孔子。乃劉歆乘隙而入，襲此説以攻今學，以六經爲舊文，孔子直未制作，於是而素王改制等説全變矣。劉歆之説，實《國語》爲之先路，同此一説，而恩怨各别，皆以當時微言隱避，致使大義中絶，聖學暗而不彰。今孔廟既封建王號，用天子禮樂，時勢遠異，又更無取避忌，正當急張微言，使其明著，不可再行規避遷就，使異端得藉口相攻。況此乃漢、宋先儒舊義，非一人私言。《論語》、《中庸》、《孟子》先有明文，精確不易。史公云「第弗深考，其所表見皆不虚」，信然矣。素王以《詩》説爲本根，實即道統之説。先儒誤據不議禮、制度、考文相駁。舊著已釋其義，今試再爲申之，曰：既云「從周」，何以答顔子兼用四代？既云「不作」，何以獨辨「不知而作」？且孔子周之臣子，「從周」何待言。居今而言從本朝，豈非夢囈乎？聖人立身出言，爲萬世法，宜如何慎密，今動以天自擬，又云「其或繼周」，「如有王者」，與「鳳鳥」、「河圖」之歎，專禮樂征伐之權，復斥言「天下無道」，以亡國夏、殷與周并論，議所從違，又自負承先皇文王之統，無論道理不合，其有不賈口舌之禍者乎？愚氓皆知畏法，豈有聖人發隴上之歎，與陳涉、吴廣同科，導人以發難乎？且子貢論孔子以爲「賢

① 是：原作「事」，據文意改。

于堯舜」，南宮适亦以禹、稷相比，「子路使門人爲臣」，仲弓許之南面，宰我輕改舊章，孔門弟子豈皆妄希非分、自居不疑乎？孔子，周之臣子，并非宋君，乃敢以殷禮自用。或以異書不足信，然《孟子》明云：「《春秋》天子之事」，「王者之迹熄而《詩》亾，《詩》亾然後《春秋》作」。「仲尼不有天下」，又屢以帝王周公與孔子并論。是孔子受命制作，有不得不改之苦衷。若夫尊君親上，别有明條，并非欲後人學其受命制作。何嫌何疑，必欲將孔子説爲一迂拘老儒乎？孔子教人行誼，文在别經。許止、趙盾猶蒙惡名，人臣無將，《春秋》名義，其所自處，自必别有精義；若以此説有乖臣道，則舜、禹、湯、武爲帝王垂法，豈學舜、禹者務求禪讓，法湯、武者耑力犯上乎？孔子之志與舜、禹、湯、武同符，學之者但當自審取處耳。

初以《王制》説《春秋》，於其中分二伯、八伯、卒正、監大夫，同學大譁，以爲怪誕；師友教戒，不一而足。予舉二伯、方伯，《穀》、《公》傳有明文。或乃以爲《穀》言「二伯」，但可言「二伯」；《公》言「方伯」，但可言「方伯」。積久説成，乃不見其可怪。近日講《詩》、《易》，亦群以爲言，不知實有所見，不如此萬不可通。苟如此，則證據確鑿，形神皆合。因復孯治《詩説》，改名「齊學」，自託於一家。然大統之説，《齊詩》甚多，非積十數年精力，盡袪群疑，各標精要，不能息衆謗而杜群疑。昌黎爲文，猶不顧非笑，何況千年絶學，敢徇世俗之情？又初得一説，不免圭角嶙峋，久之融化鋒鍔，漸歸平易，使能卒業。如三傳則安置平地，任人環攻。世俗可與樂成，難與圖始。自審十年以後，必能如三傳之化險爲夷，藏鋒斂刃，相與雍容揖讓，以共樂其成，敢因人言而自沮乎？

盧、鄭之學，專以《周禮》爲主，因《王制》與之相迕，故盧以爲博士所造，鄭以爲夏、殷禮。學者不知爲仇口之言，深信其説，入於骨髓。竊以治經所以求實用，説苟違經，則雖古書亦不可用；若與經合，則近人新説亦可珍貴。鄭君斥《王制》爲古制，本爲祖《周禮》以駁異己，乃其《周禮注》因外内封國，本經缺略，則又取《王制》以補其説。且《左》、《國》、《孟》、《荀》以周人言周制，莫不同于《王制》，與《周禮》迕。北宫錡問周制，孟子答與《王制》同，何得以爲夏、殷制？蓋畿内封國，二書各舉一端，孟子則舉上中卿、上中大夫、上中士，《王制》則專指下卿、下大夫、下士，互文相起，其義乃合，《王制圖表》中，立表已明。使二書同文，反失其精妙。説者乃謂《王制》誤鈔《孟子》。此等妄説，流轉已久，雖高明亦頗惑之。此經説所以不明也。且鄭因《王制》偶異《周禮》，新義環生，不知二制不同，亦如《孟子》、《王制》彼此缺文，以互見相起。《周禮》非用《王制》則大綱必多缺略。今以骨肉至親視等仇讐，此東漢以下所以無通才。予之所以不敢苟同昔賢者，正以二書合通之妙。兄弟夫婦，形體相連，不可同室操戈也。

王刻江陰《續經解》，選擇不精，由於曲徇情面與表章同鄉。前半所選，多阮刻不取之書，故精華甚少；後半道、咸諸書頗稱精要。陳氏父子《詩》、《書》遺説，雖未經排纂，頗傷繁冗，然獨取今文，力追西漢，魏晉以來，無此識力。邵氏《禮經通論》以經本爲全，石破天驚，理至平易，超前絶後，爲二千年未有之奇書。考東漢以來，惟經殘秦火一説，爲庠序洪水猛獸，遺害無窮。劉歆移書①，但請立三事，廣異聞，未嘗倡言六經爲秦火燒殘。古文家報復博士，乃臆造博士六經不全之説。詳《古學考》。妄補篇章，虚擬序目，種種流毒，原是而起。且自經殘之説行，學人追憾秦火，視諸經皆爲斷簡殘篇，常有意外得觀全文之想。其視經文已在可增可減、可亡可存之例。故東漢以下，遂無專心致志推究遺經之人。蓋殘經既在可解不可解之間，安知可信者，不適在亡篇内乎？故「經殘」一説，爲儒門第一魔障。余因邵説，乃持諸經皆全，亦備爲孔修。故授初學一經，必首飭之曰：經皆全文，責無旁貸。先求經爲全文之所以然，力反殘佚俗説，然後專心致志，精誠所至，金石爲開，專一之餘，鬼神相告。故學者必持全經之説，心思一專，靈境忽闢，大義微言，乃可徐引。故予以邵書爲超前絶後，爲東漢下暗室明燈。鄭以饗禮爲亡，不知「饗」即本經之「鄉飲酒禮」。別有《饗禮補釋》二卷。

初刻《今古學考》，説者謂爲以經解經之專書。天下名流因本許、何，翕無異議。再撰《古學考》，外間不知心苦，以爲詭激求名。嘗有人持書數千言，力詆改作之非，並要挾改削，似真有實見，堅不可破者。乃杯酒之間，頓釋前疑，改從新法，非《莊子》所謂是非無定者乎？蓋馬、鄭以孤陋不通之説，獨行二千年；描聲繪影之徒，種種夢囈，如塗塗附。自揣所陳，至爲明通，然我所據，彼方持以自助，何能頓化？彼既入迷已深，化虚成實，舉國皆狂，反以不狂爲

---

① 移書：原作「遺書」。按此指劉歆移太常博士書，據《漢書・楚元王傳》改。

狂。然就予所見，海内通人，未嘗相迕。蓋其先飲迷藥，各人所中經絡不同，就彼所持，一爲點化，皆反戈相向。歷考各人受病之方，投之解藥，罔不立蘇①。但其積年魔障，偶爾神光，何能竟絶根株。一暴十寒，群邪復聚，所持愈堅。又或如昌黎《原毁》，争意見不論是非，聚蚊成雷，先入固閉，自樂真迷，願以終老。當此之時，亦惟啜糟自裸，和光同塵。蓋彼既無求化之心，不能與之莊語。萬物②浮沉，各有品格，並育並行，何有定解哉！

未修《春秋》，今所傳者，惟《公羊》「星隕不及地尺而復」一條，及《左傳》「不書」數條。學者皆欲搜考未修底本，以見筆削精意。文不概見，莫不惋惜。即今日而論，可得大例，足以全見未修之文。蓋孔子未生以前，中國政教與今西人相同，西人梯山航海入中國，以求聖教，即《中庸》「施及蠻貊」之事。聖經中國服習久，成爲故事，但西人法六經，即爲得師，故不必再生孔子。中國當春秋之時，無所取法，天故特生孔子，垂經立教，由中國及海外，由春秋推百世，一定之例也。西人儀文節略，上下等威，無甚差别，與中國春秋之時大致相同。孔子乃設爲等威，決③嫌疑，别同異。惟名與器，不可假人。由孔子特創之教，故《春秋》貴賤等差斤斤致

① 蘇：原作「穌」，形近而誤，今改。
② 萬物：「萬」原作「果」，形近而誤，今改。
③ 決：原作「絶」，據文意改。

意也。《論語》旅泰山、舞佾、歌雍、塞門、反坫，上下通行，孔子嚴爲決别，故譏之以起義。當日通行，并不以爲僭，亦如西人以天爲父，人人拜天，自命爲天子；經教則諸侯以下不郊天，帝王乃稱天子。西人君臣之分甚略，以謀反、叛逆爲公罪；父子不相顧，父子相毆，其罪惟均；貴女賤男，婚姻自行擇配；父子兄弟如路人；姓氏無别，尊祖敬宗，缺焉無聞。故孔子特建綱紀，撥亂世而反之正，「百世以俟」，正謂此耳。

附《致箌室主人書》

黄鎔　胡翼等公擬

頃讀《亞東報》第十八號《今古學辨義》，獻可替否詳哉！其言之矣，于井研之學，可謂入之深而得其肯要，諫友有功，庶得終其名譽。竊四益先生養晦閉藏，潛心撰述。海内言學者家有其書，東南學人私相祖述，著書立説，天下震驚，風氣遂爲之一變。聲應氣求，無間遠邇。某等居同鄉里，摳衣有年，甘苦之嘗，知之頗悉。四益今古學叢書之刻，皆宗旨流別之書，折中衆言，求正天下，所有全部正經注説，皆未刊行。十年以内，海内通人間有異議，率皆語焉不詳，或秘不相示，求如足下之推究隱微，窮其正變，不出于阿好，不流于吹求，著論刊報，正告天下而不可得。大著刊布，誠四益十年以内所日夜禱祝企望者，精勤虚受之苦心，固足下所深諒者也。惟足下所見之書，皆十年以前舊説。當時如三《傳》、《書》、《禮》雖有成書，自以所論未盡愜。去年秋間有《百種書目解題》之作，專以帝王分類，所有漢師今、古名目，悉删除不用，誠足下所謂大變者。謹送呈一册，伏乞登報，以釋群疑，更約集同人細心推究經、傳微旨，不厭吹求。倘能再究此册，推見至隱，刊報傳知，使得據以改正，歸諸完善，不惟四益之所心感，亦吾黨之所禱祝以求者也。大作所陳諸條，或已經改正，或因辭害義，或傳聞悠謬，或流衍失真，既經改作，其是非姑不足論。竊以當今海内老師宿儒相聚而談四益者，皆以防流弊爲説。輕躁之士發憤著書，每多非常可駭之論，託名衛道者以此歸罪于四益，大著亦以爲言，雖四益虚受改易，某等實不能無疑。竊以心術、學問古分兩途：正人端士使爲今學，正也；古學，亦正也。僉人宵小使爲今學，邪也；古學，亦邪也。以流弊言之，堯、舜，聖人也，子之、操、懿以師其禪讓而敗；周公，聖人也，王莽、明成祖之篡逆，不能以爲周公過。六經聖人之大法，所謂曲學阿世、詩書發冢者，豈能以爲孔子咎？《四益館經學叢書》未刊之先，非堯舜、薄湯武者代不乏人，甚至即孔子亦攻之。帝王之鑄兵，本以弭亂，而操刀行劫，報仇殺人，不能因而去兵。推之飲食男女，亦無不皆有流弊，不能因防弊而廢之也。天下事，利所在，即弊之所在。六藝之作，本爲端人志士立其課程，使有遵守，《老子》所謂非人勿傳者，乃爲真切。如但以宗旨論，即宋人以理學標目託名，其中奸邪小人，非聖無法，貪黷背謬，無所不有。江海之水，蛟龍居之而爲蛟龍，鯨鯢居之而爲鯨鯢，魚鼈居之而爲魚鼈，在人之自取，非水之過也。輕躁狂謬，本于性生，每緣經説以便其私利，因遂假之以立幟；不見此書，亦必别造非聖無法之言以自恣。故説經之書，但當問與經義忤合如何，流弊有無，初非所計。何則？考魯、齊傳經有微言、大義二派：微言者，言孔子制作之宗旨，所謂素王制作諸説是也；大義者，群經之典章制度、倫常教化是也。自西漢以後，微言之説遂絶，二千年以來，專言大義。微言一失，大義亦不能自存。六經道喪，聖道掩蔽，至今日統中外、貴賤、智愚、老少、婦女人人心意中之孔子，非三家村之學究，即賣驢之博士。故宋元流弊，動自謂爲聖人，信心蔑古，此不傳微言之害，彰明較著，有心人所傷痛者也。嗟乎！人才猥瑣，受侮强鄰，《詩》、《書》無靈，乃約爲保教，以求倖于一日。四益心憂之，乃汲汲收殘拾缺，繼絶扶危，以復西漢之舊。合中國學術而論，以孔子爲尊，必先審定孔子規模光燄，宫牆美富，迥出迂腐學究萬萬之外，俾庠序之士，心摹力追，以求有用之學，庶幾聖道王猷，略得班管。

孔子，正鵠也；儒生，學射之人也。微言之學，所以指明正鵠之所在，示以搆索之方者也。四益今日不當言，則秦漢先師不當傳，舉凡《論》、《孟》諸傳記，所有微言之説，皆當删而去之然後可。秦、漢人人言之不嫌多，則四益一人言之正嫌其少。西漢通微言者，人無異辭，當時士氣較今何如？學人必欲貶下孔子以自便。不知學究之事，人能爲之，此庠序所以多攘奪之風也。在今之立異説者，未嘗不知微言爲聖門正傳，四益之説因而非創，與今相合，於古有徵，特不喜千年絶學恢復之功出于一人，求其説而不得，則創爲防流弊以阻之。至于以辭害意者，如四益之説六經也，謂堯、舜、禹、湯、文、武皆爲俟後聖，惟孔子爲大一統立法。堯、舜、禹、湯、文、武、周公皆爲經説，孔子小大、人天乃臻大成。閲者不察，以爲帝王皆史書已往成蹟，孔子揑造事實，其論春秋之世，禮教未行，據諸侯納子妻、娶同姓以及無行三年喪之事。大著所採六朝以下狂亂之人事，迥非其比，何足以相難？且大著所引，多采之旁人，郢書燕説，變本加厲，以遂讐仇之口。四益謂孔子翻經，擇善成美，即述即作。《左傳》之政典，無一與《周禮》同，《毛詩》之序例，皆緣《周禮》而作。此中别有考證，非如大著所云。踵其説者，以孔子事亦後人所造，則就廖氏之説誤推之，安知孔子之言事，非孟、荀、漢儒所作，孟、荀、漢儒書非劉歆所造耶？並引鄧析之事以爲説，言近游戲，非著書之體。苟不循本末，機鋒相勝，則不惟四益之言不能推上而孟、荀、董、賈，再上而孔子之六經，亦有議删議改、疑之非之者矣。學人著書立説，原欲與端人樸學商酌得失，若果有此遷謬顛倒不識體要之議論，斯人也，何足以商量六經之宗旨，斟酌百代之學術乎！又四益據《論語讖》「孔子卒，弟子子夏六十人纂孔子微言以事素王」，以《論語》皆微言，爲六經之樞鑰，制作之條例，非教人行習之書。又孔子爲古今至聖，生民未有，所云「受命」、「天生」、「從周」、「從先進」，一切非常可駭之論，惟聖人乃可以言之。至于言行之書有《容經》、《儀禮》，政治之書有《春秋》、《尚書》，不可專於《論語》中求之。昔漢高祖見始皇車乘曰：「大丈夫當如是也！」項羽曰：「彼可取而代也。」天生霸王，乃可以作此語。孔子生民未有，所言「天生」、「制作」，雖顔、曾、思、孟之流，皆不敢引以自況，何況餘子乎！宋以後解《論語》者皆作學究語，今人習聞其説，與四益之説《論語》行事不合，不知此聖人自述微言，萬不許人趨步者也。亦如漢高、項羽之事，學之則爲亂臣，首領不保。昔朱子作《近思録》，首卷采周子太極性命之説，或以玄遠爲疑。朱子示學者讀《近思録》，亦云自二卷起，然必先以首卷性命之説示所依歸。學者於四益各書亦當知此意，致力大義，歸總微言，不必以他端疑四益也。粗呈所見，求證高明，儻賜誨言，不勝企盼。

《孟子》「故仲尼不有天下」，使孔子爲真王，則必不能師表萬世。蓋禹、湯、文、武、周公真王也，不惟典則爲後人所羼改，三代以上，中國初闢，狉狉榛榛，古説俱在。使爲真王，必因時立制，宜於一時，必見鄙於後世，以爲簡陋，不足垂法文明。唯非真王，以言立教，乃可就地球中原始要終，盡美盡善之政事，皆得筆之於書，中外再千萬年進步，踵事增華，皆不能盡其量。此經之所以爲經，後人乃以史學讀之，宜不知聖人神化也。

此編與世俗所論，貌同心異，猶武夫之於番與，虎賁之於中郎，識者細考，當自得之。或乃深惡此編，以爲相似，嗚呼！因苗而惡莠可，若因莠而惡苗，則傎甚。夫物必有偶，且僞必亂真，堯、舜揖讓，湯、武征誅，若不審真僞，不辨微芒，概因其似而絶之，是彼反得有所藉口，以爲堯、舜、湯、武、周公、孔子且以似見絶，真美惡不嫌同辭，貴賤不嫌同號，何是非之足論乎？

自中外通商，時務日棘，無論窮達，束手無策。近來高明之士喜談洋務，無所依歸，甚至用夷變夏。學與不學，其害相同，非得聖經賢傳以爲宗旨，雖東西學堂林立，無濟時用。不知今日外務部於四科爲言語，精純者爲《左》、《國》，詭隨則爲長短、蘇張之學，談何容易？凡中外語言、文字、故事、典章、人才、經制，當時君相智愚好惡與夫强弱衆寡，未發之機函，隱秘之言事，無不洞達，方足爲使才，不辱君命。故聖門特建一科，以儲奇才異能通使絶國之士。《論語》屢言辭命專對，宋元以後此學中絶，學人深惡醜詆，一臨外侮，所以上下交困，此學術不明，所以貽誤國家。如子貢出使，亡吴霸越，弱齊存魯，説者用墨家説，以爲孔門之羞，絶無其事。使今有子貢其人者，不費一兵，不折一矢，輕車就道，坐困强鄰，扶持中國，與帖括之士高談性命，其得失爲何如？乃群相鄙棄事功，以明心見性之學推之孔子，《論語》曰：「微管仲，吾其被髮左衽。」有志匡時者，可以自悟矣。明末，達州李研齋《天問閣集》譏當時心學以死貽君父憂，蓋有見之言。

學顔、柳者皆從肥瘦圭角入手。夫肥瘦圭角乃近來翻帖之惡趣，顔、柳精華本在平正通達，不先學肥瘦圭角，不能入手。臨摹之士皆由偏勝以求其精華。聖學如天，無可蹤跡，諸子各有聖人之一體，皆不能無弊，其偏勝正其獨到之處。必先詳其偏勝，而後能得其獨到，博考諸家以會其歸。若先挾教而後學之見，高談平正，驟語精微，必終身無入門之日。人皆明於學字而昧於學聖，方始問途，遂防流弊，所以空疏謭陋，竟成無用之學。

東南談時務者多放言高論，甚至倡言廢經。當世主持大教者，惡其離畔，託之防弊，乃推舉宋儒。帖括之毒深矣，積習重如泰山，今方知改，尚未損其毫毛，又復標舉舊學以桎梏天下。不知墨子宗旨，首重擇務：重典輕典，因乎國勢；畸武畸文，關乎世變。宗社之危，甚於累卵，即使家程、朱而人游、楊，何濟國事？亂世重功名而略行檢，自古英雄濟時變必須偉略奇士，腐儒不足以論國計、救危亡也。

談時務者誦法泰西，苦於中國無書可讀，失所依歸，浸淫倒戈，勢所必至。吾師恢張皇帝之學，標《周禮》以括政典。宗言語以示權謀，瀛海之外，早在聖人覆幬之中，新而不至叛歸摩西，舊而不至墮落禪寂。蓋全球治法，自强禦侮，與夫所以交鄰化外之道，不必外求，而經傳早已預定。於新舊之間，兼收其益，兩祛其弊，其要則在於知聖。如以帖括之學爲真聖學，則聰明材力，皆錮蔽於空疏謭陋之八比。甘旨具列，不食不知其美也。

語云：「矯枉者必過其正。」非過正則枉不能矯，寒必用薑、附，温必用硝、黄。諸子以擇務救病爲宗旨，非偏激不能自成門户，觀其會通，辛苦無異於甘平。聖人不可學，學聖者必自諸子始，不必以偏執爲嫌。蓋諸子皆宗法孔子，言不一端，即《論語》亦多救病之語，墨之「兼愛」，即伊尹之「任」，楊之「爲我」，即伯夷之「清」，皆非時中，原屬平等。若必吹求，不唯諸子，即孟子亦有所不免，談楊、墨正如扶醉人，左右皆失。惡「兼愛」之「無父」，勢必偏於「爲我」，則又「無君」。疾「爲我」之「無君」，勢必偏於「兼愛」，則又「無父」。二者相妨，無中立之地。「時中」既不能學，則將何術以自存？諸子既自標學派，豈不知擇務從事？熱因寒投，凉以濟暍。自晚近貶駁諸子，人才日以困墜，舉天下聰明材智群消耗於空疏謭陋之一途，於宗社之危亡漫不加察。故必先知諸子爲四科之一體，而後人才可興也。昔張皋文談《易》，阮文達以座師投贄爲弟子，儒林以爲美談。文達屈尊服善，誠不易得，無如皋文《易》學實爲粗淺，未探本原，即以「旁通」一門言，每卦有通有不通，又有多有少，其視四益旁通三卦，出於自然者，豈不高出百倍？貴耳賤目，人情類然，何足異哉！

西人報館以開民智爲主，此册意在於開士智。國家之强由於人才，人才之成由於學識。欲增長才識，非平心静氣，推求古書，師法聖賢，不能有得。若不立圭角，則亦不能發揚蹈厲，共相興起。有人則無論法之變否，無人則雖改法亦無效。涕泣以告，被髮往救，不必高談性命，自詡衛道之勤。

中行不多，次求狂狷。既立門户，創宗旨，皆不能無流弊。欲無流弊，惟有鄉愿，然其外貌雖無可舉刺，桎梏聰明，陷溺人心，爲害乃最毒，故孔、孟皆深惡而屏絶之，近來談義理者困於帖括，講音訓者溺於章句，二者之中皆無人才。談論家好持月旦，於各門學問皆指斥其一二弊端，以爲非法，詢其安身立命之處，則仍舊學窩臼，專己守殘，惡出其上，是視天下陷溺而無以動其心，但欲以半日静坐如泥塑人定其程式，嗚呼過矣！

讀書學古以擴充學識，然須平心定氣，以意逆志。須知讀書是師古人，非古人求教於我，經、傳待我評訂。晚近師心，以輕藐古人爲宗派，其貽害庠序，如洪水猛獸。即如三《傳》，雖不敢曰全合聖人，要古之先師依經立傳，流傳已久，必非無故。乃宋人視三《傳》如村童肆口儇薄，即如衛公輒拒父一事，《春秋》所以立綱常、決嫌疑，爲群經大義。其始一二人攻之，群相附從，習焉不察。《公羊》非喪心病狂，何至許子拒父？兩漢君相師儒非盡癡愚，似此悖逆之語，何以不行改正？詳考傳義，原以父與王父相比，父有命，王父亦有命，二者相反，不能兼顧，則不得不棄父命而從王父之命。今以俗情譬之，如一人有祖有父有子，子有過，父命撲，祖宥之，必有所妨，將從王父命乎？抑從父命乎？又如州縣奉督撫命舉行政事，忽接詔書停止，二者必有一傷，將從詔書乎？抑從督撫乎？父爲我之父，王父又爲父之父，王父命行於孫，不惟孫爲賢孫，即子亦爲孝子。如但從父命，子雖從父，反使父逆王父，是子與孫皆逆，且自陷父於不孝。傳義本極詳審，説者刪去王父一層，但云許子拒父，天下既無此理，則經傳必無此説。明文具在，説者不察，聞者不疑，宋元以下魯莽滅裂似此者甚多。天下論學者反謂宋人義理精於漢師，豈不冤哉！願與天下學人共除此猖狂謭陋之習，其尚有起而相應者乎？

昔人云：「以宋學立品，以漢學讀書。」似也，未盡其義。爲之下一轉語：以中學守身，以西學讀書。昔張鷺州先生教授井研，問門人曰：「汝學聖賢乎？以我爲準，解衣、正履、牽被、抱足而臥。」蜀中某太史以八比自喜，偶作一藝，其門人爲之評曰：「使宣聖復生，將此題衍爲七百字，亦不能如此字字精到。」二事久爲士林笑柄，實天下之通病，以此求聖，宜乎予聖自雄者之多。昔香帥督學蜀中，臨去，謂學政署中渣穢如山，三年以來聊效愚翁之移，幸得淨盡。孰意大成殿之堆積，百倍於此，掃除一空，又誰之任乎？

《詩》云「玄鳥」、「帝武」，《史》、《漢》言「交龍」。記漢高語云：「大丈夫不當如是耶！」項羽云：「彼可取而代也！」陳涉輟耕而歎。孔子自託天生，王莽亦仿之曰：「漢兵其如予何！」《史》、《漢》所記諸語，亦如素王之義。記載帝王符應、言語，豈在使人學步？若以素王改制斥爲教叛，則《詩》、《書》豈教後人學帝王？《史》、《漢》豈教士庶學劉、項乎？玉人圭璧，織工衮龍，則亦可以干犯科之。聖賢經傳，垂教萬世，不料後世有此瞽論，若因莽妄引「天生」歸咎孔子，想亦莞爾自認也。

昔人有《嘲村學究賦》云：「數本《論》、《孟》，一盤土紅，見人齟齬，遇事籠東。」實則中國數百年以内老師宿儒、名宦巨公，其心目中之孔子固同一村學究也。鄉村塾師專教截搭體，其渡題云：「我夫子云云，乃道高和寡，所如不合云云，以致云云。」千手雷同。孔子既欲求官，何不自貶？既不趨時，何必周遊？其説孔子，直一乖謬無用之俗儒，與子貢所謂綏來動和、生榮死哀者，其相去何啻霄壤？木鐸之事，儀封人且知之。强出求仕，如違天何？蓋孔子出遊，非以求官，欲作六藝，必先游歷，即「入太廟，每事問」之意。故自衛反魯，即行正樂，宰我、子貢知能知聖，《論語》記孔子始終於子貢、陳亢，記者恐後人不知孔子周遊之意，故於篇首載子貢「必聞其政」之事。孔子生知，觸目心通，故不須求與，自能知政。陳亢從游，不見與求之迹，故以爲問。必聞之故，子貢不能知，亦不能言，真所謂過化存神，不可思議也。

聖人四科，德行爲帝王，文學爲經生，至於政治，則内政事，而外言語。今政府改同西名，政務即政事，外務即言語，一内一外。凡使命、朝覲、聘問、會同、盟誓、巡狩，如《周禮》大小行人、六方官皆屬言語科。宋元以下但有政事、文學之名，言語一科無人齒及。今人動謂海邦不比戰國諸侯可以捭闔，不知今日公法，即列國之王章。蘇、張之學，今尚無其人，《國策》所載，皆嗜其學者之擬作。抵掌而談，造膝而語，其事詭秘，多不能以言傳，故《國策》如闈中程式之作。至於簡練揣摩，應變俄頃，微妙不能以言傳，其事至精至博。凡今日中外所講習各書，無一不爲縱横家所包。有大戰國，將來必有大蘇、張也。

素王改制本旨三十題見《公羊補證》首卷，兹不録。

古文家以六藝屬之周公，唐時廟祀周公爲先聖，孔子爲先師。蓋「述而不作」之誤解深入人心，驟語以六經爲孔子作，無與於周公，博雅士群以爲笑柄。然聖作賢述，孔子但傳周公之經，高如孟、荀，低則馬、鄭，以匹夫教授鄉里，雖弟子甚多，不過如河汾、湖州而已。況讀姬公之書，宜崇報功之祀。唐、宋學官主周公，以孔子先師配享，周公爲主，孔子不過比於十哲。作聖述賢，於古文説情事最合。乃宋末黜周公，專祀孔子，當時無人能知周、孔之真僞，不審因何黜周崇孔？此中當有鬼神主使，不然，何有此識力？祀典所以報功，主賓不容或誤，今既力主古文，以博士爲非，綜其名實，文廟當復主周公，以孔子配享，周公僚佐如召公、畢公輩宜列先賢，統計員數，當在七十左右。既主周公，孔子弟子皆宜退祀於鄉。明定典禮，庶使人知六藝由周公作，孔子不過如傳述家。必主周公，其在天之靈方不怨恫，孔子亦乃免攘善之嫌。正名報功，兩得其宜，若强賓壓主，攘其正位，情理何安？今周公祀典，學校無人齒及，朝廷亦僅從事名臣，與蕭、曹、絳、灌比。孔子專居文廟，用天子禮樂。郡國皆爲立廟，牲牢俎豆爲郡祀之冠。此天下至不平之事，急宜改正之典禮，内而政府，外而督撫、學政，既明主周公，服膺多年，所當奏請改正文廟主位及從祀先賢一切典禮。周公曾攝王，居黄屋，備禮樂，本不爲過，不似以至尊奉一匹夫，名位混淆。周公制作，孔子襲而冒之，鵲巢鳩居，魯道齊翔，即孔子何以自安？中國文廟爲祀典之首，何等鄭重，乃竟桃代李僵，豈不貽笑外國？如能請旨改正，則所有匾祝題號皆主周公，舊所頒行推崇孔子之榜題牌頌悉宜塗毀，換改周公，至聖徽號亦宜改題。孔子配享，神牌但題先賢孔子，祀於殿左，或於兩廡。凡鄉村家塾亦題至聖周公。神牌或於奭、适、望、毛、散生之班，羼附孟子神位，亦如諸子超升十哲之比。至於經籍，則《爾雅》爲周公專書，當升爲經。《孝經》、《論語》如禪經語録，又爲弟子所記，宜退居諸子，不當在經數。經本聖作書，必主周公，乃不致誤認主人，且不致再囿宰我、子貢阿好其師，一意推崇，言過其實。至於舊榜「賢於堯舜」、「生民未有」，求其實際，渺不可得。《尚書》、《詩》、《禮》、《春秋》有在周公後，由諸史官用周公舊法撰成者，宜詳求諸史臣名氏，列入配哲。周公以前，伏羲畫卦，文王演《易》，堯、舜各史亦有撰述，此當列入崇聖祠。而董狐、南史，凡有名史官皆在儒先，例從祀兩廡。又七十子之祀既罷，漢初凡祖孔子，諸儒失所宗主，皆亦罷黜。傳則《公》、《穀》皆罷，專用《左氏》史法。《詩》則幸三家早亡，毛獨一尊。《尚書》以杜、鄭爲首師。並請專設一局，專辦改祀周公一切章程事實。祀典正則學校正，學校正則人心正。如能力主此事，改正祀典，方足以駁素王之説。

附《家學求原》提要

昔鄭同撰《鄭志》，以明家學立義本源，師慎此書私淑其意。考四益經説，初用東漢今、古分門，繼治西漢博士，終以皇帝大統，先秦莊、鄒爲歸。考古文學以經爲殘，六藝歸本周公諸義，從東漢以至乾、嘉，更無異同，道、咸以來，陳、李諸家始標異幟。四益學派蓋亦風會所趨，窮而返本，非好奇僻以自矜炫。惟博士舊法蒙蝕已久，四益鉤沈繼絶，具有苦心，學者自習所聞，先入爲主，莫不詫異，即二伯、方伯一條，各經傳記明文具在，或亦斥爲一家私説。師慎以趨庭所聞，略仿《鄭志》，撰爲此篇。首標四益説經新義，次乃臚列經、傳、子、史、緯候、博士舊説以明之。其自序云「求之今無一不新，於古無一不舊」者，非虚語也。竊考四益各經義例，刻意求深，推廣補綴，誠不無斧鑿痕。然顧炎武、閻若璩於群疑衆謗之中，卓然自立，事久論定，靡然相從。江、錢、孫、王，當時各得盛譽，後賢踵事，遂成芻狗。昌黎論文不顧非笑，非才力横絶，固不能超越古今，使壁壘一新也。湘潭王仲章欲撰一書，自明家學新解，未克卒業。是編乃能與《鄭志》後先比美，與《樹坊》編相輔而行，釋疑解紛，於家學不無小補云。

《諸子凡例》提要

康《改制考》多引子書，故録三種子學以明宗旨。

《縣志》：「平頃撰群經解説，先刊《凡例》。」故於諸子亦有。此作大抵所列皆先秦諸子，入漢以後所收不過四五家。其大旨以子學皆出於四科，道家出於德行，儒家出於文學，縱横出於言語，名、墨、法、農皆沿於政事，爲司馬、司空之流派。其推本於孔子以前之黄帝、老、管、鬻者皆出依託。子爲六藝支流，源皆本於六經，孔子以前無此宗派。又以子書皆出於爲其學者之所輯録，非諸子所手訂。其中又多六經之傳記，如《管》、《荀》中之《弟子職》、《地員》、《禮三本》之類，皆爲古書。漢時求書後藏之秘府，斷簡殘篇，多失其舊。後來校書者以類相附，凡古籍無名氏可考概附焉。又子書以《孟子》爲正，無一章不有孟子明文，《管》、《荀》、《墨》、《韓》凡無諸子明文者皆爲古籍經説，非其自撰。又諸子以道、儒爲大小二統之正宗，其餘名、墨、法術語多過激，如硝、黄、薑、桂，皆爲救病之藥。矯枉者必過其正，蓋多爲海外言之，如泰西法寬，至以謀反爲公罪，非以申、韓救之，不能中其病。合海内、海外爲九州，九流分治，又如八音、八風各司一方一門，又如水、火、金、木各司其用。藥非毒不能去病，諸子無偏激無以成家，言各有當，取其適用而已。其餘但有凡例，亦如《群經凡例》，於各書有成未成之分也。

《諸子出四科論》提要

《縣志》：班《志》言九流宗旨，多引司官職掌以立説，而不詳其時代，則子家半從依託，在孔子前矣。不知九流爲六藝支流，孔子以前無此宗旨，所有《鬻熊》、《管》、《晏》悉出依託。考《莊》、《列》盛推顔、閔，又多用經説，其出於德行可知；陰陽五行，《易》之宗派，亦附德行。文學流爲儒術，小説附焉。言語號曰縱横。唯政事一門，其流最雜，分爲四家：名、法、農、墨皆其節目。雜家最具，儼如大化。故專著是書，發明子由經出，以正班氏之失焉。《諸子宗旨》二卷，《縣志》未收書目。

《孟》、《荀》皆儒家，爲治中國之學。以宋學言之，《荀子》言「性惡」，使人不驕敖，必須禮樂以自修，如禪宗之漸學，頗似程、朱。《孟子》專言心學，推廣良知，堯舜可爲，如禪宗之頓悟，頗似陸、王。又國初王漁洋太丘道廣，不惜齒牙餘論，獎藉後進，凡投贄詩文者皆得盛譽。施愚山崖岸甚峻，不輕許可，後生新作，多遭勒抹。王善於誘掖，使人不自暴棄；施則師道尊嚴，學者降心斂氣以求上進。各擅一偏，不相假借。喜寬惡嚴，人之常情，後賢尊孟抑荀，亦如漁洋善諛，人亦報之以譽，愚山劉四罵人，後生亦多刻論。實則學者成就，寬不如嚴，荀不下孟，嚴鐵橋之説詳矣。宋以下獨傳心學，積成一空陋無用之世界。若論寬猛相濟之義，孟子外宜以荀立學，既可辟陳，且可化虚爲實，不自滿假，不唯與臨深履薄相協，且典章制度，漸學終勝於頓悟。至於貴民輕君，本儒家常義，非孟有而荀無。或乃因偶合西人，指孟爲大同，荀爲孽派。大同本屬道德，若因偶合泰西，便爲嫡派，則於子學未得本原。貴民輕君，《左》、《國》實多其説，亦將指爲大同耶？

《四益館經學叢書》自序

癸未以來，用東漢師法，劈分今、古二宗，丙戌有《今古學考》之刻。原意約同志講求，非敢以爲定説也。戊子以後，始悟古學①起於劉氏講書，所言淵源多爲附會，乃作《古學考》、《周禮删劉》二篇，以《左傳》歸還今學，此一變也。丙申以後，《周禮》所删諸條陸續通解，删去劉氏羼補删改之説，至於此而群經傳記統歸一律，無所異同。以師説論，彼此固有參差；以經傳論，不須再立今、古名目，此又一變也。積年甘苦，寸心自知，博採通人，折中一是。本當將舊刊諸書，或削或改，以歸專一。唯是事體博大，不能以一人私見盡改昔賢舊説，見知見仁，各隨所得，一二三師友每有以舊説爲是，今説爲非者，故並存之。各書不無淺深、異同之分，但考其年歲，即可得其宗旨。並將化同今、古之説刊入《經話》丙、丁各集，以後但考其年歲，即可得其宗旨。倘海内達者不吝教誨，數年以後，再行將各書改歸一律，不可存者削之。又「凡例」一門，各經粗備，同志初步，可資鑽研，高堅進境，唯在自得。鄙人自今以後，不再鑿險縋深，鉤心鬭角，唯涵養義理，期於自得，否則終身農圃，不占果腹之樂可乎？丁酉仲冬自叙。

① 「古學」下原衍「攷」字，據文意删。

《古今學考》二卷

《縣志》：四益初作《今古學考》。今、古者，今文、古文也。二十年後講大統，乃作《古今學考》。所謂古今者，中國海外、上考下俟也。先秦以前，經説兼言海外，如《大戴禮》、鄒衍、群緯，博士如伏、韓間有異聞，東漢以後，乃專詳海内，據《禹貢》以解《詩》、《易》，鑿枘不入。迄今海禁宏開，共球畢顯，使聲名限於四海，則「血氣」、「尊親」，皆成虚語。海徼自外㟴㠓，故各尊所聞，各行所知。《論語》「百世可知」，《孟子》曰「百世之後，莫之能違」。孔子至今近百世矣，海外異教不能統屬，是必專宗孔子，用帝道兼海外，乃可莫違。或以孔子前知爲嫌，然《尚書緯》「地有四遊」，鄒衍「海外九州」，《逸禮》之「五方」，極與今西説符合。中西未通二千年前，中國早有異聞，諸賢能知，又何疑於孔子？按聖學以繼、開爲二派，繼爲述古皇、帝、王、伯，開爲垂法全球。《今古學考》外再撰此篇，上卷法古，下卷證今。搜採舊説，不厭詳盡，亦可謂苦心分明矣。

按《王制》、《周禮》封建畿數不同之故，自漢至今，説者無慮千餘家，迄無定説，四益丁酉冬於成都作二説，折定一尊，較諸家最爲精實。自戊戌講大統，數年後乃能通徹無遺議，舊説已改，無容置議。今備録原文於此，以見不得真實義，雖四益無可如何。經傳本有真實義，所當詳細推考，皆有一定不移之實義，非可望文生訓、調停附會而説之者也。

《五等封國説》 四益丁酉作於成都。當時於《删劉》中除去二條，今按其文云。

經傳有彼此參差隱見，非合觀不見全例者，如《王制》畿内封國與《孟子》所言不同。因其不同，乃見全制是也。博士説言封國至百里而止，千乘之國爲經傳明文，先師不得其解。包氏乃創爲百里出千乘之説。百里出千乘，則天子當爲十萬乘，非千乘矣。此今文家之誤説也。考《漢書·刑法志》，百里出百乘，方三百一十六里出千乘，方千里出萬乘，制度最爲明備。《漢書》言齊封四百里，《明堂位》言魯封「方七百里，革車千乘」。三百一十六里出千乘，舉成數言爲方四百里。《明堂位》之「七」，當讀爲「四」，音之誤也。是今文家本有千乘四百里之明文，特於上公及伯、子、男無可考見。《王制》雖有閒田之文，其説不備，而其文特見於《周禮》大司徒之職，「諸公之地，封疆方五百里，其食者半；案：指一易之田言，所謂上田。諸侯之地，封疆方四百里，其食者三之一；再易之地，以三合一，爲中田。諸伯之地，封疆方三百里，其食者三之一；諸子之地，封疆方二百里，其食者四之一；三易之地，以四合一，爲下田。諸男之地，封疆方百里，其食者四之一。」食者半，三一、四一，分上、中、下三等，互文見例，非必尊者得上田，卑者得下田也。《職方氏》：「凡邦國，千里封公。以方五百里則四公，方四百里則六侯，方三百里則七伯，方二百里則二十五子，方百里則百男。」此四十二字，爲《逸周書》所無。亦如「九州」、「九畿」爲今、古聚訟之端。實而考之，「今」、「古」兩家舊説皆誤，必相合乃爲全制。蓋《孟子》、《王制》所言百里、七十里、五十里者，諸侯之本封，九命以下五等之國也；《周禮》乃五長之慶地，九錫以下五等之國也。以今制言之，《周禮》之公一品，侯二品，伯三品，子四品，男五品。《孟子》、《王制》之公同爲五品，固皆百里。侯爲六品，伯爲七品，子爲八品，男爲九品。上、下二等同以公、侯、伯、子、男爲稱，爵位懸殊，故封地大小不一。今、古二家各執一偏，各主一説，故不能相通也。考《孟子》、《王制》諸侯言公，取閒田以禄之。《周禮》典命「上公九命爲伯」、「侯伯七命」、「子男五命」；《大司徒》①又云：「九命作伯」、「八命作牧」、「七命賜國」，則二等爲一等言之。以此迭推，地隨爵進，就本封言，則爲百里、七十里、五十里；就閒田慶地言，則方五百里、方四百里、方三百里、方二百里、方一百里。今文家即有慶地方四百里明文，上下等差亦嫌不備，所當急取《周禮》以補五長食閒田之等差。《周禮》又當取《王制》、《孟子》以明諸侯本封。離之兩傷，合之雙美。先師各執一偏，信《周禮》者不言本封，信《孟子》、《王制》者不言慶地，皆非也。或曰《孟子》言萬乘之國、千乘之家，千乘之國、百乘之家，以十分取一而言，則天子之公衹得千乘，適爲三百一十六里，何得云方五百里？諸侯之卿爲百乘，則伯、子、男以下亦不能有方三百里、二百里之多。曰經傳里數皆略舉大綱，千乘之四百已非

① 大司徒：據《周禮》，以下引文出自《大宗伯》。

實數，何論其他。《周禮》言其等差以五、四、三、二立名，亦不得不然之勢。考《周禮》、《王制》田皆有上、中、下三等之分，《周禮》之封疆雖如此，然以田計之，則不過得其半、三之一、四之一。就其所食者言之，不僅去其半。今據諸經傳説，以千乘爲至大之國，内之上公，外之二伯同食此閒田所入。不然，則又至親如魯、衛、齊乃得當之。侯伯與卿三分去二，以七百乘算，從七百乘分算三分去一，大夫與伯、子、男又得二百餘乘，元士與小國三分取一，祇得百餘乘。至於本封百里之國，以百乘爲至多之數矣。蓋慶地皆在閒田，畿内之上公本封亦不過是矣。以今言之，如京官養廉本薄，至於别有差使，則養廉經費從優。差畢之後，仍食本俸，别爲表以明。

		《典命》	《大宗伯》以一爲二	《孟子》	《王制》	《左傳》
方五百里	九錫今職正一，以下迭推。	上公九命	九命作伯	公	二伯	公
	八錫	三公八命	八命作牧	卿	方伯	卿
方四百里	七錫	侯伯七命	七命賜國	大夫	卒正	大夫
	六錫	子男五命	五命賜則	士	連帥	士
方三百里	五錫	卿六命	六命賜官	卿	屬長	皁
	四錫	大夫四命	四命受器	大夫	公	輿
方二百里	三錫	公之孤四命	同	士	侯	隸
	二錫	公之卿三命	三命受位	上士		僚

方一百里　一錫　大夫再命　再命受服　中士　僕

方百里　九命　士一命　一命受職　下士　臺

八命　子男之卿再命

方七十里　七命　大夫一命

六命　士不命

方五十里　五命

四命

方三十里　三命

二命

方二十里　一命

三服五服九服九畿考

《周禮》有「九畿」、「九服」之文，鄭君據以立説，與博士歧而爲二。案：《康誥》言侯、甸、男、邦、采、衛，全書共五六條，皆與《周禮》同，甸在外，侯在内。《左傳》言：「昔我先王之有天下也，規方千里以爲甸服。」①與《王制》同。《周語》祭公諫穆王曰：「夫先王之制，邦内甸服，邦外侯服，侯衛賓服，蠻夷要服，戎狄荒服。」則用《禹貢》説。從三服加爲五服，乃合一州，言非全天下也，蓋王所統不過皇之一州。《周禮》有九服萬里之説，而九畿更爲萬八千里。考《禹貢》敘甸服五百里之外曰：「五百里侯服，百里采，二百里男邦，三百里諸侯；此句爲衍文。五百里綏服，三百里揆文教，二百里奮武衛；五百里要服，三百里夷，二百里蔡；五百里荒服，三百里蠻，二百里流。」合綱目觀之，共爲四綱八目。《周禮·大司馬》言九畿之制：「方千里曰國畿，其外方五百里曰侯畿，「侯」當爲「甸」。五百里白王城計之。又其外方五百里曰甸畿。「甸」當「侯」，文誤倒。又其外方五百里曰男畿，又其外方五百里曰采畿，又其外方五百里曰衛畿，又其外方五百里曰蠻畿，又其外方五百里曰夷畿，又其外方五百里曰鎮畿，又其外方五百里曰

① 案：此段引文出自《國語·周語》，非《左傳》文。

藩畿。」與《職方氏》文同，但以「服」爲「畿」。合數之，共方萬里，以較《禹貢》小目多同。《尚書·皋陶謨》「弼成五服，至於五千」，自來經師皆言王者三千里，或據《禹貢》爲五千里。故《禹貢》外四服雖有四綱八目，侯、綏、要、荒四服言服者爲綱，其下不言服者爲互見九服之文，故數四，言服之五百里不再數，不言服之二百里、三百里，合王畿爲五千里，此一定之說也。《周禮》九畿之文，實考之，實與《禹貢》小目相合。《周禮》爲三皇五帝之書，大同異於小康，乃有九服萬里之說。今以讀《禹貢》之法讀《周禮》，不但里數相同，其名目亦無不與之巧合，《周禮》之總綱「侯畿」即《禹貢》之「侯服」，《周禮》①小界之「男畿」即《禹貢》之「男邦」，《周禮》總綱之「采畿」即《禹貢》之「綏服」，《周禮》小界之「衛畿」即《禹貢》之「奮武衛」，《周禮》總綱之「蠻畿」即《禹貢》之「要服」，《大行人》「蠻」亦作「要」。《周禮》小界之「夷畿」即《禹貢》之「夷」，《周禮》總綱之「鎮畿」即《禹貢》之「荒服」，《周禮》小界之「藩畿」即《禹貢》之「蠻」。讀《周禮》之法，當總綱與總綱合數，小界與小界合數，如此則《周禮》總綱之侯、采、蠻、鎮與《禹貢》之侯、綏、要、荒同爲五千里，《周禮》小界之男、衛、夷、藩與《禹貢》之男、衛、夷、蠻亦同爲四千里。因其名目小有參差詳略，舊説歧而二之，非也。然後知萬里之説，《周禮》與《尚書》同，《周禮》乃《尚書》之傳。小帝五千里一州，爲《禹貢》五服，大帝九千里一州，爲鄒衍

① 周禮：原作「周里」，誤，今改。

所本，其目則見於《禹貢》小目也。或曰以《禹貢》子目計之，則爲四千一百里，以《周禮》子目計之，則爲四千五百里，何也？曰此有誤文，以《禹貢》綏、要、荒三服言之，皆三百里在内，二百里在外。五百里從中畫界，内三外二者，算法開方，外多於内故也。則侯服之百里采，二百里男邦，當爲三百里。采，《王制》：「千里之内曰甸，千里之外曰采，曰流。」即此采也。五字當爲衍文，以三字不當在外。又經傳以諸侯名服畿之證，男與衛對文，知男在外也。至於「男」、「甸」二字，隸書有書「男」作「甸」之體，如《左傳》「曹伯甸」當爲「曹伯男」，故或疑《康誥》「侯、甸、男、邦、采、衛」甸爲本字，男爲先師注識，言當甸爲男也。後人誤入經文，遂使「甸」字與畿内同名。《周禮》先師誤據《康誥》顛倒「侯」、「甸」二字，遂至相歧。以《康誥》合男、甸爲一，《周禮》甸、侯易正，則畿外正爲四千里，與《禹貢》無絲毫之出入也。不知九服當以《周禮》正名爲據，不可因《禹貢》改之，《大司馬》與《職方》故可以《禹貢》之文讀之，然《大行人》「其外方五百里謂之侯服，歲一見；又其外方五百里謂之甸服，二歲一見；又其外方五百里謂之男服，三歲一見；又其外方五百里謂之采服，四歲一見①；又其外方五百里謂之衛服，五歲一見；又其外方五百里謂之要服，六歲一見；九州之外謂之蕃國，世一見。」按三十年爲一世。明以服數見等次，安得合二服爲一？或又曰今合男、甸、侯服爲一，而《大行人》明云：「甸服二歲

---

① 自「又其外方五百里謂之男服」至「四歲一見」：原脱，據《周禮·秋官司寇·大行人》補。

一見」、「侯服三歲一見」，禮制既有等次，安得更合爲一？曰：《大行人》歲見之文與《周語》相似。《周語》從甸起數，當爲邦畿千里謂之甸服，歲一見，其外方五百里，二歲一見。蓋「甸服」句原在上，誤讀九服易之耳。《周語》先王之制：甸服者祭，《大行人》亦當從此起數。侯服者祀，賓服者享，要服者貢，荒服者王。日祭，月祀，時享，歲貢，終王。《大行人》之文雖與《周語》不能盡合，然由甸以推要、荒，其次序等差可考也。或又云《禹貢》言五服，《周禮》言九服、九畿。自來説《周禮》者九與五字别，故别自爲一説。今、古合一，何以解於九、五不同之故？曰：《禹貢》於一服之中畫爲二界，大綱爲四，小界爲八。《尚書》之言五服猶總綱四服，合甸數之，爲小帝五千里一州。《周禮》之言九服者合小界八服，共甸數之，爲大帝，自不害其不同也。蓋畿、服之分，大言之則畿爲方千里，小言之則服爲五百里，一定不移者。此條爲經學大疑，今爲總論其綱如此，並爲表於後以明之，所有小節出入，無關大義，别自有説。

《王制》三服，小王全。	《王制》、《孟子》皆王學，以方三千里立九州，所謂儒者九州。
《周語》五服，大王廿五州。	於王三千里外加入二服。内爲九州，外爲十二州。
《周禮》九服，九州小帝。	四帝分制各得方萬五千里，立爲九州，各得方千里。
《禹貢》五服，一州大帝。	以二萬七千里九帝分封，各立九州，方三千里，一州爲方九千里。
《周禮》九畿、九州爲皇。	《周禮》九畿之制，一畿千里，九畿九州萬八千里，外有萬二千里，合爲二十五州，共三萬里。

古之射御今變爲礮駕，既停武科，則當兼資文武。駕船翔海，既難取材，學習槍礮，俗儒猶且咤怪，故擬編《射御通禮考》一書。經傳射御即習武，祭祀、朝覲、賓客、燕享皆須命射，人人以不習不中爲恥。封國與祭，非中不能游戲，如投壺是亦兵法。故驟語西法則人以爲疑，故備引經傳射御之文，而以礮駕名物摹仿之，如《禮經》《饗射》、《大射記》、《投壺》三篇，以槍礮子藥各器各禮節翻譯之，使其可行。士大夫賓客燕會鄉飲賓興禮典與祭皆仿射禮舉行硫礮。硫礮之事譯爲「彈禮」、「弋禮」。洋海放船不易操習，先於各都會修湖池，行館會議皆在湖中，使彼此習於舟行。廣勸有力家多置船隻，陸地所行典禮可移改水濱者，皆改在舟中，使人習水，又水嬉江操泅人招募練成隊伍。《論語》學射學御，聖人以此自名，非大革創「弋禮」、「駕禮」，不能大開風氣，造就人才。今日爲此書，亦如叔孫之草朝儀，通其變，使民不倦，人盡知兵，國乃强盛。董子《爵國篇》方里之内有二十四人爲軍，方千里已二萬四千，方萬里①則二十四萬。以此推之，而兵不可勝用矣。

《列》、《莊》推尊孔子，以爲神聖，其書爲《詩》、《易》師説，學者類能言之。顧道家之言不盡莊論，設辭譏訕，遂爲世所詬病。推尋其旨，蓋一爲抉微，一爲防弊。近代古文家説孔子直如鈔胥，如書厨，墨守誦法，去聖人何啻千里？故《列》、《莊》著書不唯駁王伯，並且斥古之三

---

① 方萬里：原作「萬方里」，據文意改。

皇、五帝、伏羲、神農，且謂不同禮、不襲樂，皇且不學皇，帝且不學帝，王且不學王，伯且不學伯。皇帝皆因時立制，不可承襲，是古之真皇帝無一可學者矣。又云古之真人利澤萬世，垂法天下。蓋「元聖」、「素王」、「神人」、「至人」、「真人」皆謂六藝中之孔子。古之皇帝不可法，則所述稱皆後之皇帝，孔子所垂法，澤及萬世也。《列》、《莊》書舊説以爲孔異端，故力攻孔子。信如是，何以推崇處不亞孟、荀？讀《史記》以莊子著書以攻仲尼之徒，乃知道家果爲聖門嫡派，故推崇孔子以爲天人，曰「元聖素王」，曰「明聖神王」。見地既高，攀附愈絶，爲至聖存真去僞，凡秦漢以後儒行流弊，與師説廢墜之故，如燭照，如指數。故寄寓古人，非敢斥孔，特爲僞學法，如公孫弘之曲學阿世，古文家以孔子爲述，故有芻狗、糟粕、陳迹等説。須知凡其所指，皆非實指孔子，如不能逃其指斥，則亦不足以爲孔子。舉後人附會誤解，倡言訶絶諸依託，以見聖道之尊嚴，聖門有《列》、《莊》而後道尊。或曰：何以見非攻？曰：柳跖與孔子不同時，童稚所知者也，編中極稱盜跖之辭，非所謂寓言乎？且以見後來僞學，其人品雖盜賊且羞與爲伍，故爲聖門防弊，唯《列》、《莊》最嚴，竟以負託全責諸孔子，甚至「詩書發冢」、「盜亦有道」，亦藉事發揮。此書之作，其亦《列》、《莊》遺意與！是在讀者之善悟耳。

康作《僞經考》，古文之僞在説不在經。當日立此名，非不知其非，實以爲非駭俗驚世不足以立名，又依託四益以爲藏身之固，竊人之説以要世名，亦熱中躁進之一端。或云改爲《舊學真經考》，則人不攻。朝四暮三，比非其倫。渠意謗之所至，名亦隨之，方以受謗爲得計，是非得失所不暇計。歸重孔子之學，得其書而後天下震動，群焉歸心至聖。漸悟古文之非嬴秦閏紫，只足爲驅除。其説粗豪狂恣，然盜見主人，自爾帖伏。其説流弊雖大，得此册以駁正之，義輪一出，霧障自銷，以視《翼教叢編》，不可同年而語。主持名教者，不可不深思熟計之。

樂山帥秉鈞鎮華《答亞東折箌室主人書》云：「當作《闢劉篇》時，以十二證删駁《周禮》與今學違反諸條，南皮張尚書、富順宋檢討累以爲言，而四益持之益堅，幾至以干戈從事。辛卯以後從事《詩》、《易》，已多新解。戊戌因用小球大球以説《周禮》，乃知《大行人》九服以内之九州即大九州。九九得方千里者八十一，即鄒衍海外九州之所祖。《外史》①『三皇五帝之書』而不及王伯，《職方》②由四夷以及四海。鄭注以地中爲萬五千里，地三萬里，四游浮沉。祀地有二：一崑崙，地中之神；一中國，赤縣神州之神。由是據《大行人》、《職方》兩九州之神爲帝小皇大。一書中兼二統，所謂小司馬以「小」名官者，即《商頌》之小共、小球，主五帝分方之小九州。所謂大司馬以「大」名官，即《商頌》之大共、大球，主《大司徒》、《大行人》之千里一服大九州，與《詩》、《易》禮制相同。鄒衍方三千里之大九州，乃五帝分司五極之事，大於《王制》八倍，而小於皇者

---

① 外史：原作「内史」，據《周禮・春官宗伯・外史》改。

② 職方：原作「地官」，誤。據《周禮・夏官司馬・職方氏》：「職方掌天下之圖，以掌天下之地，辨其邦國、都鄙、四夷、八蠻、七閩、九貉、五戎、六狄之人民。」鄭玄注：「九夷、八蠻、六戎、五狄，謂之四海。」

五倍者也。於是乃知今、古之分，一爲王伯，一爲皇帝，一爲禹方千里之九州，一爲方二千里、方三千里、方四千里、方五千里、方六千里之大九州。凡《周禮》與《王制》不合者，皆爲海外大九州大統之制。求之經而《詩》、《易》合，而《戴記》、《左》、《國》合，求之子而《莊》、《列》是其專家。由是而全書悉皆化朽腐爲神奇，求之博士說，而所謂五極、五神、四海、皇帝諸說，未嘗不足以相證。由是削去今、古名目，以帝、王分之。以今、古不並立，分屬帝、王，則不相妨而相濟，於是刊《地球新義》，並編《四益館自著百種書目解題》。蓋自此中、外之分，帝、王之別，所有群經傳記各得依歸，再無矛盾，永絶鬭爭。三十年之功成於一旦，此豈非所謂大變者乎？大著爲之說曰：『欲廖氏之大變，虛存此說，不能定其必能變。』變亦不能必如此之大而美也。蜀中同學於去冬刊成《百種書目》，乃大著登報亦在此時，萬里之遠，不約而同。此事至大，非精誠之相通，則鬼神之先後，嗚呼盛矣！足下所疑諸條，四方賢達亦嘗馳告，前後大旨相同。說經之書，原欲與端人正士誦法聖人，推求至道。至於僉壬巧佞，因緣爲奸，防不勝防，蓋其生性險惡，有以肆其毒，不發於此，則發於彼，堯、舜、湯、武、周公、孔子已所不免，何況今人？至於微言大義，但當以意逆志，求其至當。如必苛刻推求，且以邪惡衍說，則雖聖經賢傳，夫誰能免？《孟子》曰『如以辭而已矣』，是『周無餘民』。誤解《詩》意且不可，何況以奸邪讒諂之德行之。即如素王改制二字，董、何言之甚詳，若謂以孔子爲素王，藉改制以亂法，在董、何當亦所不計。至於著述小有語病，是在讀者之善說經解，設辭附會，皆不足爲古人咎。四益用心之精深博大，非淺學所能窺，故海内唯香帥、曲園乃深相引重。乃通合三《傳》，則曲園以爲疑；發明皇帝，香帥意有未饜者。則以吾師飛行絶迹，又加以堅苦卓絶，當其説未圓徹時，雖及門叩請，師必不從；一旦貫通，則風發泉湧，精思妙解，迥出塵埃，每數日間而每況愈上，諸多非初心所及料。士别三日，刮目相待，師與香帥相别十年之久，間有所呈，略而未詳，非盡閲其書，面析疑難，何能周悉？未明其説，數日之前，吾師亦且自疑，又何疑於香帥？香帥寄語，欲師用退筆，足下則云『望其大變』。凡師所折定，雖淺近如《今古學考》中各條，海内名宿雖各有所疑，然終無以相易。唯師則大刀闊斧，彈指改觀，解鈴繫鈴，足下知之最深，固非外人所能言。在吾子亦借是以發其難，固明知無所加損於吾師，而急欲其自辨。海内學人讀吾師書者日以千百計，諸多囿於《今古學考》，欲求觀書多、相知深，則唯足下，此吾輩所以不能已於言。去年，《井研藝文志》彙收師論述百四五十種，分屬子姓及門，爲廖學之小成，合觀其全，乃知高厚迥出言思擬議之外，古之鄒衍、江公非其敵也，何論餘子。其書有抽印本，吾子試求而讀之，益知吾言之不足以盡之也。近來續有新作，在《縣志》外，擬别編《縣志》未收書目提要。又《縣志》本以篇幅過重，多從删節。將來擬合新目全文，重編《廖氏書目提要》。一日千里，敻乎莫及，吾固不識其止境之所在也。天下談廖學，虛爲推崇，不足爲榮，痛加詆訕，不足爲辱。所難者同志之士集首一堂，妙緒徐行，無舊非新，想亦足下所切願，何日得償此志乎？」

周易類

周易類目録

易生行譜例言

廖平　撰
楊世文　校點

校點説明

據光緒《井研縣志·藝文志一》，光緒十九年癸巳（一八九三），廖平在九峰書院著有《易類生行譜》二卷，爲四益易學之初階。其書不用京氏八宫法，每卦内三爻爲生，外三爻爲行，一卦生三，故八。别生二十四子息，八和生二十四子息。外卦則皆一人行。三人行於内爲客，故曰「有不速之客三人來」。因取《左氏》一爻變之例，每卦六變爻，每爻爲一卦，又六變合爲三十六卦。因編爲圖，縱横往復，悉有條理。每卦一圖，由一圖以推三十六圖，其辭説不下十數萬言，皆關於《易》中義例。但《生行譜》十數萬言今均不存，惟現存《例言》一篇。民國四年成都存古書局刊本；民國五年（一九一六）成都《國學薈編》第三、四期刊載。今據《六譯館叢書》本整理。

目録

井研縣藝文志

光緒《井研志·藝文志一·易類》：《生行譜》二卷。廖平撰。考平癸巳於九峰先成此書，爲四益易學之初階。其書不用京氏八宮法，每卦内三爻爲生，外三爻爲行，一卦生三，故八别生二十四子息，八和生二十四子息。按，此説與張心言同。外卦則皆一人行。三人行於内爲客，故曰「有不速之客三人來」。因取《左氏》一爻變之例，每卦六變爻，每爻爲一卦，又六變合爲三十六卦。因編爲圖，縱横往復，悉有條理。按：此圖與包氏《皇極經世緒言》偶同。每卦一圖，由一圖以推三十六圖，其辭説不下十數萬言，皆關於《易》中義例，迥非先後天圖畫徒勞筆札之可比。

易生行譜例言

一、生行不同

《大傳》云：「居而觀者，易之序也。」是無文字之先，別有要義。舊説生卦者皆草率粗野，堆垛分合，近於兒戲，求之經傳，毫無依據。按易孳乳相生，宗支長少，最爲森嚴。經有祖妣、婚構①之名，傳有父母、男女之説。考一卦生三子，三子生九孫，一圖三十六：內卦主生孫九，孫客九；外卦客生九孫，又客九卦。生之謂易，本謂所生九卦也。「憧憧往來」，即謂爲客之二十四卦也。又易由下生上，周譜旁行斜上，本法於易。今《史記》改爲由上而下，不可解矣。分三十六卦爲四隅，以四聲名之。去九卦爲孫，入九卦爲孫中客，上九卦爲客中孫，平九卦爲客中客。此指下行譜而言，合生與行，爲生行圖譜。

一、爻變

卦變之説，後儒多有異議，以無依據，近於附會故也。考乾變三女，初巽，二離，三兑。坤變三男，初震，二坎，三艮。上下相應，變則兩爻俱變。圖中兩隅相同之三卦，即古旁通之實。

① 婚構：當作「婚媾」。《周易·屯·六二》：「屯如邅如，乘馬班如。匪寇，婚媾。」

據一卦由三卦合成，變之三卦，而往來三十六變，父子孫相生，出於經文爻變。自來講卦變與旁通者，皆杜撰肊測。今取每卦六爻變出之卦，由子生孫，合之祖父，成大衍之數，祖孫昭穆，支派分明。今卦爲一圖，共六十四圖。先圖後書，取合古法，經文多由此取義，相得益彰，易道思過半矣。此君子居則觀象之功，在文字先者也。

一、一卦生三卦

就祖宗而論，似乎每卦皆合三卦二爻而成，皆變三卦二爻而往。乾初、四震，二、五坎，三、上艮，由三男陽爻而成。變則初、四巽，二、五離，三、上兑，由三女陰爻而往。坤卦仿此。中以奇耦分昭穆，如八正卦所統之二十四身卦，必取昭，奇卦三卦六爻而成變之六子，則又奇卦。祖孫同昭穆，而六子之三十六孫又爲穆，與本身之祖同。但經只云一卦生三卦，今訂爲一卦生内三卦。外三卦爲客來，非本卦之外三爻變也。内爲兄弟，外爲朋友，外三爻，下卦之三卦，於本卦已爲孫矣。此本卦正體也。

一、純錯宗朋

諸卦相生之例，卦變以外無專書，此如數典忘祖，子孫繁衍，而譜帙不修，非敬宗收族之義。今考八宫及方圖，三世與八正卦相比，考諸卦變爻，昭穆攸分，辨别最嚴。緣因經卦訂爲二宗，正者乾坤六子，負者泰否六子。乾坤各生三卦，皆一陽五陰，一陰五陽。取三變爻合爲泰否六子，各生三卦，取三變爻變爲損、益、咸、恒、二濟。負卦八卦内爻三變成錯，又合爲正八純卦。皆三陽三陰。泰否如乾坤，共生六卦，四陽二陰，四陰二陽。咸、恒、損、益、既濟、未濟各生三卦，共成二十四卦，正朋皆爲三十二卦。凡宮卦變皆以一爻變爲例，以示限制。朋變爲正，正變爲負，如環無端。陽變陰、陰變陽爲正，陽變陽、陰變陰爲負。此皆諸卦自然而生，諸爻明文朗載，編纂而成，毫無加損。至於正卦三人行往負卦，負卦三人行往正卦，三人行損一人，考之譜中，明如指掌。今訂純卦所統爲純，錯卦所統爲錯，内卦三人爲宗卦，外卦三人爲朋卦。

一、六爻内外分應二卦

一卦六爻，以一爻變而言，八純卦當生四十八卦，而生卦只二十四，故生卦專取内卦三爻。内三卦爲同姓，爲兄弟，外卦三爻皆從別卦而來，爲僚壻，爲賓客。故二十四卦兩見，一爲本身，一爲行往。行往者，皆以三卦一爻獨行，至彼卦分居三爻，爲一人行得友。今考身卦圖譜，每卦必見祖宗，分内外，一卦有二卦之用，故二十四可作四十八卦之用。如漸二巽、五艮，歸妹二震、五兑，是漸内屬巽、外屬艮，歸妹内屬震、外屬兑。爻變自有明文，又考父於某爻生某卦，其子卦生孫即於其爻見祖之體。故二十四身分内外以配八祖宗，半爲子孫，半爲賓客也。

一、卦爻以彙

祖宗所生身卦又自以類分，此如既別姓氏，又論宗支。六爻之中，以二五生在二者往必五。爲貴，三上生三者往必上。次之，初四生初爻，往必四。又次之。又自分門別户，自相儕偶。如乾坤坎離四正卦，二爻所生之四卦，皆往五爻。大有、比、師、同人最爲尊貴，專言諸侯會同，助祭征伐連縱。震、艮、巽、兑四長少卦，二變之四卦皆往五爻，爲隨、蠱、漸、歸妹。漸言君臣，蠱言父子，隨言兄弟，歸妹言夫婦。四正卦言制度，四朋卦言倫常。泰、否、兩濟二爻所生之頤、大過、中孚、小過，以明時中正直。咸、恒、損、益二生之需、訟、晉、明夷，往必五爻。則教養賞罰之事。又四四一十六卦爲一宗，乾、坤、巽、震初爻生四卦往必在四。小畜、復、豫、姤。小畜養，豫封建，與姤、復以明治亂之機。坎、離、艮、兑之初爻四卦往必四。生旅、賁、節、困四卦。四卦取錫命，旅爲旗，賁爲車馬，困爲衣服，節爲符印。乾、坤、艮、兑之三爻生夬、履、剥、謙往必上。四卦。專詳守盈保泰治亂之機。坎、離、震、巽之三爻所生噬嗑、豐、井、涣往必上。四卦。豐言授時，井言九州建牧，噬嗑燕享，涣言號令。否、泰、恒、益初爻所生大壯、升、无妄、觀。四卦休隆，大壯陽盛，升乃上升，无妄即觀爲行迪，觀風無羊。兩濟、咸、損初爻生革、蹇、蒙、睽。四卦皆有艱難之意，蹇爲跛，睽爲眇。泰、否、咸、損三爻生萃、遯、大畜、明夷。萃、大畜隆盛，遯、明夷休四。兩濟、恒、益三爻生屯、家人、鼎、解。四卦屯言芽萌，家人齊家，鼎養，解赦罪。其大綱如此，其中又兼有別義，不能一端而盡。

一、身卦六爻引申首卦二爻

十六首卦生四十八身。祖宗如經，身卦如傳。祖宗爲總綱，身卦爲節目。祖宗如典謨，身卦則分其事以爲一篇。如乾、坤生六卦之三爻，乾坤六爻如經，而所生六身卦專以發揮乾、坤內三爻。如復卦專詳潛龍之勿用，姤以詳履霜之堅冰。坤三爻爲謙，乾九三「君子終日乾乾」，謙卦内三爻專以明乾九三爻辭。乾之六爻辭乃陽方生，坤之六爻乃陰方生，故二卦當反觀乃得。乾九五爲離專卦，二爻變乾。乾九五「飛龍在天，利見大人」專詳離卦之義。故《文言》詳離之炎上，以見飛龍在天，皆離之性情也。正卦四十八爻，二十四身卦分應之。内外生成行往宜詳推之。每一身卦又變還祖宗二爻，以明其例。祖宗爲綱，身卦爲目，一爻爲三爻所化，三爻又一爻還原，亦「三人行則損一人」之意。

一、二首六身屬比

《春秋》屬辭比事，《易》簡略，尤賴屬比以見意。觀此上下前後糾連，無一相同之局，而彼此出入大旨相彙。蓋不同則非簡之道，不異則失精微之旨。同則極其同，異則極其異，非合而考之，不見屬比之例。經本次序，別有精義，而屬比之迹，學者昧於求之。今別爲編次一卷，以八卦爲綱，一宗卦統三身卦，二首六身。如乾爲首，統姤、同人、履；否爲首，統无妄、訟、遯。凡天在内外卦者聚於一處，以考其往來相比之迹，其文義多略於此，詳於彼，互文相起，諸例皆以顯著。《左傳》之説，亥有二首六身，乃《易》之爲説，而乾坤生六子，亦二首六身之説也。

一、六爻變往別卦

一卦六爻，人所知也，六爻又往別卦見本卦名，合之本卦，共十二爻辭。《左傳》歸妹上九之睽，兼引睽上九之歸妹，所謂「睽弧」、「先張之弧」是也。又復言「同復于父，敬如君」，則所指蠱卦所變之復卦一爻，非指本卦而言，足見本卦、外卦，古法並重。如乾初爲姤，而姤初即乾，二同人，而同人二即乾，三履，而履三即乾，四小畜，而小畜之四即乾，五、上大有、夬，而大有、夬之五、上即乾。一卦六爻往六卦，各依爻次而見，一毫不紊。此一卦有居六爻、行六爻，而一爻自與六卦交涉，諸爻本卦所略者，占法則於往卦詳之，彼此互文相起，故不嫌其脱缺，即圖證經，文義多由此出。舊説節外生枝，由此可以删削，而一爻所以來往六卦者，以其義與外卦相交也。又《左傳》引本傳多及變爻，如歸妹之睽，引睽之歸妹，言復引明夷之復，可見古法彼此同重也。

一、宗支長少

譜帙之學，以宗支長少分房爲要，即禮之嫡庶與伯仲叔季之説也。生行譜之於卦，亦如人之宗譜。今考每卦六子，分長、中、少。内卦長、二、三，外卦四、五、六，於受氏分支之爻，必見祖卦之名，以定長少，而三十六孫亦分六房，各按其次見祖卦之名，分支别派，必見祖宗相應。又單卦三爻，重卦六爻，長占一、四，中占二、五，少占三、六。如乾變三女，姤、小畜合爲巽，同人、大有合爲離，履、夬合爲兑。此數術分房，長應一四七，少應三六九，中應二五八之義也。編爲譜帙，明白顯易，妙合自然，此固天地妙義。

一、昏禮外男内女

《易》男外女内爲定位。以乾坤而言，外爲夫，内爲婦。婦統於夫，用夫之名，所以乾坤各生三卦也。此專以内外分夫婦，不再計男女。乾坤合爲父母，分而言之，則各立家室，所生六子各爲一家。又以内外分男女，此草昧之初，禮儀不備之世也。至於六子二十四身，則可知辨姓。内外卦不同，立爲二十四姓，分别内外男女，此春秋以前之制也。至於負卦，昏禮乃嚴，以外卦爲綱，著夫家之姓，夫爲妻綱也。内卦必取與外卦錯者，男女辨姓，以異遠爲主，恐其近於同族也。取正卦之錯體以相嫁娶，齊大非耦，門户相當之説也。乾以内女嫁坤成否，坤以女嫁乾成泰，三男以女嫁三女，三女以女嫁三男成咸、恒、損、益、二濟。推之二十四卦皆然。此三十二負卦外取正、内取正之錯，此男女辨姓，夫婦之大例也。諸卦之言婚媾，皆從此取義焉。

一、京氏八宫之誤

八卦變六十四卦，莫古於京氏，八宫之説，皆由此出。《易緯》亦有其義。自漢至今，言八卦統宗者，莫能外焉，其實非也。今考其一世八卦，豫、賁、節、姤、復、旅、小畜、困，爲正八卦初、四兩爻所生。五世之八卦井、履、剥、豐、夬、涣、噬嗑、謙，爲正八卦之三、上二爻所生。所稱歸魂八卦隨、漸、師、大有、比、同人、蠱、歸妹，爲正八卦之二、五兩爻所生。三世之八卦恒、損、既濟、否、泰、未濟、益、咸，爲錯，負卦之父母六子。所稱游魂之八卦大過、中孚、明夷、晉、需、訟、頤、小過，爲負卦之二、五爻所生。二世之八卦解、大畜、屯、遯、臨、鼎、家人、萃，爲負卦之初、四二爻所生。所稱四世之八卦升、睽、觀、萃、大壯、蒙、无妄、蹇，爲負卦上、三二爻所生。按六十四爲八八乘數，説者動以爲一卦生八卦。京氏不求經傳，私以己意，用乘法以堆垛，編爲八宫，閉户造車，近於兒戲。今考《説卦》乾生三男，坤生三女，是一卦只生三卦。自經下六爻變六卦，蓋重三爲六，仍是一卦生三之義。經傳有生三、生六之明證，絶無一卦生八卦之説，其誤一也。

考身卦六爻分應兩卦，一卦爲兩卦所生，四十八身卦當爲九十六。京氏僅據卦名，屬之一卦所生，其誤二也。又經下六爻變六卦，合之本卦皆爲一爻變，京氏所列有從二爻變至五爻者，經無其例，其誤三也。卦分正負，各以父母生六子，二十四身卦，六子爲父母所生，泰否爲錯卦自成之卦，不由乾坤而生。其六子由泰否而生，亦不由正卦六子所生。經下爻變，明證具在，京氏混而同之，其誤四也。又每卦二、五爻居中，最爲尊貴。京氏以正卦之二、五爻爲歸魂，負卦之二、五爻爲游魂。考歸魂、遊魂乃神游六虚之説，並非重卦名號。二、五爻其六卦，《大傳》既以歸魂、遊魂名之，餘卦之名何以不見？以二、五尊貴之卦列之於末，強以歸魂、遊魂目之，其誤五也。又諸卦祖父子孫、同姓異姓、宗支長幼，界畫甚嚴，觀其次序，君子樂觀，不必繫辭，易道已著。京氏僅卦畫強爲連貫，致使天倫次序，無復可尋文字之先名義，其誤六也。又卦分正負三十二，祖宗一卦，明生三卦，暗爲六卦。祖宗爲身卦之總綱，身卦爲祖宗之傳説，天然互見，相得益彰，合璧連珠，無待繁説。自京氏八宫之説盛行，先入爲主，雖經文明著，不復推尋，易道晦蝕，職此之由，其誤七也。又考正負身卦四十八，分内外爲九十六，其名皆見於祖宗九十六爻之下。至正身卦每卦六爻，見負卦祖宗二爻，又身卦四爻，負卦六爻，見正卦祖宗二爻，正身四爻，彼此往來，絲毫不亂。又每卦本卦六爻，往别卦六爻，合爲十二爻。其往别卦六爻，依六爻次序，見本卦名目，參伍錯綜，以成變化之妙，全經綱領，其在於此。使非京氏八宫之説煬灶，則其義已顯著。且推衍京氏説者造爲飛符、納甲、世應、六親等説，支外生支，誤中生誤，全於經學無關，其誤八也。又諸卦孳生統屬，當於經傳中細心推考。其京氏舍經立説，後來如邵子先天圖，各就己意排纂八卦爲六十四卦，甚至造爲一卦變六十四卦，與焦氏六爻之上又重六爻爲四千零九十六卦，其誤九也。按《大傳》：「兩儀生四象，四象生八卦。」所謂兩儀，陰陽也，四象，爲天地生物，所謂仰觀俯察，近取遠取是也。先有天地，而後萬物生，仍是乾坤生六子之説。京氏八宫以六子與乾坤並列，有如弟兄，乾坤不生六子，六子亦不由乾坤而生，故後來説者以兩儀爲奇耦二畫，四象爲老陰、少陰、少陽①四畫，六子之身與乾坤同等，六子統於陰陽，不統於乾坤，其誤十也。總之，説經當就經文傳例細爲推詳，亦如測天必憑實據。京氏之説，以推搛之法排比諸卦，小慧可觀，致遠則泥矣。

一②、十有八變而成卦

卜筮之法，十八變而成卦。此譜每卦十有八變而往，十有八變而還，合爲三十六卦。十八爲群經要例。《詩》之十五《國風》，參之三《頌》爲十八。《易》之乾坤合十八。六三坤乘數，乾九倍數，皆十八。凡上下經綜卦皆十八，此圖亦取十八之倍數也。又考圖三十六卦，本卦六見，餘皆删除。本卦外三十卦合爲十五卦，是《詩·國風》之數。《春秋》之二伯、八伯、一王後、三卒正、一附庸，亦爲十五，合本卦十六，參之本卦六爻，爲二十二。故一圖除重複，爲二十二卦，三圖，而《易》之卦全見也。

一③、二首四身

二首六身爲八卦變卦之法，而一卦六爻又有二首四身之法。祖宗卦雖爻中無首卦，然其列於卦中，每卦二爻，是仍爲二首四身也。每卦内外各一首，以一統二。凡看爻辭，皆以卦變

---

① 「少陽」前當有「老陽」二字。
② 一：原無，據前文例補。
③ 一：原無，據前文例補。

首卦爲主。

一①、行龍支脈

經以乾六爻爲龍，言入穴出穴，又言左股右肱。今以《葬書》之法説此圖。一圖三十六變，合之本卦六爻，爲七七四十九。大衍之用四十九，取此義。以脈絡支幹言之，則每一爻爲一節，每一節皆開支護衛，而本卦從中而行，如《葬書》之龍行支帳斷落，本卦爲穴脈，餘卦爲護沙，初爻初度，六爻而山窮水盡。有祖宗，有餘氣，二、五爲正穴，三、四亦爲正穴，左右護送，卦名全同。此自然之妙，非人力所能到也。

一、歸盡經文

諸卦脈絡，就此圖考之，子孫各奉祖父之一爻，以自立門户。乾之六爻，内卦三爻，姤、同人、履，用乾三卦爲生。外三卦小畜、大有、夬爲三客。三客之外卦，用乾外三爻，姤、同人、履往外卦，則往巽之四、離之五、兑之上。此乾六爻六卦分十二卦以應經文者也。坤仿此。離爲主，用離彖辭内三爻應旅、大有、噬嗑之内卦，外三爻應賁、同人、豐之外卦。此離彖六爻之分也。旅、同人、噬嗑各自爲主，用離三爻爲主，而加以本卦之彖辭所有六爻之卦，則自用本卦之六爻辭，每卦圖用身卦之六爻。以下三十六卦統於六爻，而六爻繫於六卦，則又以變還祖

① 一：原無，據前文例補。

卦者爲主。如旅初離，離初還旅，二鼎，鼎二還旅，三晉，晉三還旅。其爻辭於還原之卦，以卦六爻當分應六卦也。

一①、三人行則損一人，一人行則得其友。得臣無家

損上九言「得臣無家」，與三得友相起。漢儒引此説，以帝王化家爲國，以天下爲家，二卦來爲之臣，得友即得臣。損上臨，臨爲主卦，爲獨行，師、復往歸之，爲得友，因其賓主多爲君臣，故得臣無家，即此以發「得」之義。一人獨往爲君，義爲一朋。十六卦合爲三十二朋，一朋三卦，循環無端。如乾内卦姤、同人、履爲一朋，小畜、大有、夬爲一朋。正朋往負卦，負朋往正卦，一朋三往，輪次爲首。如朋卦除泰、否以外，乾在内者三卦，在外者三卦。乾内卦之朋往否卦，乾在外三卦；外卦之朋往乾，在内之三卦。行必相連，故曰三人行。舉乾爲例，諸卦皆同。所謂「損一人」者，三卦三次往外，按長、中、少之次，必有一卦内卦與所往内卦相錯，不能變爲此卦。三卦之中損去一卦不用，長即損長，中即損中，少即損少，故曰「三人行，則損一人」。師卦爲主，所行二卦爲從。如王者出，二公從，與一君二民之説相似。如謙爲坤内少局，謙爲主，泰之内爻三卦明夷、升來臨不來臨是也。臨爲泰少局，正卦坤、復、師、謙往附之。謙以内艮與臨内澤相錯，不用，謙損臨、臨損謙是也。所謂「一人行則得其友」者，謂三人同往，一人

① 一：原無，據前文例補。

見收納，則必自立門户，而正朋相對，所行之二卦同聲相應，必相倚附奉以爲主，彼此往來，各成一局。同行者爲臣，獨行者爲君。如坤内三卦復、師、謙三卦同行往泰、臨，謙以内錯見損，而自立門户。臨卦同行之升、明夷，以聲氣之共，附往之謙，一人獨行，自爲主，而得升、明夷之友，所謂「方以類聚，物以群分」也。易之獨行、同行、得朋、喪朋，皆取此例。正往負、負往正，獨行爲君，同行爲臣，爲君者一，同行者二，諸卦皆然，按之圖譜，瞭如指掌。

一①、正負名義

六十四卦，正負各得其半。正之祖父八卦皆純體，負之祖父八卦内外相錯。正八卦孤陰孤陽，所統二十四身卦陰陽配合，奇耦皆不可稱，名之曰正，取其與負卦相對而已。負卦爲首八卦之母，男女内外相錯，所生二十四卦孤陰孤陽。經有「得朋」、「係朋」之文，名之曰朋，取其祖父卦與正卦相併耳。

一②、往來

乾坤各生六子，六子生四十八爻，合乾坤二爻成子卦，合六子，二爻不能下生。所有錯卦，專以往來而成卦。使無往來，則易卦盡於八卦而已。天地定位，風雷相薄，山澤通氣，水

① 一：原無，據前文例補。
② 一：原無，據前文例補。

父母二爻外，與六子自相推蕩，不能自卦。以六子爲宗，六爻各生一卦，自當就所生之卦爲說。合以内三爻三卦屬之六子，以合三輔一之制，三六十八，合之乾坤爲二十四卦，負卦同。凡百十二官，百十二女，皆用此法以相配。故六爻仍有以三起數之法也。

一、身卦伏兄弟鄰朋

祖宗卦十六，六爻惟見所生卦。至於身卦，每卦二爻見父，四卦見子，承先啟後，繼往開來，一定之例也。不知六爻之中既伏三身卦自相往來，一身三卦來，一身又往三卦。以身卦比魯，上承天子二伯，下統率正連帥，而自與平等之相往來。如姤之初四小畜、二五旅、三上困，復之初四豫、二五節、三上賁，伏潛爻中，不見明文，與飛伏之説相同。以正二十四卦論，上承乾、坤八卦，下統負身二十四卦，伏正二十三身卦。以身卦論，上承泰、否八卦，下統正身二十四卦，伏交負身二十三卦。惟其伏藏，故不見身卦自相往來明文。此又按之圖譜，如指諸掌者也。

一①、上下行

卦經由下生上，萬物本乎地，由地上生，草木之類皆上行，故六爻自下而上。周譜用此法，故史云旁行斜上也。今故爲上行，但卦行有順逆，親上親下，爲《易》大例，此說久已蒙蝕。

① 一：原無，據前文例補。

今於此譜兼用上下、順逆二體，以顯明其例。乾、離、震、巽四卦上行，以天屬也。坤、艮、兑、坎下行，以地屬也。否、未濟、恒、益上行，天屬也。泰、既濟、咸、損下行，地屬也。今分上下爲二，上天屬，上行，下地屬，下行，正負八卦相比見例，同聚一處，而後比屬之例大顯也。

一①、主客内外

凡卦以内三爻爲主，外三爻爲客。内爲自生，外爲行來。内爲同宗共祖，骨肉之親；外爲鄰里朋黨，結交之卦。祖宗内三爻，一人獨往各卦之外爻，正負往來，則三人同行，内者常在内，外者常在外。無内往外、外來内之事，則變爻之分畫最嚴。要之自然合矩，並非造作於其間，亦如天不言，四時行，百物生，然其既成之後，爲之推考其迹，各有所以然之故。其説如此。又諸卦内爻易明，外爻難記。今别爲一表以明之，然後知身卦四十八卦内外分别最嚴，無一相混者也。

一②、同聲相應，同氣相求

此以上下例爲主。天之屬從天，地之屬從地。離炎上從天，水流下從地。家人爲二卦同從上，同志同心；睽一上一下，志不同。諸凡言情性、好心志之説，皆以此爲宗主。其中又以

① 一：原無，據前文例補。
② 一：原無，據前文例補。

陰應陽、陽應陰爲主，變通交互，往來不窮。若同類相見，則以水濟水，以火濟火，其道窮矣。

一①、不速之客三人來

《損》言「三人行則損一人」，是客指二人言，無所謂三人也。而《需》言「不速之客三人來」者，蓋《損》明卦例，指六爻而言，《需》明爻例，指内外三爻之卦而言。考六爻六卦，内外十二單卦，一卦十二卦，而變者六卦，不負者六卦。内三爻三重卦，内卦變外卦静；外卦三爻三重卦，外卦變而内卦静。内不動之外三卦即外本體，外内三不動之卦即内卦本體。如水天需内三卦井、既濟、節，下卦多巽、離、兑，而外卦之三坎不動。外三卦夬、泰、小畜，上卦變兑、坤、巽，而下之三乾不動。十二卦半静半動，半居半行，動静剛柔之義也。内三卦不動之坎，謂外卦之來内者；外不動之三乾，即内之往於外者也。需上所謂不速之三客，即指由内至外不變之三乾言者。内卦上行，外卦下行，内外各自爲主人，有彼此往來之義。外爲主，故以内往外者爲客。「不速」，即謂不變動也。需爲坎、乾二卦，在需，其動静如此，其在别卦亦如此。八卦之變，亦莫不如此。此謂全經内外卦發例，非僅爲需卦而説也。

一②、得喪遇亡

① 一：原無，據前文例補。
② 一：原無，據前文例補。

《易》言得失存亡，非空説其理，皆就卦變實象言之。如三人同行，如三卦相連，本有之物也。因變往別卦，限於爻内，有所去取，遂爲喪亡，本非所有之物。卦變出其爻，遂爲得遇。所有遇而得妻朋之喪、車得輿獲取，舊説以有無立例，《春秋》得獲例，即此例也。

一①、鳴鶴在陰，其子和之

鶴鳴在二，二爲陰，正中美善之位。陰居六二，所謂「止於至善」，九五在外和之。陰以二爲中，五爲和；陽以五爲中，二爲和。《中庸》「喜怒哀樂之未發謂之中」，謂陽五陰二；「發而皆中節謂之和」，則陰之五、陽之二也。和與利通。「利者義之和」，經之利皆由和出。元爲本，利爲用，元利即中和也。

一②、一卦周流六爻

一卦，本卦六爻往別卦者。六爻在内者三爻，在外者三爻，各依其次。祖父與子孫卦皆同。祖父卦全見於子孫，如乾、坤各生六卦，六卦於其分支受姓之爻則還見祖宗卦名。如姤爲初爻見乾，同人二爻見乾，履爲三爻見乾，小畜四爻見乾，大有五爻見乾，夬上爻見乾。「周流六虚」，如大乙下行九宮之法。至於升卦，則爲祖父卦見二爻，其四爻則弟兄。三人同行，

---

① 一：原無，據前文例補。

② 一：原無，據前文例補。

見於所朋之卦。如正卦往①，負卦往正，一卦三爻，三朋所往之卦，一爻迴避，明見者二，以祖父一爻補之或三。内外合爲六，全經共三百八十四爻，一卦見六爻而數，《大傳》所謂「周流六虚」是也。

一②、一卦自爲祖孫例

按一卦六爻變，舊説輪班遍次如算子。今以八負卦推之，知外卦爲根，必不可變，而一卦之中有父有子，有祖有孫，由始反終，祖孫同氣，祖之子、孫之父二見焉。在内爲子，在外爲父。以乾而論，外三卦爲主，内生三女，此内變外不變之説也。至於外卦例，三女各生一孫，長女初變爲乾，中女二變爲乾，三女三變爲乾。外三卦爲三女，生欲還原。三女外不變，而乾爲三女内變，亦如内卦之兩三爻，皆變外卦，乃外卦來居，非本卦之變，固爲客。正卦之例皆如此。至於身卦，仍以上卦爲姓，生三男，以内卦爲孫，所生三卦不必同於所來三卦，合二卦而成，不必同也。

一、重卦外爲主

重卦以外卦爲主。外卦爲姓氏，内卦爲其小名。如乾八以在外之乾爲主，重卦乾生姤、

① 「往」後當脱一「負」字。
② 一：原無，據前文例補。

同人、履三卦，合三變爻爲否，否又生大壯、訟、遯三卦，合三變爻爲重乾，周而復始，二綱六目，合爲八卦，亦似乾、坤之生六子。餘卦仿此。故但觀外卦，即知所統屬。陽見陰、陰變陽爲正。男變男、女變女者爲負。一卦正生三卦，負生三卦。一正首，一負首，故變卦以三爲斷。凡在下之卦，皆爲變出之卦。如子孫支庶，繁衍孳乳，而姓氏則百世不改，一望而知。總六十四卦，其姓氏十六而已。

四益易説

廖平 撰
楊世文 校點

校點説明

此書申論「三易」原旨流别，首論「三易」之説出于《周禮》，自劉歆以來，説《易》者皆以文周作經，孔子作傳。「三易」之説，疵病百出。《十翼》出於孔子。自歐陽以下，疑者數十家。東漢之初，古文家但云「文王作《易》」，馬、陸又添出周公。考《禮運》云「商得乾坤」，是孔子所得之《易》出於商，非文王作。又論《繫辭》，引《史記》稱《繫辭》爲《易大傳》，與《春秋大傳》、《尚書大傳》等相同。既係「大傳」，必不以經爲文王作。廖平認爲《繫辭》爲孔子弟子作，其例與《論語》相似。又論六十四卦之卦名意義，認爲自來諸説紛錯，群言混淆。諸卦名義先不能定，經何以明？欲考定經文，當以編定次序爲第一義，如屯、蒙取草昧初開，王道萌芽；臨、觀爲天子巡守，臨行觀風問俗；謙爲周公制禮作樂等。其説溯源窮流，新而有據。《續修四庫全書總目提要・經部・易類》云：「按氏疏解各經，均以整理舊説，發揮新義爲主。抉隱探微，以經證經，雖間有妄誕，大皆宏博精深，誠清季通儒也。」民國五年（一九一六）《國學薈編》第一期刊載。民國七年成都存古書局刊本收入《六譯館叢書》，今據此本整理。

目録

四益易説

「三易」之説出於《周禮》。自劉歆以來，説《易》者皆以文周作經，孔子作傳。「三易」之説，疵病百出。十翼即《易傳》別名。出於孔子，自歐陽公以下疑者數十家。東漢之初，古文家但云文王作《易》，馬、陸又添出周公。考《禮運》云「商得坤乾」，是孔子所得之《易》出於商，孔子繙爲乾坤，乃別爲經。非文王作明也。且治經以本經爲主，《繫辭》言伏羲畫卦，文義詳明。伏羲，天神蒼龍之精，天星所作皆爲神物，此不過言易卦出於自然，乃天象，非此卦果出自伏羲，但以畫卦論，繡工織女所優爲。使《易》爲文王、周公所作，則當有明白陳説。今考《繫辭》三言作《易》，皆以爲殷人，與《禮運》相合。又言其人當文王與紂之時，則決非文王、周公所作。《左傳》所稱，當以《易象》爲正文。至於《周禮》「周」字乃「普匝」名詞，不必爲姬氏國號。今據本經、《大傳》與《禮運》，定《易》爲殷人所創，其姓名不傳。莊子言「孔子翻①十二經」，又云以《易》、《春秋》、《詩》、《書》説老子。西漢以上諸書皆以六經爲孔子作，既定此義，乃知《易經》所有經文多指《春秋》實事，不但箕子明夷爲文王以後之事。故先儒説《易》，多以周公、孔子立説，此爲古義。如《韓詩外傳》以《謙

① 翻：據《莊子·天道篇》，應作「繙」。

卦》六爻全主周公，六爻分屬六事，最爲精確。乾龍素履，《史記》文王作《易》兩見，而文義可疑，以與各篇雜録《書序》相同。《史記》多後人纂補之語，細爲推考，其義自見。總之，聖作賢述，孔子必不能以經師自居。至諸經皆作，不應以《易》爲述。《左》、《國》以諸經皆出孔子前，别有特義。若果出於文王、周公，與西漢以前之説皆不合。今以本傳、《禮記》爲據，列考諸説，破綻顯露。《童子問》論雖似創，理實平常。不然，則必如朱子之説，分伏羲、文王、周公、孔子，一國三公，已不知所從，況四聖乎？

又《史記》稱《繫辭》爲《易大傳》，便與《春秋大傳》、《尚書大傳》、《喪服大傳》相同。既稱《繫辭》爲「大傳」，必不以經爲文王作，明矣。況《繫辭》中引「子曰」，又有引「子曰」以爲斷者。如：「子曰：『易有四道焉，此之謂也①。』」必非孔子自作語。蓋有「子曰」者，爲引孔子爲證；無「子曰」者，乃先師自傳文。

《大傳》之下，「十翼」之解，舊説皆誤。如《文言》二條，何以備數？《説卦》尤爲術家之言。蓋「十翼」與「十朋」對，「十朋之龜」爲《頤卦》，「十翼之鳥」爲《小過》，皆統上下經而言，非十種書名。説詳《頤卦》。爲先師相傳授受之師説，非一人所爲，尤非一時之作。其中有彼此矛盾者，有自相訓解者，有一條重見者，有空言敷衍毫無發明者。中有七十子及先秦以前先師所傳與漢人所補録舊説，乃以爲孔子作，無怪

① 此句蓋節引《繫辭上》，原文爲：「子曰『易有聖人之道四焉』者，此之謂也。」

歐陽公以下疑之者多。以《乾卦》而論，此孔子作傳，則一夔已足，何爲重複至於五六見？此蓋五六先師所說，記者類紀之耳。《易》師說不止附經而行之，數家如《大戴禮》之《易本命》、《本命》二篇，皆說《易》，劉子政引之，稱爲《易大傳》。《禮記》之《中庸》、《昏義》皆爲《易》說。又《乾卦·文言》九二「飛龍在天」，見於《繫辭》引之爲說。六爻今只見一爻，所亡佚者多也。又《左傳》所引傳說多在今本之外，如「困于棘藜，不見其妻」，所引傳與今本體例相同。蓋古者經少傳多，《易》之經文不過五千字，經師傳說當十百倍於此。今就《戴記》、《左傳》、《國語》與《易緯》等書所集《易》說，其文較多於附經之傳，惟其爲先師所傳，故有多少重複訓解之不同，如孔子一人之書，其例何得如此也？

考《繫辭》爲弟子所作，其例與《論語》相似，或以爲非孔子不能作。使孔子自纂，不得爲殷人，亦不應自引己說而加以贊歎之詞。以賢述論，《論語》亦得爲經，要不可以爲孔子自作。從東漢至今，治《易》者於作經述傳之人皆失之，無怪其不能通也。《繫辭》及《禮運》數語，爲經翻案之本，一字千金，真有鬼神呵護者也。

上下經六十四卦次序，爲全經宏綱巨領，爲《易經》第一大例。上下經之分，《易緯》有詳說。諸卦之次序，先儒無一定解。《序卦》所言，頗似二徐《説文敘傳》，附會牽強，不足以壓服人心。考《大傳》「履者，德之基也」一節，單提九卦，自來講家皆不得其義，不知此記上下經分段之古説也。此段出於七十子。《序卦》乃漢儒後説，故孟喜别有《序卦》行於世。上經《履》、

《謙》、《復》三卦合《乾》、《坤》，下經《恒》、《損》、《困》、《井》、《巽》分爲四段。上經言帝王事，如《詩》之《三頌》、《大雅》；下經言諸侯，如《詩》之《國風》、《小雅》。上經數往，由天地草昧以至元聖素王，各段分治，篇末《頤》、《大過》、《坎》、《離》四錯卦仿《尚書》末四篇二《誓》、《命》、《刑》。下經是二伯、方伯兼大夫、四夷與王官出使之事。上經爲王畿，下經爲八州、十二州、侯、綏、要、荒，並可推之大九州，天覆地載，莫不尊親。綜之以《小過》、《中孚》、《既濟》、《未濟》四卦。在上經爲四岳，四錯卦，在下經爲四夷，二《濟》、《中孚》，即孔子乘桴浮海之意。

卦有順逆、上下之分，乃舊説，有爻之升降，若形之順逆，以爲每六爻皆自下而上，内爲來，外爲往。不知天卦上行，地卦下行，長卦上行，少卦下行，内卦上行，外卦下行。以親上親下而論，坎、離居中，亦分升降，此上下之分也。震、巽二長，初得乾、坤之體，與兑、艮二少，三得乾、坤之體，少、長各以受氣分支之爻爲主。長者由下而上，少者自上而下，此理易明，知與重卦亦分上下。試以乾、坤、坎、離内外考之，在内者先變後居，在外者先居後變，反復不衰，内外如一。迨諸卦皆兩卦相綜，《乾》、《坤》、《坎》、《離》、《頤》、《大過》、《中孚》、《小過》，内外自相綜。考之圖譜，明如指掌，得不顛内外易形乎？《謙》主往來之卦，初、三、四、上，同言來往。《需卦》上爻三人來，舊説不知此義，遂以爲上不可言來，惟錯卦言此以示義。

又元、亨、利、貞，《乾·彖辭》單言此四字，不別生異語。《文言》曰：「君子行此四德者，故曰：乾，元、亨、利、貞。」是惟《乾卦》四字皆全，故其説如此。《乾》能有此四德，諸卦豈能與

《乾》相提並論？考經本四字連文者，外有六卦之多。以《彖傳》考之，六卦或言「大亨以貞」、「大亨以正」，「大」猶可以「元」字釋之。至於「利」字，六卦傳皆無明文。如「屯，元亨利貞」，四字之外，再出「利」字，可知當日經本非四字連文全見。雖《左傳》説《隨卦》四字連文，然傳本據《乾·文言》立説。據經下《彖》言，無「利」字，其證已明。《左傳》之説《隨》曰「元亨利貞」，乃就乾四德以説，所引之文與今本《乾卦·文言》相同。後師據《左傳》有「利」字於《隨卦》，遂補録「利」字耳。四字爲全經綱領，據傳以定經，惟《乾卦》獨全四德。先定此義，然後可以推説後師於六卦皆補「利」字，遂以四德爲諸卦所同有。故四字之義，從漢至今無一定説，必先據傳删去六卦「利」字，然後依經推考，經義乃可互明。

諸卦名義見於傳説，或一或二，考其文辭，多不相應。一説正八卦爲元，老陰。老陰所生廿四卦爲亨，陰陽交媾。負八卦爲利，半陰。半陰所生二十四卦爲貞，孤陰孤陽，互相起伏，循環無端。近人以音義推之，一卦遂至七八説不等。如《湘潭易説》每以爻辭二字連文，讀爲別解。今由諸卦而成，諸卦名義先不能定，經何以明？考之諸説紛錯，是爲巨難，群言淆亂，無所折中。今考定經文，以上下經編定次序爲第一義。如《屯》、《蒙》取草昧初開，王道萌芽。《臨》、《觀》爲天子巡守，臨行觀風問俗。《謙》爲周公制禮作樂。以此推之，爲定解。至於六爻爻辭，則多由變出之卦取義。六爻既變六卦，故其義不同。然則定諸卦之名義，宜專就諸卦彖辭，不得拘其爻辭。以爻辭多非本義，猶《春秋》之義以中外爲綱，《詩》之《國風》以南北立界，中外之分，華夷別焉。考《春秋》與《國風》皆雍、冀、兖、青、豫爲中國，荆、徐、梁、揚爲夷狄。《後天圖》即古之《方位圖》也，乾在雍，坎在冀，艮在兖，震在青，一服三男主二岳，華夏之寓焉。兑在梁，離在荆，巽在徐，三女所地皆在夷狄。貴陽賤陰，男女之分，即華夷之辨。考州有九而卦只八，不能分配。坤主西南，不立州。坤土色黄，今蓋以坤統豫州，與乾合爲兩京。父母相配，東西通畿。乾在雍爲元，坤在豫爲華，以兩京統八伯。揚與徐同在東南，今蓋以巽兼統之。《論語》「少師陽、擊磬襄入於海」，海主徐、揚二州，二人同行一路，即以巽兼統徐、揚之義也。

由一卦六爻變六卦，《左傳》不稱九六，單舉變卦之義。如「《乾》之《姤》」、「《乾》之《大有》」諸爻是也。後人刊定經本，亦有標出諸卦名目者，謂其煩贖，無人推其義例。不知此爲《易》中要義，苟能細心推考，真義可發，誤説可删。惜乎二千餘年，無人與其事，遂致《易》説沈晦。先儒之不就此中推考者，非以爲無關要領，即以爲難耳。不知一卦六爻，父母十六卦生内三爻，共爲四十八卦，外三爻四十八卦，爲客行來。至於四十八身卦本卦六爻爲二三人同來。本卦之義詳於彖，爻辭則多詳客義，而本卦有往之六爻，爲周流六虚。且往别爻之卦，多爲本卦實義。故《左傳》「《歸妹》之《困》」，皆引「《睽》之《歸妹》」爻辭，十①元王乃《復》之三

① 十：此字疑有誤。

爻。「明夷於南狩，得其大首，不可貞吉①」，所以示「南征，得大首」。後人不明此義，乃以爲出於《連山》、《歸藏》。《左傳》所引傳本多與今本不同，較今本最爲詳明。今各條細爲推考，添出新義數十條，於易學最有大功，此其一也。蓋一卦變往別卦者，由初而二、而三、而四、而五、而上，各爲類辭，諸卦皆同。六十四卦各往六爻，並爲三百九十二爻。在《左傳》多引變出之爻爲説，此《易》所當急爲表章者也。

古人重龜輕筮，經乃用筮，不用龜，此一大疑也。案《易》以《頤》爲主，《頤》象龜，得五十之數，與《論語》合者也。《頤》䷚分爲五，合爲十，象頤，又象龜，所謂「舍爾靈龜，觀我朵頤」，即空言垂法俟後，非述古。二、五爻兩見經字，所謂「丘頤」，即「上我朵頤」，頤與易音近，義不易爲易，即頤反後不衰之説。經言「十朋之龜」者再。上經言三十卦爲三十朋之龜，下經三十四卦又爲三十朋。推震、艮、巽、兑亦可變爲五十朋。所有六十四卦共爲八龜，名雖爲筮，而龜義亦寓其中。以五十求之則爲龜，以上下經合之爲八十朋。蓋就上經《頤》言曰「十朋之龜」，就下經②《小過》飛鳥言之，則爲十鳥之翼䷽。小過即頤之變體。所謂顛覆。一爲飛鳥，一爲靈龜，一上一下，《易》之全經可稱爲十翼，亦可稱爲十朋。明乎十翼即十朋，於易道思過半

① 貞吉：《易・明夷・九三》作「疾貞」。

② 經：原脱，據上下文意補。

矣。

《易》上經十八，下經十八，合爲三十六宫。來氏以下頗多明之。十八者，九之二，六之三，乾坤之合，數十有八變而成卦。不用《易學啟蒙》筮卦説。蓋三爻卦以六乘之，合爲十八，故三爻之卦如三千里之九州，一倍重之爲《周易》①。周流六虚，如方六千里，立九州，每州方二千里，三倍之爲十二爻卦，如《焦氏易林》，爲萬二千里，爲《歸藏》。五帝之五極，方萬二千里，立九州，每州方四千里，六倍之則爲十有八爻，如《周禮》九服，爲《連山》，爲皇九州之方萬八千里，以六千里爲一州，建方正位，體國經野，有層次差别，故易象亦如之。九州以方三千里爲起點，推其極至於萬八千里。易卦由三爻起首，推之《周禮》六變，一倍。《歸藏》十二變，二倍。《連内》②十有八變，五倍。與封州度地之事相合。此《易》之大綱也。《易林》不止六十四卦，此三易，《周禮》舊説同爲六十四卦，與《易林》不同。

---

① 周易：據下文「推之《周禮》六變」，上文「三千里之九州，一倍重之」等語，疑爲「周禮」之訛。

② 連内：據上下文，疑爲「連山」。「内」爲「山」形近而訛。

易經古本

廖平　撰
楊世文　校點

校點説明

《易經古本》創始光緒十九年癸巳（一八九三），成于二十四年戊戌（一八九八），經數年之久，義例始定。廖平認爲《易經》古本非反復繫辭，則上下無常、剛柔相易之道不能顯明，失《易》周流不居之旨，故著此書以推演之。先引《繫辭》「《易》之爲書也」三節、「《易》之興也」二節、「書不盡言」二節，以爲序例。次以乾、坤、坎、離、頤、中孚、大過、小過等八錯卦，皆以三爻反復爲六爻，一卦自爲一圖。其餘屯、蒙、需、訟等五十六綜卦，則六爻反復繫辭，二卦合爲一圖，共計三十六圖。上經十八，下經十八，以符六六二九之數。末又將乾、坤等八錯卦分立八圖，以見八卦自綜之義，又合爲四圖，以見連反錯綜之法。廖平用此諸圖，以説明六十四卦所以反易、不易、變易及錯綜諸義。《續修四庫全書總目提要·經部·易類》云：「惟前儒所謂《易经古本》者，皆指如《漢志》十二篇之舊第而言，未嘗謂此錯綜諸圖，便足以當古本之名也。是廖氏此書，立名即屬未當，又其謂合上下經諸卦，有順逆兩讀，而每卦又有順逆兩讀之法。上經主内，順行，每卦由初而上，舊讀不誤；下經逆行，主外，每卦當由上初而下云云。按此説昔儒所無，亦無甚確切之義據，則未免故爲新説以矜奇立異矣！」《國學薈編》民國三年（一九一四）第一、三、五、七期，民國四年（一九一五）第二期連載，收入《六譯館叢書》，今據此本整理。

井研縣藝文志

《易經古本》一卷，附《十翼傳》二卷，廖平編。考《易》以反易、變易爲主，《大傳》云：「《易》之爲書也，變動不居，周游六虛，上下無常，剛柔相易。」平因用其例，編爲反復繫辭之本。其書用《大傳》「《易》之爲書也」三節，「《易》之興也」二節，「書不盡言」二節，爲序例。錯卦八，乾、坤、坎、離、頤、中孚、大過、小過。以三爻反復爲六爻，一卦自爲一圖。長少父母八卦子息三十二卦，則六爻反復繫辭，二卦合爲一圖。所謂「盍朋」、此初彼上、此剛彼柔，即所謂損益合中、矯枉過正也。亦錯亦綜八卦，八中卦則各自爲圖如錯卦，但仍合爲一圖。一順一逆，不取裁成之義，至於震、艮、巽、兑、咸、恒、損、益八卦爲長少父母，亦猶長少之例。共計三十六圖：上經十八，下經十八，以符六六、二九之數。十翼則分爲二卷，仿吳氏《纂言》之例，略有審訂。其於義例有關者，間加案語。創始癸巳，成於戊戌，經數年之久，義例始定。體例雖新，然於經文初無變亂，反復相對，各成一解，或即「知者謂知、仁者謂仁」之義歟！

易經古本序例

《易》之爲書也不讀爲丕，大也。以泰否爲亨，由小推大。可遠，《論語》：小道可觀，致遠則泥。《尚書》、《春秋》王伯之道，不可致遠。惟《易》、《詩》皇帝之法，乃以致遠，遠則大。爲道也屢遷。「利用爲依遷國」。《易》以亨貞、居行二義爲大綱，此專詳亨變通之義。經曰「復自道」，又「有孚在道」。變動「生生之謂易」。由乾坤生六子，由八貞變八和，由十六生四十八，由六十四以生行三百九十二爻，皆亨道變化。不居，居貞動敏，不變則八卦、六十四卦盡之矣。周游一爻變爲《周易》，每卦六爻，一變合爲周游六虛圖，六十四卦故有三百九十二位。莊子所謂「神游六合之内」、「六合之外」。六虛，乘六龍以御天，六虛以配六合。上下初下六上，内下外上。無常，此卦之初於彼爲上，彼卦之初於此爲上。按，天下事變非一端可盡，中外不同。以中國論古之皇帝王伯，亦有道德仁義之不同。必知其无常，乃不敢執一定之見。《論語》之不言、不笑、不取，即有常。剛柔初、三、五爲剛，二、四、六爲柔。相易，反覆繫辭，此二、四、上於彼爲初、三、五，此初、三、五於彼爲二、四、上，故曰「相易」。按：易之名即由反覆繫辭而定。經曰「喪羊于易」。〇按：非古本反覆繫辭，則無常相易之道不能顯明，失易周游不居之旨矣。不可爲典要，「仁者見之謂之仁，知者見之謂之知」。按易以亨爲變通，變通即孔子之「時中」，《中孚》之「或鼓或罷，或泣或歌」，《孟子》：「子莫執中。執中無權，猶執一也。」中國之法不能執以治海外，所以貴於通變。唯變所適。禮曰從宜、從俗，此道家因時變化之説，《六家指要①》詳矣。其出入《剥》、《復》主出入。「三人行」爲出，「客三人來」爲入。以度，度，度量。无有不變，似變極矣，而變之中有不變者存，或出或入，「同聲相應，同氣相求」，不可度量計數。外内外出内入，二字即貞𠧪②，文皆從卜。使知懼，「懼以終始」。按：「懼」即《詩》之「戰兢」。卦變通似可徑情恣行，不可百變，中有一定之則，六爻六位不同，少縱則失，非知之精、行之慎，未有不失。又明於憂患。「憂患」即上文「懼」。故「故」即典常，天下變故。无有師保，《詩》「不諫亦入，無射亦保」。如臨无有如臨无言之本。无父母師保，不啻如臨懼之主也。父母。每一變如臨一事變，少縱則失當。一卦則有應爲之事，故知行之間，憂勤之至。初率其辭其曲小，初不得其方向，由辭揆方，即驗小推大也。而揆其方，其稱名也小，其取類也大。其旨遠，其辭文，其言曲而中，其事肆而隱。既有典常，初無典要，終成典常，如《詩》之制度。苟非其人，古之皇帝，百世以下聖人。道不虚行。未至百世，無徵不信，故曰「百世以俟聖人而不惑」。百世之後，莫之能違。

《易》之爲書也，原始要終專以知來。以爲質也。謂中卦彼此。六爻相雜，「分陰分陽，迭用柔剛」。唯其時物也。以時言有六者之分，以物言之亦分六種。其初難知，初爻。其上易知，上爻。本末也。二爻不中爲勿用。初辭擬之，卒成之終。初上爲大，過大不及。若夫雜物撰德，辨是與非，二、五、三、四，其中不

① 六家指要：據《史記・太史公自序》，當作「六家要指」。

② 𠧪：原作「敏」，據文意改。

同。則非其中爻二、五別卦中，三、四合卦中。不備。易①亦要存亡吉凶，則居可知矣。知者觀其彖辭，彖爲居，與行對。則思過半矣。《易》與《詩》同爲「思」，同爲「知來」。二別中。與四合中。同功皆中。而異位，別、合不同。其善不同，二多譽，內近。四多懼，外遠。近也。謂二。柔之爲道，不利遠者，故四懼。其要三、四。无咎，无妄。其用初、上爲勿用。柔中也。二、四皆得爲中。三和中。與五別中。同功而異位，三多凶，五多功，貴賤之等也。五貴，三賤。其柔危，其剛勝耶？內外柔勝，遠外則剛勝，此二即彼五，此三即彼四。

《易》之爲書也，廣大悉備，即丕字之義，廣大又遠也。有天道焉，三又上，乾主天，本天親上，巽、震從之。有人道焉，二又五人道，中，坎、離從之。有地道焉，初又四，坤主地，本地親下，艮、兑從之。兼三才而兩之，三才即三統。《詩》三頌②，素、青、黄，兩之重卦，外內之懼。故六。故六爻曰「周游六虚」，內三爲貞爲入，外三爲敏爲出。內主居貞，外主動敏。六者非他也，外三非由外鑠，仍自內生。三才之道也。「昔者聖人之作《易》也。將以順性命之理，是以立天之道曰陰與陽，立地之道曰柔與剛，立人之道曰仁與義。兼三才而兩之，故易六畫而成卦。分陰分陽，迭用柔剛，故易六位而成章。」

《易》之興也，其於中古乎？謂殷乎者，疑辭。《禮記》：「商得坤乾。」作《易》者，其有憂患乎？其稱

① 易：據《繫辭下》，當作「噫」。

② 頌：或爲「頌」之訛。

名也雜而不越，于稽其類，其衰世之意邪？《易》之興也，其當殷之末世，與「商得坤乾」合。周之盛德邪？當文王與紂之事邪？二「邪」疑詞。是故其辭危，危者使平，「無往不復」。易者使傾，「無平不陂」。其道甚大，泰否。百物不廢。懼以終始，初、上與二、五。其要三、四。无咎，无咎即無①无涯无彊。此之謂易之道也。

子曰：子，孔子。「書《易》文字。不盡言，猶《詩》之辭。言不盡意。」「意」猶「志」，孟子論《詩》「不以辭害意」，言拘古文傳。然則聖人孔子。之意其不可見乎？二句，弟子據傳問辭。志、意在文辭書言之外，望文生訓，拘文牽義，均非是。子曰：此「子」乃後師，非孔子。「聖人立象天象，日月星辰。以盡意，志在百世，不可預言。欲言地球，必託于日月星辰，以天象比地形。設卦六十四卦。以盡情僞，各卦盡其變。繫辭焉彖爻下文字爲繫辭，非謂今《繫辭》。今《繫辭》爲《易大傳》。以盡其言，言、辭一也。變而通之魂魄變化。以盡利，西主利。鼓之舞之以盡神。東主神。」

① 無：疑衍。

易經古本

䷁坤（用六）見群龍无首，吉。

䷀乾　乾，元亨利貞。

䷫姤（初九）潛龍勿用。

夬（上九）亢龍有悔。

䷌同人（九二）見龍在田，利見大人。

大有（九五）飛龍在天，利見上人。①

䷉履（九三）君子終日乾乾，夕惕若，厲，无咎。

小畜（九四）或躍在淵，无咎。

① 上人：《乾》九五作「大人」。

䷀乾用九利永貞。

䷁坤 坤，元亨，利牝馬之貞。君子有攸往。先迷，後得主，利西南得朋，東北喪朋，安貞，吉。

䷗復初六履霜，堅冰至。

䷖剝上六龍戰于野，其血玄黃。

䷆師六二直、方、大，不習，无不利。

䷇比六五黃裳，元吉。

䷎謙六三含章可貞，或從王事，无成有終。

䷏豫六四括囊，无咎，无譽。

䷂屯　元亨利貞，勿用，有攸往，利建侯。

䷇比初九磐桓，利居貞，利建侯。

䷻節六二屯如，邅如，乘馬班如。匪寇，婚媾。女子貞，不字，十年乃字。

䷾既濟六三即鹿無虞，惟入于林中。君子幾，不如舍，往，吝。

䷐隨六四乘馬班如，求婚媾，往，吉，无不利。

䷗復九五屯其膏，小貞吉，大貞凶。

䷩益上六乘馬班如，泣血漣如。

䷃蒙　蒙，亨。匪我求童蒙，童蒙求我。初筮告，再三瀆，瀆則不告。利貞。

䷨損初六發蒙，利用刑人，用説桎梏，以往，吝。

䷖剥九二包蒙，吉。納婦吉，子克家。

䷑蠱六三勿用取女。見金夫，不有躬，无攸利。

䷿未濟六四困蒙，吝。

䷺涣六五童蒙，吉。

䷆師上九擊蒙，不利爲寇，利禦寇。

䷄需　需，有孚，光亨，貞吉，利涉大川。

䷯井初九需于郊，利用恒，无咎。

䷾既濟九二需于沙，小有言，終吉。

䷻節九三需于泥，致寇至。

䷪夬六四需于血，出自穴。

䷊泰九五需于酒食，貞吉。

䷈小畜上六入于穴，有不速之客三人來，敬之，終吉。

䷅訟　訟，有孚窒惕，中吉，終凶。利見大人，不利涉大川。

䷉履初六不永所事，小有言，終吉。

䷋否九二不克訟，歸而逋其邑人三百户，无眚。

䷫姤六三食舊德，貞厲，終吉。或從王事，无成。

䷺渙九四不克訟，復即命渝，安貞，吉。

䷿未濟九五訟，元吉。

䷮困上九或錫之鞶帶，終朝三褫之。

師　貞，丈人吉，无咎。

臨初六師出以律，否臧，凶。

坤九二在師中，吉，无咎。王三錫命。

升六三師或輿尸，凶。

解六四師左次，无咎。

坎六五田有禽，利執言，无咎。長子帥師，弟子輿尸，貞凶。

蒙上六人君有命，開國承家，小人勿用。

比　吉。原筮，元永貞，无咎。不寧方來，後夫凶。

屯初六有孚比之，无咎。有孚盈缶，終來有它，吉。

坎六二比之自内，貞吉。

蹇六三比之匪人。

萃六四外比之，貞吉。

坤六五顯比，王用三驅，失前禽，邑人不誠，吉。

觀上六比之无首，凶。

小畜 亨。密雲不雨，自我西郊。

巽初九復自道，何其咎，吉。

兌上九視履考祥，其旋元吉。

家人九二牽復，吉。

睽九五夬履，貞厲。

中孚九三輿説輻，夫妻反目。

中孚九四履虎尾，愬愬，終吉。

乾六四有孚，血去惕出，无咎。

乾六三眇能視，跛能履。履虎尾，咥人，凶。武人爲于大君。

大畜九五有孚攣如，富以其鄰。

无妄九二履道坦坦，幽人貞，吉。

需上九既雨既處，尚德載婦，貞厲。月幾望，君子征凶。

訟初九素履，往，无咎。

履 履虎尾，不咥人，亨。

泰　小往大來，吉，亨。

升初九拔茅茹，以其彙，征吉。

明夷九二包荒，用馮河，不遐遺，朋亡。得尚于中行。

臨九三无平不陂，无往不復，艱貞，无咎。勿恤其孚于食，有福。

大壯六四翩翩，不富以其鄰，不戒以孚。

需六五帝乙歸妹，以祉，元吉。

大畜上六城復于隍，勿用師。自邑告命，貞吝。

否　否之匪人，不利君子貞，大往小來。

无妄初六拔茅茹，以其彙，貞吉，亨。

訟六二包承，小人吉，大人否，亨。

遯六三包羞。

觀九四有命，无咎，疇離祉。

晉九五休否，大人吉。其亡其亡，繫于苞桑。

萃上九傾否，先否後喜。

䷌同人　同人于野，亨，利涉大川，利君子貞。

䷠遯初九同人于門，无咎。

䷡大壯上九自天祐之，吉，无不利。

䷀乾六二同人于宗，吝。

䷀乾九五厥孚交如，威如，吉。

䷘无妄九三伏戎于莽，升其高陵，三歲不興。

䷙大畜九四匪其彭，无咎。

䷤家人九四乘其墉，弗克攻，吉。

䷥睽九三公用亨于天子，小人弗克。

䷝離六五同人，先號咷而後笑，大師克相遇。

䷝離九二大車以載，有攸往，无咎。

䷰革上九同人于郊，无悔。

䷱鼎初九无交害，匪咎，艱則无咎。

䷍大有　大有，元亨。

䷎謙　謙亨，君子有終。

䷣明夷初六謙謙君子，用涉大川，吉。

䷭升六二明謙，貞吉。

䷁坤九三勞謙，君子有終，吉。

䷽小過九四无不利，撝謙。

䷦蹇六五不富以其鄰，利用侵伐，无不利。

䷳艮上六鳴謙，利用行師，征邑國。

䷏豫　豫，利建侯、行師。

䷲震初六鳴豫，凶。

䷧解六二介于石，不終日，貞吉。

䷽小過六三盱豫悔，遲有悔。

䷁坤九四由豫，大有得。勿疑，朋盍簪。

䷬萃六五貞疾，恒不死。

䷢晉上六冥豫，成有渝，无咎。

隨 元、亨、利、貞，无咎。

萃初九 官有渝，貞吉。出門交有功。

兌六二 係小子，失丈夫。

革六三 係丈夫，失小子，隨有求得，利居貞。

屯九四 隨有獲，貞凶。有孚在道，以明，何咎。

震九五 孚于嘉言。

无妄上六 拘係之，乃從維之。王用享于西山。

蠱 元亨，利涉大川。先甲三日，後甲三日。

大畜初六 幹父之蠱，有子考，无咎，厲，終吉。

艮九二 幹母之蠱，不可貞。

蒙六三 幹父之蠱，小有悔，无大咎。

鼎六四 裕父之蠱，往見吝。

巽六五 幹父之蠱，用譽。

升上九 不事王侯，高尚其事。

䷒臨　臨，元亨利貞，至于八月有凶。

䷆師初九咸臨，貞吉。

䷗復九二咸臨，吉，无不利。

䷊泰六三甘臨，无攸利，既憂之，无咎。

䷵歸妹九四至臨，无咎。

䷻節六五知臨，大君之宜，吉。

䷨損九六敦臨，吉，无咎。

䷇比上六觀其生，君子无咎。

䷖剝六五觀我生，君子无咎。

䷋否六四觀國之光，利用賓于王。

䷴漸六三觀我生，進退。

䷺渙六二闚觀，利女貞。

䷩益初六童觀，小人无咎，君子吝。

䷓觀　觀盥而不薦，有孚顒若。

噬嗑 噬嗑，亨，利用獄。

晉初九屨校滅趾，无咎。

睽六二噬膚滅鼻，无咎。

離六三噬腊肉，遇毒，小吝，无咎。

頤九四噬乾胏，得金矢，利艱貞，吉。

无妄六五噬乾肉，得黃金，貞厲，无咎。

震上九何校滅耳，凶。

賁 賁，亨，小利有攸往。

艮初九賁其趾，舍車而徒。

小畜六二賁其須。

頤九三賁如濡如，永貞吉。

離六四賁如皤如，白馬翰如。匪寇，婚媾。

家人六五賁于②丘園，束①帛戔戔。

明夷上九白賁，无咎，上得志也。

---

① 束：原作「東」，據《賁》六五改。

② 于：原作「如」，據《賁》六五改。

䷖剥　剥，不利有攸往。

䷚頤初六剥牀以足，蔑貞凶。

䷂屯六二剥牀以辨，蔑貞凶。

䷳艮六三剥之，无咎。

䷢晉六四剥牀以膚，凶。

䷓觀六五貫魚以宮人寵，无不利。

䷁坤上九碩果不食，君子得輿，小人剥廬。

䷗復　復，亨。出入无疾，朋來无咎。反復其道，七日來復，利有攸往。

䷁坤初九不遠復，无祇悔，元吉。

䷒臨六二休復，吉。

䷣明夷六三頻復，厲，无咎。

䷲震六四中行，獨復。

䷂屯六五敦復，无悔。

䷚頤上六迷復，凶，有災眚。用行師，終有大敗，以其國君凶，至于十年，不克征。

䷘无妄 元亨，利貞，其匪正，有眚，不利有攸往。

䷋否 初九 无妄，往吉。

䷊泰 上九 何天之衢，亨。

䷉履 六二 不耕穫，不菑畬，則利有攸往。

䷈小畜 九五 豶豕之牙，吉。

䷌同人 六三 无妄之災，或繫之牛，行人之得，邑人之災。

䷍大有 童牛之牿，元吉。

䷩益 九四 可貞，无咎。

䷨損 九三 良馬逐，利艱貞。曰①閑輿衛，利有攸往。

䷔噬嗑 六五 无妄之疾，勿藥，有喜。

䷕賁 九二 輿說輹。

䷐隨 上九 无妄，行有眚，无攸利。

䷑蠱 初九 有厲，利已。

䷙大畜 大畜，利貞。不家食，吉，利涉大川。

① 曰：原作「日」，據《大畜》九三改。

䷚頤　頤，貞吉。觀頤，自求口實。

䷖剝初九舍爾靈龜，觀我朵頤，凶。

䷗復上九由頤，厲吉，利涉大川。

䷨損六二顛頤，拂經于丘頤，征凶。

䷩益六五拂經，居貞吉，不可涉大川。

䷕賁六三拂頤，貞凶。十年勿用，无攸利。

䷔噬嗑六四顛頤，吉。虎視眈眈，其欲逐逐，无咎。

䷛大過，棟橈，利有攸往，亨。

䷪夬初六藉用白茅，无咎。

姤上六過涉滅頂，凶，无咎。

䷞咸九二枯楊生稊，老夫得其女妻，无不利。

恒九五枯楊生華，老婦得其士夫，无咎，无譽。

䷮困九三棟橈，凶。

井九四棟隆，吉，有它吝。

䷜坎　習坎，有孚維心，亨，行有尚。

䷻節初六習坎，入于坎窞，凶。䷺渙上六係用徽纆，寘于叢棘，三歲不得，凶。

䷇比九二坎有險，求小得。䷆師九五坎不盈，祇既平，无咎。

䷯井六三來之坎坎，險且枕，入于坎窞，勿用。䷮困六四樽酒簋貳，用缶，納約自牖。

䷝離　利貞，亨。畜牝牛，吉。

䷷旅初九履錯然，敬之，无咎。䷶豐上九王用出征，有嘉折首，獲匪其醜，无咎。

䷍大有六二黃離，元吉。䷌同人六五出涕沱若，戚嗟若，吉。

䷔噬嗑九二日昃之離，不鼓缶而歌，則大耋之嗟，凶。䷕賁九四突如其來如，焚如，死如，棄如。

䷞咸　咸亨，利貞。取女，吉。

䷰革初六咸其拇。　䷱鼎上六振恒，凶。

䷛大過六二咸其腓，凶，居吉。　䷛大過六五恒其德，貞婦人吉，夫子凶。

䷬萃九三咸其股，執其隨，往吝。　䷭升九四田无禽。

䷦蹇九四貞吉，悔亡。憧憧往來，朋從爾思。　䷧解九三不恒其德，或承之羞，貞吝。

䷽小過九五咸其脢，无咎。　䷽小過九二悔亡。

䷠遯上六咸其輔頰舌。　䷡大壯初六浚恒，貞凶，无攸利。

䷟恒　恒亨，无咎，利貞，利有攸往。

䷠遯　遯，亨，小利貞。

䷌同人初六遯尾，厲，勿用有攸往。

䷍大有上六羝羊觸藩，不能退①不能遂，无攸利，艱則吉。

䷫姤九二執之用黄牛之革，莫之勝説。

䷪夬六五喪羊于易，无悔。

䷋否九三係遯，有疾，厲。畜臣妾，吉。

䷊泰九四貞吉，悔亡。藩決不羸，壯于大輿之輹。

䷴漸九四好遯，君子吉，小人否。

䷡大壯九三小人用壯，君子用罔，貞厲。羝羊觸藩，羸其角。

䷷旅九五嘉遯，貞吉。

䷶豐九二貞吉。

䷞咸上九肥遯，无不利。

䷟恒初九壯于趾，征凶，有孚。

䷡大壯　大壯，利貞。

---

① 不能退：三字原脱，據《大壯》上六補。

䷢晉　晉康侯用錫馬蕃庶，晝日三接。

䷔噬嗑初六晉如，摧如，貞吉。罔孚，裕，无咎。

䷿未濟六二晉如，愁如，貞吉。受兹介福，于其王母。

䷷旅六三衆允，悔亡。

䷖剝九四晉如鼫鼠，貞厲。

䷋否六五悔亡，失得勿恤，往吉，无不利。

䷏豫上九晉其角，維用伐邑，厲，吉，无咎，貞吝。

䷕賁上六不明晦，初登于天，後入于地。

䷾既濟六五箕子之明夷，利貞。

䷶豐六四入①于左腹，獲明夷之心，于出門庭。

䷗復九三明夷于南狩，得其大首，不可疾貞。

䷊泰六二明夷，夷于左股，用拯馬壯，吉。

䷎謙初九明夷于飛，垂其翼，君子于行，三日不食。有攸往，主人有言。

䷣明夷　明夷，利艱貞。

① 入：原作「人」，據《明夷》六四改。

䷤家人　家人，利女貞。

䷴漸初九閑有家，悔亡。

䷈小畜六二无攸遂，在中饋，貞吉。

䷘无妄九三家人嗃嗃，悔，厲，吉。婦子嘻嘻，終吝。

䷌同人六四富家大吉。

䷕賁九五王假有家，勿恤，吉。

䷾既濟上九有孚威如，終吉。

䷥睽　小事吉。

䷿未濟初九悔亡。喪馬勿逐，自復。見惡人，无咎。

䷔噬嗑九二遇主于巷，无咎。

䷍大有六三見輿曳，其牛掣。其人天且劓，无初有終。

䷨損九四睽孤，遇元夫交孚，厲，无咎。

䷉履六五悔亡。厥宗噬膚，往，何咎。

䷵歸妹上九睽孤，見豕負塗，載鬼一車，先張之弧，後說之弧。匪寇，婚媾，往遇雨則吉。

䷦蹇　蹇，利西南，不利東北，利見大人，貞吉。

䷾既濟初六往蹇，來譽。 / ䷿未濟上六公用射隼于高墉之上，獲之，无不利。

䷯井六二王臣蹇蹇，匪躬之故。 / ䷮困六五君子維有解，吉，有孚于小人。

䷇比九三往蹇，來反。 / ䷆師九四解而拇，朋至斯孚。

䷞咸六四往蹇，來連。 / ䷟恒六三負且乘，致寇至，貞吝。

䷎謙九五人蹇，朋來。 / ䷏豫九二田獲三狐，得黃矢，貞吉。

䷴漸上六往蹇來碩，吉，利見大人。 / ䷵歸妹初六无咎。

䷧解　解，利西南，无所往，其來復，吉。有攸往，夙吉。

損 損，有孚，元吉，无咎，可貞。利有攸往。曷之用？二簋可用享。

蒙初九已事遄往，无咎，酌損之。

頤九二利貞，征凶，弗損益之。

大畜九三三人行則損一人，一人行則得其友。

睽六四損其疾，使遄有喜，无咎。

中孚六五或益之十朋之龜，弗克違，元吉。

臨上九弗損益之，无咎，貞吉。利有攸往，得臣无家。

益 益，利有攸往，利涉大川。

觀初九利用爲大作，元吉，无咎。

中孚六二或益之十朋之龜弗克違永貞吉王用享于帝。

家人六三益之，用凶事，无咎。有孚中行，告公用圭。

无妄六四中行，告公從，利用爲依遷國。

頤九五有孚，惠心勿問，元吉。有孚，惠我德。

屯上九莫益之，或擊之，立心勿恒，凶。

夬　夬，揚于王庭，孚號，有厲。告自邑，不利即戎，利有攸往。

大過初九壯于前趾，往不勝，爲咎。

大過上九姤其角，无咎。

革九二惕號莫夜，有戎，勿恤。

家人九五以杞包瓜，含章，有隕自天。

兑九三壯于頄，有凶。君子夬夬，獨行遇雨，若濡有愠，无咎。

巽九四包无魚，起凶。

需九四臀無膚，其行次且。牽羊，悔亡，聞言不信。

訟九三臀无膚，其行次且，厲，无大咎。

大壯九五莧陸夬夬，中行无咎。

遯九二包有魚，无咎，不利貞。

乾上六无號，終有凶。

乾初六繫于金柅，貞吉。有攸往，見凶。羸豕孚蹢躅①。

姤　姤，女壯，勿用取女。

---

① 蹢躅：原作「蹢蹢」，據《姤》初六改。

䷬萃 萃，亨。王假有廟，利見大人。亨，利貞。用大牲吉，利有攸往。

初六 有孚不終，乃亂乃萃。若號，一握爲笑，勿恤，往无咎。

䷐隨六二 引吉，无咎，孚乃利用禴。

䷮困六三 萃如，嗟如，无攸利。往无咎，小吝。

䷞咸九四 大吉，无咎。

䷇比九五 萃有位，无咎。匪孚。元永貞，悔亡。

䷏豫上六 齎咨涕洟，无咎。

䷋否

䷭升 升，元亨，用見大人，勿恤，南征吉。

䷊泰初六 允升，大吉。

䷎謙九二 孚乃利用禴，无咎。

䷆師九三 升虛邑。

䷟恒六四 王用亨于岐山，吉，无咎。

䷯井六五 貞吉，升階。

䷑蠱上六 冥升，利于不息之貞。

䷮困　困，亨①貞，大人吉，无咎。有言不信。

兌　初六　臀困于株木，入于幽谷，三歲不覿。

萃　九二　困于酒食，朱紱方來，利用亨祀，征凶，无咎。

大過　九三　困于石，據于蒺藜，入于其宫，不見其妻，凶。

坎　九四　來徐徐，困于金車，吝，有終。

解　九五　劓刖，困于赤紱，乃徐有説，利用祭祀。

訟　上六　困于葛藟，于臲卼，曰動悔，有悔，征吉。

䷯井　井，改邑不改井，无喪无得。往來井井，汔至亦未繘井，羸其瓶，凶。

需　初六　井泥不食，舊井无禽。

蹇　九二　井谷射鮒，甕敝漏。

坎　九三　井渫不食，爲我心惻，可用汲。王明，並受其福。

大過　九四　井甃，无咎。

升　九五　井洌，寒泉食。

巽　上六　井收，勿幕，有孚，元吉。

---

① 亨：原作「享」，據《易・困卦》改。

䷱鼎 鼎，元吉，亨。

䷍大有初六 鼎顛趾，利出否。得妾以其子，无咎。

䷷旅九二 鼎有實，我仇有疾，不我能即，吉。

䷿未濟九三 鼎耳革，其行塞，雉膏不食。方雨虧悔，終吉。

䷑蠱九四 鼎折足，覆公餗，其形渥，凶。

䷫姤六五 鼎黃耳金鉉，利貞。

䷟恒上九 鼎玉鉉，大吉，无不利。

䷰革 革，已日乃孚，元亨利貞，悔亡。

䷞咸初九 鞏用黃牛之革。

䷪夬六二 已日乃革之，征吉，无咎。

䷐隨九三 征凶，貞厲。革言三就，有孚。

䷾既濟九四 悔亡，有孚，改命吉。

䷶豐九五 大人虎變，未占，有孚。

䷌同人上六 君子豹變，小人革面，征凶，居貞吉。

䷲震　震，亨。震來虩虩，笑言啞啞。震驚百里，不喪匕鬯。

䷏豫初九震來虩虩，後笑言啞啞，吉。

䷎謙上九敦艮，吉。

䷵歸妹六二震來厲，億喪貝，躋于九陵，勿逐，七日得。

䷴漸六五艮其輔，言有序，悔亡。

䷶豐六三震蘇蘇，震行，无眚。

䷷旅六四艮其身，无咎。

䷗復九四震遂①泥。

䷖剝九三艮其限，列其夤，厲薰心。

䷐隨六五震往來，厲。億无喪，有事。

䷑蠱六二艮其腓，不拯其隨，其心不快。

䷔噬嗑上六震索索，視矍矍，征凶。震不于其躬，于其鄰，无咎。婚媾有言。

䷕賁初六艮其趾，无咎，利永貞。

䷳艮　艮其背，不獲其身，行其庭，不見其人，无咎。

---

① 遂：原作「逐」，據《震》九四改。

漸 漸，女歸吉，利貞。

家人 初六 鴻漸于干，小子厲，有言，无咎。

睽 上六 女承筐，无實，士刲羊，无血，无攸利。

巽 六二 鴻漸于磐，飲食衎衎，吉。

兌 六五 帝乙歸妹，其君之袂不如其娣之袂良。月幾望，吉。

觀 九三 鴻漸于陸，夫征不復，婦孕不育，凶，利禦寇。

臨 九四 歸妹愆期，遲歸有時。

遯 六四 鴻漸于木，或得其桷，无咎。

大壯 六三 歸妹以須，反歸以娣。

艮 九五 鴻漸于陵，婦三歲不孕，終莫之勝，吉。

震 九二 眇能視，利幽人之貞。

蹇 上九 鴻漸于陸，其羽可用爲儀，吉。

解 初九 歸妹以娣，跛能履，征吉。

歸妹 歸妹，征凶，无攸利。

䷶豐　豐，亨。王假之，勿憂，宜日中。

䷽小過初九遇其配主，雖旬，无咎，往有尚。

䷡大壯六二豐其蔀，日中見斗，往得疑疾，有孚發若，吉。

䷲震　九二豐其沛，日中見沬，折其右肱，无咎。

䷣明夷九四豐其蔀，日中見斗，遇其夷主，吉。

䷰革六五來章有慶譽，吉。

䷝離　上六豐其屋，蔀其家，闚其戶，闃其无人，三歲不覿，凶。

䷷旅　旅，小亨。旅貞吉。

䷝離初六旅瑣瑣，斯其所取災。

䷱鼎六二旅即次，懷其資，得童僕，貞。

䷢晉九三旅焚其次，喪其童僕，貞厲。

䷳艮九四旅于處，得其資斧，我心不快。

䷠遯六五射雉，一矢亡，終以譽命。

䷽小過上九鳥焚其巢，旅人先笑後號咷。喪牛于易，凶。

巽 巽，小亨，利有攸往，利見大人。

履上六引兌。

小畜初六進退，利武人之貞。

歸妹九五孚于剝，有厲。

漸九二巽在牀下，用史巫紛若，吉，无咎。

節九四商兌，未寧，介疾有喜。

渙九三頻巽，吝。

夬六三來兌，凶。

姤六四悔亡，田獲三品。

隨九二孚兌，吉，悔亡。

蠱 九五貞吉，悔亡，无不利。无初有終。先庚三日，後庚三日，吉。

困初九和兌，吉。

井上九巽在牀下，喪其資斧，貞凶。

兌 兌，利貞。

䷺渙　渙，亨。王假有廟，利涉大川，利貞。

䷼中孚初六用拯馬壯，吉。

䷓觀九二渙奔其机，悔亡。

䷸巽六三渙其躬，无悔。

䷅訟六四渙其群，元吉。渙有丘，匪夷所思。

䷃蒙九五渙汗其大號，渙王居，无咎。

䷜坎上九渙其血去逖出，无咎。

䷻節　節，亨，苦節不可貞。

䷜坎初九不出户庭，无咎。

䷂屯九二不出門庭，凶。

䷈小畜六三不節若，則嗟若，无咎。

䷹兌六四安節，亨。

䷒臨九五甘節，吉，往有尚。

䷼中孚上六苦節，貞凶，悔亡。

中孚 中孚，豚魚吉，利涉大川，利貞。

渙 初九 虞吉，有他，不燕。

節 上九 翰音登于天，貞凶。

益 九二 鳴鶴在陰，其子和之。我有好爵，吾與爾靡之。

損 九五 有孚攣如，无咎。

小畜 六三 得敵，或鼓或罷，或泣或歌。

履 六四 月幾望，馬匹亡，无咎。

䷽小過　小過，亨，利貞。可小事，不可大事。飛鳥遺之音，不宜上，宜下，大吉。

䷶豐初六飛鳥以凶。

䷷旅五六弗遇，過之飛鳥，離之凶，是謂災眚。

䷟恒　六二過其祖，遇其妣，不及其君，遇其臣，无咎。

䷞咸六五密雲不雨，自我西郊。公弋取彼在穴。

䷏豫九三弗遇防之，從或戕之，凶。

䷎謙九四无咎，弗過遇之，往厲必戒，勿用，永貞。

䷾既濟 既濟，亨，小利貞。初吉，終亂。

䷦蹇 初九 曳其輪，濡其尾，无咎。

䷄需 六二 婦喪其茀，勿逐，七日得。

䷂屯 九三 高宗伐鬼方，三年克之，小人勿用。

䷰革 六四 繻有衣袽，終日戒。

䷣明夷 九五 東鄰殺牛，不如西鄰之禴祭，實受其福。

䷤家人 上六 濡其首，厲。

䷿未濟 未濟，亨。小狐汔濟，濡其尾，无攸利。

䷥睽 初六 濡其尾，吝。

䷢晉 九二 曳其輪，貞吉。

䷱鼎 六三 未濟，征凶，利涉大川。

䷃蒙 九四 貞吉，悔亡。震，用伐鬼方，三年有賞于大國。

䷅訟 六五 貞吉，无悔。君子之光，有孚，吉。

䷧解 上九 有孚于飲酒，无咎。濡其首，有孚失是。

《大傳》以往來順逆，「數往者順，知來者逆」。是古法本有順逆兩行，故合上下經諸卦有順逆兩讀，而每卦又有順逆兩讀之法。上經主內，順行，每卦由初而上，舊讀不誤。下經逆行，主外，每卦當由上初而下。若竟移易經文次第，則有改作之嫌。今發例於此，以示下經與上經易讀之法。

《易》言「攸往」、「利涉」，一切遷變之説，皆爲兩《濟》而發。「涉厲」即浮海居夷之義。上經終於《坎》、《離》，下經始於兩《濟》。由《未》而《既》，如《詩》之「未見君子」而後「既見君子」也。故自遠服言，則由《咸》、《恒》而終《未濟》；自中國言，則始《未濟》終《咸》、《恒》。故下經必左行，而後見其由夏變夷、由小推大、由內及外之功用次第。兩《濟》爲二公二帝，故首言之。取《艮》、《巽》、《兑》爲中國從行之四卿，《漸》、《歸妹》八卦爲從事之八監。次《損》、《益》八卦，終以《咸》、《恒》，則盡邊極遠、窮荒僻徼無不通矣。此下經逆行讀之之法。以上經言，從中國，辭則順行；從海外，辭則逆行。由《離》、《坎》而《大過》、《頤》，與下經逆行之《小過》、《中孚》同。始而《離》、《坎》十卦，外藩也；繼而《泰》、《否》十卦，通商之地也。始之《乾》、《坤》，乃首善之區。大抵上下二經皆有順逆兩讀，由主言之皆順行，由客言之皆逆行。地球門道，无遠弗屆，功用次第，俱見於此順逆兩讀，可考見諸卦往來之踪跡。此説爲近來所無，而實爲全經巨例也。

乾 乾，元亨利貞。

姤初九潛龍勿用。

同人九二見龍在田，利見上人。

履九三君子終日乾乾，夕惕若厲，无咎。

小畜九四或躍在淵，无咎。

大有九五飛龍在天，利見大人①。

夬上九亢龍有悔。

坤用六見群龍无首，吉。

乾用六利永貞。

剝上六龍戰于野，其血玄黄。

比六五黄裳，元吉。

豫六四括囊，无咎，无譽。

謙六三含章可貞，或從王事，无成，有終。

師六二直、方、大，不習，无不利。

復初六履霜，堅冰至。

坤，元亨，利牝馬之貞。君子有攸往，先迷，後②得主，利西南得朋，東北喪朋，安貞吉。

---

① 大人：原作「上」，據《乾》九五改。

② 後：原脱，據《坤》補。

頤 頤，貞吉。觀頤，自求口實。

剥初九舍爾靈龜，觀我朵頤，凶。 / 姤上六過涉滅頂，凶，无咎。

損六二顛頤，拂經于丘頤，征凶。 / 恒九五枯楊生華，老婦得其士夫，无咎，无譽。

賁六三拂頤，貞凶。十年勿用，无攸利。 / 井九四棟隆，吉，有它吝。

噬嗑六四顛頤，吉。虎視眈眈，其欲逐逐，无咎。 / 困九三棟橈，凶。

益六五拂經，居貞吉，不可涉大川。 / 咸九二枯楊生稊，老夫得其女妻，无不利。

復上九由頤，厲吉，利涉大川。 / 夬初六藉用白茅，无咎。

大過，棟橈，利有攸往，亨。

䷝離 利貞，亨，畜牝牛，吉。

䷷旅初九履錯然，敬之，无咎。

䷍大有六二黃離，元吉。

䷔噬嗑九三日昃之離，不鼓缶而歌，則大耋之嗟，凶。

䷕賁九四突如其來如，焚如，死如，棄如。

䷌同人六五出涕沱若，戚嗟若，吉。

䷶豐上九王用出征，有嘉折首，獲匪其醜，无咎。

䷜坎 習坎，有孚，維心亨，行有尚。

䷻節初六習坎，入于坎窞，凶。

䷇比九二坎有險，求小得。

䷯井六三來之坎坎，險且枕。入于坎窞，勿用。

䷮困六四樽酒簋貳，用缶，納約自牖。

䷆師九五坎不盈，祇既平，无咎。

䷺渙上六係用徽纆，寘于叢棘，三歲不得，凶。

䷼中孚　中孚，豚魚吉，利涉大川，利貞。

䷺渙初九翰音登于天，貞凶。　䷷旅上六弗遇過之，飛鳥離之，凶。是謂災眚。

䷩益九二有孚攣如，无咎。　䷞咸六五密雲不雨，自我西郊，公弋取彼在穴。

䷈小畜九三月幾望，馬匹亡，无咎。　䷎謙九四无咎，弗過遇之，往厲，必戒，勿用永貞。

䷉履九四得敵，或鼓或罷，或泣或歌。　䷏豫九三弗過①防之，從或戕之，凶。

䷨損九五鳴鶴在陰，其子和之。我有好爵，吾與爾靡之。　䷟恒六二過其祖，遇其妣，不及其君，遇其臣，无咎。

䷻節上九虞吉，有他，不燕。　䷶豐初六飛鳥以凶。

䷽小過　小過，亨，利貞。可小事，不可大事。飛鳥遺之音，不宜上，宜下，大吉。

① 過：原作「遇」，據《小過》九三改。

六十四卦當爲七十二卦，上下各三十六宫，舊説甚明。凡綜卦皆反覆繫辭。八單卦則三爻自綜，與五十六卦合爲二十八圖者不同。今於反覆繫辭本，以《乾》、《坤》、《坎》、《離》、《頤》、《小過》、《中孚》、《大過》八卦自綜者分立八圖，以見八卦自綜之義；又合爲四圖，以見連反錯綜之法。

易經經釋

廖平 撰
楊世文 校點

校點説明

《易經經釋》爲廖平晚年「六變」時期的重要著作。據《廖季平年譜》：民國十九年（一九三〇），改訂《易詩合纂》爲《易經經釋》三卷、《詩經經釋》一卷。王冰所增《素問》八篇，詳五運六氣，廖平以爲此乃孔門《詩》、《易》師説，專恃以説《詩》、《易》。舉凡《鄘》、《衛》、《王》、《秦》、《陳》五十篇，《邶》、《鄭》、《齊》、《唐》、《魏》、《邠》七十二篇，大小《雅》，大小《頌》，以及《易》之上下經十首、六首諸義，皆能璧合珠聯，無往不貫，此爲六變。廖平非常重視《詩》、《易》二書經釋，據《六譯先生追悼録》所載黄大章挽云：「壬申（一九三二）孟夏，大章因事赴嘉。越日，六譯老人駕亦到，言將入省做生，刻所著《詩》、《易》新解。游烏尤寺，大章奉魚羹爲壽，遊陳莊，并助團扇照像。留連數日，爲談烏尤寺歷史及中西醫學甚悉。時以《社會醫報》呈閲，因余雲岫醫師評論先生所著《脈學輯要評》，頗有功於世。乃大笑曰：『世人亦知某耶？』遂將《易經經釋》囑寄上海余雲岫醫師披露。」此書包括上經一卷、下經一卷、提要一卷，多引《素問》五運六氣之説説《易》，爲前人所未有。有民國二十二年井研廖氏家刻本，今據此本整理。

目録

易經經釋卷上

井研 廖平 譔

上經

《病能論》：「《上經》者，言氣之通天也。」《氣交變大論》：「《上經》曰：夫道者，上知天文，乾坤十卦。下知地理，泰否十卦。中知人事，離坎十卦。可以長久。此之謂也。」

乾坤十卦 乾坤雙卦，二以六起數，作十二卦用。

乾 子 少陰 午 君火

坤 寅 少陽 申 相火

屯 巳 厥陰之上

蒙 亥 風氣主之

需 丑　太陰之上

訟 未　濕氣主之

師 卯　陽明之上

比 酉　燥氣主之

小畜 辰　太陽之上

履 戌　寒氣主之

《天元紀大論》：「鬼臾區曰：『臣積考《大始天元册文》曰：太虛寥廓，肇基化元。皆无生育。萬物資始，萬物後太虛而生。五運終天。布氣真靈，總統坤元。九星懸朗，恒星天。七曜周旋。行星天。曰陰曰陽，曰柔曰剛。幽顯既位，寒暑弛張。生生化化，品物咸章。臣斯十世，此之謂也。』」〇「帝曰：『其於三陰三陽，合之奈何？』鬼臾區曰：『子午之歲，上見少陰。以君火爲主。丑未之歲，上見太陰。寅申之歲，上見少陽。相火代君火用。卯酉之歲，上見陽明。辰戌之歲，上見太陽。巳亥之歲，上見厥陰。木氣在東。少陰，所謂標也。乾爲首。厥陰，所謂終也。由子午而推巳亥爲終。厥陰之上，風氣主之。分六淫之氣。〇立春。少陰之上，熱氣主之。立夏。太陰之上，濕氣主之。長夏。少陽之上，相火主之。陽明之上，燥氣主之。立秋。太陽之上，寒氣主之。立冬。所謂本也，是謂六元。』」

《九宮八風篇》：「太一常以冬至之日居叶蟄之宮四十六日，明日居天留四十六日，明日居倉門四十六日，明日居陰洛四十五日，明日居天宮四十六日，明日居玄委四十六日，明日居倉果四十六日，明日居新洛四十五日，明日復居叶蟄之宮，曰冬至矣。太一日遊，以冬至之日，居叶蟄之宮，數所在日從一處，至九日，復反於一，常如是無已，終而復始。太一移日，天必應之以風雨。以其日風雨則吉，歲美民安少病矣。先之則多雨，後之則多汗。太一在冬至之日有變，占在君。太一在春分之日有變，占在相。太一在中宮之日有變，占在吏。太一在秋分之日有變，占在將。太一在夏至之日有變，占在百姓。所謂有變者，太一居五宮之日，病風折樹木，揚沙石，各以其所主占貴賤，因視風所來而占之。風從其所居之鄉來爲實風，主生，長養萬物。從其衝後來爲虛風，傷人者也，主殺主害者。謹候虛風而避之，故聖人日避虛邪之道，如避矢石然，邪弗能害，此之謂也。」汗當作旱。

乾雙卦　子午　少陰君火

乾，元亨利貞。

《六元正紀大論》：「凡此少陰司天之政，氣化運行先天，地氣肅，天氣明，寒交暑，熱加燥，雲馳雨府，濕化迺行，時雨迺降。金火合德，上應熒惑、太白。其政明，其令切，其穀丹白。水火寒熱持於氣交而爲病始也。熱病生於上，清病生於下，寒熱凌犯而争於中，民病欬喘，血溢血泄，鼽嚏目赤，眥瘍，寒厥入胃，心痛，腰痛，腹大，嗌乾腫上。」

初九姤潛龍勿用。

「初之氣，地氣遷，燥將去，寒迺始，蟄復藏，水迺冰，霜復降，風迺至，陽氣鬱，民反周密，關節禁固，腰脽痛，炎暑將起，中外瘡瘍。」同上。

九二同人見龍在田，利見大人。

「二之氣，陽氣布，風迺行，春氣以正，萬物應榮，寒氣時至，民迺和。其病淋，目瞑目赤，氣鬱於上而熱。」同上。

九三履君子終日乾乾，夕惕若，厲，无咎。

「三之氣，天政布，大火行，庶類蕃鮮，寒氣時至。民病氣厥心痛，寒熱更作，欬喘目赤。」同上。

九四小畜或躍在淵，无咎。

「四之氣，溽暑至，大雨時行，寒熱互至，民病寒熱，嗌乾，黄癉，鼽衄，飲發。」同上。

九五大有飛龍在天，利見大人。

「五之氣，畏火臨，暑反至，陽迺化，萬物迺生，迺長榮，民迺康，其病温。」同上。

上九夬亢龍有悔。

「終之氣，燥令行，餘火内格，腫於上，咳喘，甚則血溢。寒氣數舉，則霧霧翳，病生皮腠，内舍於脅，下連少腹，而作寒中，地將易也。」同上。

用九坤見群龍无首，吉。

「必抑其運氣，資其歲勝，折其鬱發，先取化源，無使暴過而生其病也。食歲穀以全真氣，食閒穀以辟虚邪。歲宜鹹以耎之，而調其上，甚則以苦發之；以酸收之，而安其下，甚則以苦泄之。適氣同異而多少之，同天氣者以寒清化，同地氣者以温熱化。用熱遠熱，用凉遠凉，用温遠温，用寒遠寒，食宜同法。有假則反，此其道也，反是者病作矣。」同上。

坤雙卦　寅申　少陽相火

坤，元亨，利牝馬之貞。君子有攸往，先迷後得主，利西南得朋，東北喪朋，安貞吉。

《六元正紀大論》：「凡此少陽司天之政，氣化運行先天，天氣正，地氣擾，風迺暴舉，木偃沙飛，炎火迺流。陰行陽化，雨迺時應，火木同德，上應熒惑、歲星，其穀丹蒼，其政嚴，其令擾。故風熱參布，雲物沸騰，太陰横流，寒迺時至，凉雨并起。民病寒中，外發瘡瘍，内爲泄滿。故聖人遇之，和而不争。往復之作，民病寒熱瘧泄，聾瞑嘔吐，上怫腫色變。」

初六復履霜，堅冰至。

「初之氣，地氣遷，風勝迺搖，寒迺去，候迺大温，草木早榮。寒來不殺，温病迺起。其病氣怫於上，血溢目赤，欬逆頭痛，血崩脇滿，膚腠中瘡。」同上。

六二師直方大，不習，无不利。

「二之氣，火反鬱，白埃四起，雲趨雨府，風不勝濕，雨迺零，民迺康。其病熱鬱於上，欬逆嘔吐，瘡發于中，胸嗌不利，頭痛身熱，昏憒膿瘡。」同上。

六三謙含章可貞，或從王事，无成，有終。

「三之氣，天政布，炎暑至，少陽臨上，雨迺涯。民病熱中，聾瞑血溢，膿瘡欬嘔，鼽衄渴，嚏欠，喉痺目赤，善暴死。」同上。

六四豫括囊，无咎，无譽。

「四之氣，涼迺至，炎暑間化，白露降，民氣和平，其病滿身重。」同上。

六五比黄裳，元吉。

「五之氣，陽迺去，寒迺來，雨迺降，氣門迺閉，剛木早凋，民避寒邪，君子周密。」同上。

上六剥龍戰于野，其血玄黄。

「終之氣，地氣正，風迺至，萬物反生，霿霧以行。其病關閉不禁，心痛，陽氣不藏而欬。」同上。

用六乾利永貞。

「抑其運氣，贊所不勝，必折其鬱氣，先取化源，暴過不生，苛疾不起。故歲宜鹹辛宜酸，滲之泄之，漬之發之，觀氣寒温以調其過。同風熱者多寒化，異風熱者少寒化。用熱遠熱，用温遠温，用寒遠寒，用凉遠凉，食宜同法，此其道也。有假者反之，反是者病之階也。」同上。

屯　巳　厥陰

屯，元亨利貞，勿用有攸往，利建侯。

《六元正紀大論》：「凡此厥陰司天之政，氣化運行後天，諸同正歲，氣化運行同天，天氣擾，地氣正，風生高遠，炎熱從之，雲趨雨府，濕化迺行，風火同德，上應歲星、熒惑。其政撓，其令速，其穀蒼丹。間穀言太者，其耗文角品羽。風燥火熱，勝復更作，蟄蟲來見，流水不冰。熱病行於下，風病行於上，風燥勝復形於中。」

初九比磐桓，利居貞，利建侯。

「初之氣，寒始肅，殺氣方至，民病寒於右之下。」同上。

六二節屯如邅如，乘馬班如。匪寇，婚媾。女子貞不字，十年乃字。

「二之氣，寒不去，華雪水冰，殺氣施化，霜迺降，名草上焦，寒雨數至，陽復化，民病熱於中。」同上。

六三既濟即鹿无虞，惟入于林中，君子幾，不如舍，往吝。

「二之氣，天政布，風迺時舉，民病泣出、耳鳴、掉眩。」同上。

六四隨乘馬班如，求婚媾，往吉，无不利。

九五復屯其膏，小貞吉，大貞凶。

上六益乘馬班如，泣血漣如。

蒙　亥　厥陰

蒙，亨，匪我求童蒙，童蒙求我。初筮告，再三瀆，瀆則不告。利貞。

初六損發蒙，利用刑人，用説桎梏，以往吝。

九二剥包蒙，吉。納婦吉，子克家。

六三蠱勿用取女，見金夫，不有躬，无攸利。

六四未濟困蒙，吝。

《六元正紀大論》：「四之氣，溽暑濕熱相薄，争於左之上，民病黄癉而爲胕腫。」

六五渙童蒙吉。

「五之氣，燥濕更勝，沈陰迺布，寒氣及體，風雨迺行。」同上。

上九師擊蒙，不利爲寇，利禦寇。

「終之氣，畏火司令，陽迺大化，蟄蟲出見，流水不冰，地氣大發，草迺生，人迺舒，其病温厲。」同上。

需　丑　太陰

需，有孚，光亨，貞吉，利涉大川。

《六元正紀大論》：「凡此太陰司天之政，氣化運行後天，陰專其政，陽氣退辟，大風時起，天氣下降，地氣上騰，原野昏霿，白埃四起，雲奔南極，寒雨數至，物成於差夏，民病寒濕，腹滿，身䐜憤，胕腫，痞逆寒厥拘急。濕寒合德，黄黑埃昏，流行氣交，上應鎮星、辰星。其政肅，其令寂，其穀黅玄。故陰凝於上，寒積於下。寒水勝火，則爲冰雹。陽光不治，殺氣迺行。故有餘宜高，不及宜下，有餘宜晚，不及宜早，土之利，氣之化也。民氣亦從之，間穀命其太也。」

初九井需于郊，利用恒，无咎。

「初之氣，地氣遷，寒迺去，春氣正，風迺來，生布萬物以榮。民氣條舒，風濕相薄，雨迺後。民病血溢，筋絡拘強，關節不利，身重筋痿。」同上。

九二既濟需于沙，小有言，終吉。

「二之氣，大火正，物承化，民迺和。其病温厲大行，遠近咸若，濕蒸相薄，雨迺時降。」同上。

九三節需于泥，致寇至。

「三之氣，天政布，濕氣降，地氣騰，雨迺時降，寒迺隨之，感於寒濕，則民病身重胕腫，胸腹滿。」同上。

六四夬需于血，出自穴。

九五泰需于酒食，貞吉。

上六小畜入于穴，有不速之客三人來，敬之，終吉。

訟　未　太陰

訟，有孚窒惕，中吉，終凶。利見大人，不利涉大川。

初六履不永所事，小有言，終吉。

九二否不克訟，歸而逋其邑人三百户，无眚。

六三姤食舊德，貞厲，終吉。或從王事，无成。

九四渙不克訟，復即命，渝安，貞吉。

《六元正紀大論》：「四之氣，畏火臨，溽蒸化，地氣騰，天氣否隔，寒風曉暮，蒸熱相薄，草木凝煙，濕化不流，則白露陰布，以成秋令。民病腠理熱，血暴溢瘧，心腹滿熱，臚脹，甚則胕腫。」

九五未濟訟，元吉。

「五之氣，慘令已行，寒露下，霜迺早降，草木黃落，寒氣及體。君子周密，民病皮腠。」同上。

上九困或錫之鞶帶，終朝，三褫之。

「終之氣，寒大舉，濕大化，霜迺積，陰迺凝，水堅冰，陽光不治，感於寒，則病人關節禁固，腰脽痛，寒濕推於氣交而爲疾也。」

師　卯　陽明

師，貞，丈人吉，无咎。

《六元正紀大論》：「凡此陽明司天之政，氣化運行後天，天氣急，地氣明，陽專其令，炎暑大行，物燥以堅，淳風迺治，風燥横運，流於氣交，多陽少陰，雲趨雨府，濕化迺敷。燥極而澤，其穀白丹。閒穀命太者，其耗白甲品羽，金火合德，上應太白、熒惑。其政切，其令暴。蟄蟲迺見，流水不冰。民病欬嗌塞，寒熱發，暴振凓癃閟。清先而勁，毛蟲迺死，熱後而暴，介蟲迺殃。其發躁，勝復之作，擾而大亂，清熱之氣，持於氣交。」

初六臨師出以律，否臧，凶。

「初之氣，地氣遷，陰始凝，氣始肅，水迺冰，寒雨化。其病中熱脹，面目浮腫，善眠，鼽衄，嚏欠，嘔，小便黄赤，甚則淋。」同上。

九二坤在師中，吉，无咎。王三錫命。

「二之氣，陽迺布，民迺舒，物迺生榮，厲大至，民善暴死。」同上。

六三升師或輿尸，凶。

「三之氣，天政布，涼迺行，燥熱交合，燥極而澤，民病寒熱。」同上。

六四解師左次，无咎。

六五坎田有禽，利執言，无咎。長子帥師，弟子輿尸，貞凶。

上六蒙大君有命，開國承家，小人勿用。

比　酉　陽明

比，吉。原筮，元永貞，无咎。不甯方來，後夫凶。

初六屯有孚，比之无咎，有孚盈缶，終來有它，吉。

六二坎比之自内，貞吉。

六三蹇比之匪人。

六四萃外比之，貞吉。

《六元正紀大論》：「四之氣，寒雨降，病暴仆，振慄譫妄、少氣，嗌乾引飲，及爲心痛、癰腫、瘡瘍、瘧寒之疾，骨痿、血便。」

九五坤顯比，王用三驅，失前禽，邑人不誡，吉。

「五之氣，春令反行，草迺生榮，民氣和。」同上。

上六觀比之无首，凶。

「終之氣，陽氣布，候反温，蟄蟲來見，流水不冰，民迺康平，其病温。」同上。

小畜　辰　太陽

小畜，亨。密雲不雨，自我西郊。

《六元正紀大論》：「凡此太陽司天之政，氣化運行先天，天氣肅，地氣静，寒臨太虚，陽氣不令，水土合德，上應辰星、鎮星，其穀玄黅，其政肅，其令徐。寒政大舉，澤無陽燄，則火發待時，少陽中治，時雨迺涯，止極雨散，還於太陰，雲朝北極，濕化迺布，澤流萬物。寒敷於上，雷動於下，寒濕之氣，持於氣交。民病寒濕，發肌肉萎，足痿不收，濡寫血溢。」

初九巽復自道，何其咎，吉。

「初之氣，地氣遷，氣迺大温，草迺早榮，民迺厲，温病迺作，身熱，頭痛，嘔吐，肌腠瘡瘍。」同上。

九二家人牽復，吉。

「二之氣，大凉反至，民迺慘，草迺遇寒，火氣遂抑，民病氣鬱中滿，寒迺始。」同上。

九三中孚輿説輻，夫妻反目。

「三之氣，天政布，寒氣行，雨迺降，民病寒，反熱中，癰疽注下，心熱瞀悶，不治者死。」同上。

六四乾有孚，血去惕出，无咎。

九五大畜有孚，攣如，富以其鄰。

上九需既雨既處，尚德載，婦貞厲。月幾望，君子征，凶。

履　戌　太陽

履虎尾，不咥人，亨。

初九訟素履往，无咎。

九二无妄履道坦坦，幽人貞吉。

六三乾眇能視，跛能履。履虎尾，咥人，凶。武人爲于大君。

九四中孚履虎尾，愬愬，終吉。

《六元正紀大論》：「四之氣，風濕交争，風化爲雨，迺長迺化迺成。民病大熱少氣，肌肉萎，足痿，注下赤白。」

九五睽夬履，貞厲。

「五之氣，陽復化，草迺長迺化迺成，民迺舒。」同上。

上九兑視履考祥，其旋元吉。

「終之氣，地氣正，濕令行，陰凝太虚，埃昏郊野，民迺慘淒，寒風以至，反者孕迺死。」同上。

泰否十卦以五起數，作十卦用。

泰	甲化土
否	己
同人	乙化金
大有	庚
謙	丙化水
豫	辛
隨	丁化木
蠱	壬
臨	戊化火
觀	癸

《五運行大論》：此篇分論天之五氣、地之五行，布五方之政令，以化生五藏、五體，皆五者之運行，故曰《五運行大論》。「丹天之氣，經於牛、女戊分。戊癸化火。黅天之氣，經於心、尾己分。甲己化土。化土。蒼天之氣，經於危、室、柳、鬼。丁壬化木。素天之氣，經於亢、氐、昴、畢。乙庚化金。玄天之氣，經於張、翼、婁、胃。丙辛化水。所謂戊、己分者，奎、壁、角、軫，則天地之門户也。夫候之所始，道之所生，不可不通也。」又曰：「土主甲己，金主乙庚，水主丙辛，木主丁壬，火主戊癸。」

《天元紀大論》：「甲己之歲，土運統之。乙庚之歲，金運統之。丙辛之歲，水運統之。丁壬之歲，木運統之。戊癸之歲，火運統之。」

《六微旨大論》：「帝曰：『何謂當位？』岐伯曰：『木運臨卯，火運臨午，土運臨四季，金運臨酉，水運臨子，所謂歲會，氣之平也。』」

《五常政大論》：「黄帝問曰：『太虛寥廓，五運迴薄，衰盛不同，損益相從，願聞平氣何如而名？何如而紀也？』岐伯對曰：『昭乎哉問也！木曰敷和，火曰升明，土曰備化，金曰審平，水曰静順。』」

泰　甲木

泰，小往大來，吉亨。

《五運行大論》：「東方生風，風生木，木生酸，酸生肝，肝生筋，筋生心。其在天爲玄，在人爲道，在地爲化。化生五味，道生智，玄生神，化生氣。神在天爲風，在地爲木。」

初九升拔茅茹，以其彙，征吉。甲子

「其性爲暄。」《五運行大論》。「其氣端，其性隨。」《五常政大論》「敷和之紀。」

九二明夷包荒，用馮河，不遐遺，朋亡，得尚于中行。甲戌

「其德爲和。」同上。「其用曲直，其化生榮。」同上。

九三臨无平不陂，无往不復。艱貞，无咎，勿恤其孚，于食有福。甲申

「其用爲動。」同上。「其類草木，其政發散。」同上。

六四大壯翩翩，不富以其鄰，不戒以孚。甲午

「其色爲蒼。」同上。「其候温和，其令風。」同上。

六五需帝乙歸妹，以祉，元吉。甲辰

「其化爲榮。」同上。「其藏肝，肝其畏清。」同上。

上六大畜城復于隍，勿用師，自邑告命，貞吝。甲寅

「其蟲毛。」同上。「其主目，其穀麻。」同上。

否　乙木

否之匪人，不利君子貞，大往小來。

《五運行大論》：「在體爲筋，在氣爲柔，在藏爲肝。」

初六无妄拔茅茹，以其彙，貞吉，亨。乙丑

「其政爲散。」《五運行大論》。「其果李，其實核。」《五常政大論》「敷和之紀。」

六二訟包承，小人吉，大人否，亨。乙亥

「其令宣發。」同上。「其應春，其蟲毛。」同上。

六三遯包羞。乙酉

「其變摧拉。」同上。「其畜犬，其色蒼。」同上。

九四觀有命，无咎，疇離祉。乙未

「其眚爲隕。」同上。「其養筋，其病裏急支滿。」同上。

九五晉休否，大人吉。其亡其亡，繫于苞桑。乙巳

「其味爲酸。」同上。「其味酸，其音角。」同上。

上九萃傾否，先否後喜。乙卯

「其志爲怒。」同上。「其物中堅，其數八。」同上。

《氣交變大論》：「東方生風，風生木，其德敷和，其化生榮，其政舒啟，其令風，其變振發，其災散落。」

《六元正紀大論》：「木鬱之發，太虛埃昏，雲物以擾，大風迺至，屋發折木，木有變。故民病胃脘，當心而痛，上支兩脇，鬲咽不通，飲食不下，甚則耳鳴眩轉，目不識人，善暴，

僵仆。太虚蒼埃，天山一色，或氣濁色，黄黑鬱若，横雲不起，雨而迺發也。其氣無常，長川草偃，柔葉呈陰，松吟高山，虎嘯巖岫，怫之先兆也。」

同人　丙火

同人于野，亨，利涉大川，利君子貞。

《五運行大論》：「南方生熱，熱生火，火生苦，苦生心，心生血，血生脾。其在天爲熱，在地爲火。」

初九遯同人于門，无咎。丙子

「其性爲暑。」《五運行大論》。「其氣高，其性速。」《五常政大論》「開明之紀。」

六二乾同人于宗，吝。丙戌

「其德爲顯。」同上。「其用燔灼，其化蕃茂。」同上。

九三无妄伏戎于莽，升其高陵，三歲不興。丙申。

「其用爲躁。」同上。「其類火，其政明曜。」同上。

九四家人乘其墉，弗克攻，吉。丙午

「其色爲赤。」同上。「其候炎暑，其令熱。」同上。

九五離同人，先號咷而後笑。大師克相遇。丙辰

「其化爲茂。」同上。「其藏心，心其畏寒。」同上。

上九革同人于郊，无悔。丙寅

「其蟲羽。」同上。　「其主舌，其穀麥。」同上。

大有　丁火

大有，元亨。

《五運行大論》：「在體爲脈，在氣爲息，在藏爲心。」

初九鼎无交害，匪咎，艱則无咎。丁丑

「其政爲明。」《五運行大論》。　「其果杏，其實絡。」《五常政大論》「升明之紀。」

九二離大車以載，有攸往，无咎。丁亥

「其令鬱蒸。」同上。　「其應夏，其蟲羽。」同上。

九三睽公用亨于天子，小人弗克。丁酉

「其變炎爍。」同上。　「其畜馬，其色赤。」同上。

九四大畜匪其彭，无咎。丁未

「其眚燔焫。」同上。　「其養血，其病瞤瘛。」同上。

六五乾厥孚交如、威如，吉。丁巳

「其味爲苦。」同上。　「其味苦，其音徵。」同上。

上九大壯自天祐之，吉无不利。丁卯

「其志爲喜。」同上。「其物脈，其數七。」同上。

《氣交變大論》：「南方生熱，熱生火，其德彰顯，其化蕃茂，其政明曜，其令熱，其變銷爍，其災燔焫。」

《六元正紀大論》：「火鬱之發，太虚腫翳，大明不彰，炎火行，大暑至，山澤燔燎，材木流津，廣厦騰煙，土浮霜鹵，止水迺減，蔓草焦黄，風行惑言，濕化迺後。故民病少氣、瘡瘍、癰腫，脇、腹、胸、背、面、首、四支䐜憤，臚脹，瘍疿，嘔逆，瘛瘲骨痛，節迺有動，注下温瘧，腹中暴痛，血溢流注，精液迺少，目赤，心熱，甚則瞀悶懊憹，善暴死。刻終大温，汗濡玄府，其迺發也，其氣四。動復則静，陽極反陰，濕令迺化迺成。華發水凝，山川冰雪，焰陽午澤，怫之先兆也。」

謙　戊土

謙亨，君子有終。

《五運行大論》：「中央生濕，濕生土，土生甘，甘生脾，脾生肉，肉生肺。其在天爲濕，在地爲土。」

初六明夷謙謙君子，用涉大川，吉。戊子

「其性静兼。」《五運行大論》。「其氣平，其性順。」《五常政大論》「備化之紀。」

六二升鳴謙，貞吉。戊戌

「其德爲濡。」同上。　「其用高下，其化豐滿。」同上。

九三坤勞謙，君子有終，吉。戊申

「其用爲化。」同上。　「其類土，其政安静。」同上。

六四小過无不利，撝謙。戊午

「其色爲黄。」同上。　「其候溽蒸，其令濕。」同上。

六五蹇不富以其鄰，利用侵伐，无不利。戊辰

「其化爲盈。」同上。　「其藏脾，脾其畏風。」同上。

上六艮鳴謙，利用行師，征邑國。戊寅

「其蟲倮。」同上。　「其主口，其穀稷。」同上。

豫　己土

豫，利建侯行師。

《五運行大論》：「在體爲肉，在氣爲充，在藏爲脾。」

初六震鳴豫，凶。己丑

「其政爲謐。」《五運行大論》。　「其果棗，其實肉。」《五常政大論》「備化之紀。」

六二解介于石，不終日，貞吉。己亥

「其令雲雨。」同上。　「其應長夏，其蟲倮。」同上。

六三小過盱豫悔，遲有悔。己酉

「其變動注。」同上。　「其畜牛，其色黄。」同上。

九四坤由豫，大有得，勿疑，朋盍簪。己未

「其眚淫潰。」同上。　「其養肉，其病否。」同上。

六五萃貞疾，恒不死。己巳

「其味爲甘。」同上。　「其味甘，其音宫。」同上。

上六晉冥豫，成有渝，无咎。己卯

「其志爲思。」同上。　「其物膚，其數五。」同上。

《氣交變大論》：「中央生濕，濕生土，其德溽蒸，其化豐備，其政安静，其令濕，其變驟注，其災霖潰。」

《六元正紀大論》：「土鬱之發，巖谷震驚，雷殷氣交，埃昏黄黑，化爲白氣，飄驟高深，擊石飛空，洪水迺從，川流漫衍，田牧土駒。化氣迺敷，善爲時雨，始生始長，始化始成。故民病心，腹脹，腸鳴而爲數後，甚則心痛脇䐜，嘔吐霍亂，飲發注下，胕腫身重。雲奔雨府，霞擁朝陽，山澤埃昏，其迺發也，以其四氣。雲横天山，浮游生滅，怫之先兆。」

隨　庚金

隨，元亨，利貞，无咎

《五運行大論》：「西方生燥，燥生金，金生辛，辛生肺，肺生皮毛，皮毛生賢。其在天爲燥，在地爲金。」

初九萃官有渝，貞吉，出門交有功。庚子

「其性爲凉。」《五運行大論》。「其氣潔，其性剛。」《五常政大論》「審平之紀。」

六二兑係小子，失丈夫。庚戌

「其德爲清。」同上。「其用散落，其化堅斂。」同上。

六三革係丈夫，失小子，隨有求得，利居貞。庚申

「其用爲固。」同上。「其類金，其政勁肅。」同上。

九四屯隨有獲，貞凶。有孚在道，以明，何咎。庚午。

「其色爲白。」同上。「其候清切，其令燥。」同上。

九五震孚于嘉，吉。庚辰

「其化爲斂。」同上。「其藏肺，肺其畏熱。」同上。

上六无妄拘係之，乃從維之。王用亨于西山。庚寅

「其蟲介。」同上。「其主鼻，其穀稻。」同上。

蠱　辛金

蠱，元亨，利涉大川。先甲三日，後甲三日。

《五運行大論》：「在體爲皮毛，在氣爲成，在藏爲肺。」

初六大畜幹父之蠱，有子，考无咎，厲，終吉。辛丑

「其政爲勁。」《五運行大論》。「其果桃，其實殼。」《五常政大論》「審平之紀。」

九二艮幹母之蠱，不可貞。辛亥

「其令霧露。」同上。「其應秋，其蟲介。」同上。

九三蒙幹父之蠱，小有悔，无大咎。辛酉

「其變肅殺。」同上。「其畜鷄，其色白。」同上。

六四鼎裕父之蠱，往見吝。辛未

「其眚蒼落。」同上。「其養皮毛，其病欬。」同上。

六五巽幹父之蠱，用譽。辛巳

「其味爲辛。」同上。「其味辛，其音商。」同上。

上九升不事王侯，高尚其事。辛卯

「其志爲憂。」同上。「其物外堅，其數九。」同上。

《氣交變大論》：「西方生燥，燥生金。其德清潔，其化緊斂，其政勁切，其令燥，其變肅殺，其災蒼隕。」

《六元正紀大論》：「金鬱之發，天潔地明，風清氣切，大凉迺舉，草樹浮煙，燥氣以

行，霧霧數起，殺氣來至，草木蒼乾，金迺有聲。故民病欬逆，心脇滿引少腹，善暴痛，不可反側，嗌乾，面塵色惡。山澤焦枯，土凝霜鹵，怫迺發也，其氣五。夜零白露，林莽聲悽，怫之兆也。」

臨　壬水

臨，元亨，利貞，至于八月有凶。

《五運行大論》：「北方生寒，寒生水，水生鹹，鹹生腎，腎生骨髓，髓生肝。其在天爲寒，在地爲水。」

初九師咸臨，貞吉。壬子

「其性爲凜。」《五運行大論》。「其氣明，其性下。」《五常政大論》「静順之紀。」

九二復咸臨，吉，无不利。壬戌

「其德爲寒。」同上。「其用沃衍，其化凝堅。」同上。

六三泰甘臨，无攸利。既憂之，无咎。壬申

「其用爲□。」字闕。同上。「其類水，其政流演。」同上。

六四歸妹至臨，无咎。壬午

「其色爲黑。」同上。「其候凝肅，其令寒。」同上。

六五節知臨，大君之宜，吉。壬辰

「其化爲肅。」同上。　「其藏腎，腎其畏濕。」同上。

上六損敦臨，吉，无咎。壬寅

「其蟲鱗。」同上。　「其主二陰，其穀豆。」同上。

觀　癸水

觀，盥而不薦，有孚顒若。

《五運行大論》：「在體爲骨，在氣爲堅，在藏爲腎。」

初六益童觀，小人无咎，君子吝。癸丑

「其政爲静。」《五運行大論》。　「其果栗，其實濡。」《五常政大論》「静順之紀。」

六二渙闚觀，利女貞。癸亥

「其令□。」字闕。同上。　「其應冬，其蟲鱗。」同上。

六三漸觀我生進退。癸酉

「其變凝冽。」同上。　「其畜彘，其色黑。」同上。

六四否觀國之光，利用賓于王。癸未

「其眚冰雹。」同上。　「其養骨髓，其病厥。」同上。

九五剥觀我生，君子无咎。癸巳

「其味爲鹹。」同上。　「其味鹹，其音羽。」同上。

上九比觀其生，君子无咎。癸卯

「其志爲恐。」同上。　「其物濡，其數六。」同上。

《氣交變大論》：「北方生寒，寒生水，其德悽愴，其化清謐，其政肅，其令寒，其變凜冽，其災冰雪霜雹。」

《六元正紀大論》：「水鬱之發，陽氣迺辟，陰氣暴舉，大寒迺至，川澤嚴凝，寒雰結爲霜雪，甚則黃黑昏翳，流行氣交，迺爲霜殺，水迺見祥。故民病寒，客心痛，腰脽痛，大關節不利，屈伸不便，善厥逆，痞堅腹滿。陽光不治，空積沈陰，白埃昏瞑，而迺發也，其氣二火前後。太虛深玄，氣猶麻散，微見而隱，色黑微黃，怫之先兆也。」

離坎十卦以九卦起數，作九卦用。上經三十卦，乾坤泰否卦順行而下，離坎十卦逆行而上。首離坎，終噬嗑，中爲人事，可以長久。久與九同音，形藏四，神藏五，合爲九也。故曰「君子有九思」。

離　午南

坎　子北

大過　卯東

頤酉　西

大畜辰　戌　中土

无妄丑　未

復申　金

剥亥　水

賁寅　木

噬嗑巳　火

《論語》：「孔子曰：『君子有九思：視思明，離午屬南。聽思聰，坎子屬北。貌思恭，大過卯屬東。言思忠，頤酉屬西。〇形藏四。色思温，大畜辰戌、无妄丑未屬土。事思敬，戌申屬金。疑思問，剥亥屬水。忿思難，賁寅屬木。見得思義。』」噬嗑巳屬火。〇神藏五。

又曰：「顔淵曰：『請①問其目。』子曰：『非禮勿視，離。非禮勿聽，坎。非禮勿動，大過。非禮勿言。』頤。〇形藏四。顔淵曰：『回雖不敏，請事斯語矣。』」

---

① 請：原作「講」，據《論語・顔淵》改。又，廖氏所引文獻，次序、字句往往與原文小異，兹不一一出校。下同。

《五常政大論》：「故生而勿殺，長而勿罰，化而勿制，收而勿害，藏而勿抑，神藏五。是謂平氣。」

《六節藏象論》：「黄帝問曰：『余聞天以六六之節以成一歲，天以六六爲節，地以五五爲制，故天數六，地數五，人數九，形四神五，合而爲九，三數鼎立。《魯頌》四在中，《商頌》五屬地，《周頌》六屬天。人以九九制會，計人亦有三百六十五節，以爲天六地五久矣，不知其所謂也。』全元起本有此一節，王本無。岐伯對曰：『昭乎哉問也！王注本從此起。請遂言之。夫六六之節，天爲陽六。九九制會者，人制會。所以正天之度、氣之數也。天度者，所以制日月之行也。氣數者，所以紀化生之用也。天爲陽，六。地爲陰，五。日爲陽，月爲陰。行有分紀，周有道理，日行一度，月行十三度而有奇焉，故大小月，三百六十五日而成歲，積氣餘而盈閏矣。立端於始，表正於中，推餘於終，而天度畢矣。』帝曰：『余已聞天度矣，願聞氣數何以合之？』岐伯曰：『天以六六爲節，地當作人。以九九制會。形四、神五，合九。天有十日，十干。日六竟而周甲，甲子。甲六復而終歲，三百六十日法也。夫自古通天者，生之本，本於陰陽，其氣九州九竅，皆通乎天氣。故其生五，其氣三，三而成天，三而成地，三而成人。三而三之，合則爲九，九分爲九野，九野爲九藏。故形藏四，神藏五，合爲九藏以應之也。』」《論語》：「君子有九思：視思明，聽思聰，貌思恭，言思忠。」形藏四。「色思温，事思敬，疑思問，忿思難，見得思義。」神藏五。

《三部九候論》：「帝曰：『中部之候奈何？』岐伯曰：『亦有天，亦有地，亦有人。天以候肺，地以候胸中之氣，人以候心。』帝曰：『上部以何候之？』岐伯曰：『亦有天，亦有地，亦有人。天以候頭角之氣，地以候口齒之氣，人以候耳目之氣。王注本此。三部者，各有天，各有地，各有人。三而成天，三而成地，三而成人，三而三之，合則爲九，九分爲九野，九野爲九藏。故神藏五，形藏四，合爲九藏。五藏已敗，其色必夭，夭必死矣。』」

離　午南　視思明

離，利貞，亨，畜牝牛，吉。

初九旅履錯然，敬之，无咎。

六二大有黄離，元吉。

九三噬嗑日昃之離，不鼓缶而歌，則大耋之嗟，凶。

九四賁突如其來如，焚如死如，棄如。

六五同人出涕沱若，戚嗟若，吉。

上九豐王用出征，有嘉折首，獲匪其醜，无咎。

《抑》詩：「視爾友君子，輯柔爾顔，不遐有愆。相在爾室，尚不愧于屋漏。無曰不顯，莫予云覯。神之格思，不可度思，矧可射思。」

「辟爾爲德，俾臧俾嘉。淑慎爾止，不愆于儀。不僭不賊，鮮不爲則。投我以桃，報之以李。彼童而角，實虹小子。」

坎　子北　聽思聰。

習坎，有孚維心，亨，行有尚。

初六節習坎，入于坎窞，凶。

九二比坎有險，求小得。

六三井來之坎坎，險且枕。入于坎窞，勿用。

六四困樽酒簋貳，用缶，納約自牖，終无咎。

九五師坎不盈，祇既平，无咎。

上六渙係用徽纆，寘于叢棘，三歲不得凶。

《抑》詩：「昊天孔昭，我生靡樂。視爾夢夢，我心慘慘。誨爾諄諄，聽我藐藐。匪用爲教，覆用爲虐。借曰未知，亦聿既耄。」

「於乎小子，告爾舊止。聽用我謀，庶無大悔。天方艱難，曰喪厥國。取譬不遠，昊天不忒。回遹其德，俾民大棘。」

大過　卯東　貌思恭

大過，棟橈，利有攸往，亨。

初六夬藉用白茅，无咎。

九二咸枯楊生稊，老夫乾。得變化。其女三女。妻，坤。无不利。

九三困棟橈，凶。

九四井棟隆，吉，有它吝。

九五恒枯楊生華，老婦坤。得其士三男。夫，乾。无咎，无譽。

上六姤過涉滅頂，凶，无咎。

《抑》詩：「荏染柔木，言緍之絲。温温恭人，維德之基。其維哲人，告之話言，順德之行。其維愚人，覆謂我僭，民各有心。」

「於乎小子，未知臧否。匪手攜之，言示之事。匪面命之，言提其耳。借曰未知，亦既抱子。民之靡盈，誰夙知而莫成？」

頤　酉酉　言思忠

頤，貞吉。觀頤，自求口實。

初九剥舍爾靈龜，觀我朵頤，凶。

六二損顛頤，拂作覆經于丘頤，征凶。

六三賁拂頤，貞凶。十年勿用，无攸利。

六四噬嗑顛頤，吉。虎視眈眈，其欲逐逐，无咎。

六五益拂經，居貞吉，不可涉大川。

上九復由頤，厲，吉，利涉大川。

《抑》詩：「質爾人民，謹爾侯度，用戒不虞。慎爾出話，敬爾威儀，無不柔嘉。白圭之玷，尚可磨也；斯言之玷，不可爲也。」

「無易由言，無曰苟矣。莫捫朕舌，言不可逝矣。無言不讎，無德不報。惠于朋友，庶民小子。子孫繩繩，萬民靡不承。」

證誤　王注：「形藏四者，一頭角，二耳目，三口齒，四胸中也。形分爲藏，故以名焉。」按形藏四，王注非也。《論語》之四勿視、聽、言、動，證之《詩》、《易》，乃顯然明白。

大畜　辰戌土土運之歲，上見太陰。太陰濕土。

大畜，利貞，不家食，吉，利涉大川。

《靈樞·通天篇》：「陰陽和平按：陰陽和平當作太陰。之人，居處安靜，無爲懼懼，無爲欣欣，婉然從物，或與不爭，與時變化，尊則謙謙，譚而不治，是謂至治。」

初九蠱有厲，利已。

九二賁輿説輹。

九三損良馬逐，利艱貞，曰閑輿衛，利有攸往。

六四大有童牛之牿，元吉。

六五小畜豶豕之牙，吉。

上九泰何天之衢，亨。

「陰陽和平太陰之人，其陰陽之氣和，血脈調，謹診其陰陽，視其邪正，安容儀，審有餘不足，盛則寫之，虛則補之，不盛不虛，以經取之。此所以調陰陽、别五態之人者也。」同上。

無妄　丑未土

無妄，元亨利貞。其匪正，有眚，不利有攸往。

初九否無妄，往吉。

六二履不耕穫，不菑畬，則利有攸往。

六三同人無妄之災，或繫之牛，行人之得，邑人之災。

九四益可貞，無咎。

九五噬嗑無妄之疾，勿藥，有喜。

上九隨無妄，行有眚，無攸利。

「陰陽和平太陰之人，其狀委委然，隨隨然，顒顒然，愉愉然，暶暶然，豆豆然，衆人皆曰君子，此陰陽和平太陰之人也。」同上。

復　申金金運之歲，上見陽明，陽明燥金。

復，亨，出入無疾，朋來無咎。反復其道，七日來復，利有攸往。

《靈樞·通天篇》：「少陽按：少陽當作陽明。之人，諟諦好自貴，有小小官則高自宜，好爲外交而不内附，此少陽陽明之人也。」

初九坤不遠復，无祇悔，元吉。

六二臨休復，吉。

六三明夷頻復，厲，无咎。

「少陽陽明之人，多陽少陰，經小而絡大，血在中而氣外實，陰而虚陽，獨寫其絡脈，則強氣脱而疾，中氣不足，病不起也。」

六四震中行，獨復。

六五屯敦復，无悔。

上六頤迷復，凶，有災眚。用行師，終有大敗，以其國君凶，至于十年不克征。

「少陽陽明之人，其狀立則好仰，行則好搖，其兩臂兩肘則常出於背，此少陽陽明之人也。」同上。

剥　亥水水運之歲，上見太陽。太陽寒水。

剥，不利有攸往。

《靈樞·通天篇》：「太陽之人，居處于于，好言大事，無能而虚説，志發於四野，舉措不顧是非，爲事如常自用，事雖敗而常無悔，此太陽之人也。」

初六頤剥牀以足，蔑貞凶。

六二蒙剥牀以辨，蔑貞凶。

六三艮剥之，无咎。

「太陽之人，多陽而少陰，必謹調之，無脱其陰，而寫其陽。陽重脱者易狂，陰陽皆脱者，暴死不知人也。」同上。

六四晉剥牀以膚，凶。

六五觀貫魚，以宫人寵，无不利。

上九坤碩果不食，君子得輿，小人剥廬。

「太陽之人，其狀軒軒儲儲，反身折膕，此太陽之人也。」同上。

賁　寅木木運之歲，上見厥陰。厥陰風木。

賁，亨，小利有攸往。

《靈樞·通天篇》：「太陰按太陰當作厥陰。之人，貪而不仁，下齊湛湛，好内而惡出，心和而不發，不務於時，動而後之，此太陰厥陰之人。」

初九艮賁其趾，舍車而徒。

六二小畜賁其須。

九三頤賁如濡如，永貞吉。

「太陰厥陰之人，多陰而無陽，其陰血濁，其衛氣濇，陰陽不和，緩筋而厚皮，不之疾寫，不能移之。」同上。

六四離賁如皤如，白馬翰如，匪寇，婚媾。

六五家人賁于丘園，束帛戔戔，吝，終吉。

上九明夷白賁无咎。

「太陰厥陰之人，其狀黮黮然黑色，念然下意，臨臨然長大，膕然未僂，此太陰厥陰之人也。」同上。

噬嗑　巳火火運之歲，上見少陽、少陰。少陽相火，少陰君火，以君火爲主。

噬嗑，亨，利用獄。

《靈樞・通天篇》：「少陰之人，小貪而賊心，見人有亡，常若有得，好傷好害，見人有榮，乃反慍怒，心疾而無恩，此少陰之人也。」

初九晉屨校滅趾，无咎。

六二睽噬膚滅鼻，无咎。

六三離噬腊肉，遇毒，小吝，无咎。

「少陰之人，多陰少陽，小胃而大腸，六府不調。其陽明脈小而太陽脈大，必審調之。其血易脱，其氣易敗也。」同上。

九四頤噬乾胏，得金矢，利艱貞，吉。

六五无妄噬乾肉，得黄金，貞厲，无咎。

上九震何校滅耳，凶。

「少陰之人，其狀清然竊然，固以陰賊，立而躁嶮，行而似伏。此少陰之人也。」同上。

證誤 王注：「神藏五者，一肝、二心、三脾、四肺、五腎也。神藏於内，故以名焉。」按神藏者，即肝藏木、心藏火、脾藏土、肺藏金、腎藏水也，指五行之五勿言，與形藏四之四勿不同。

易經經釋卷下

井研　廖平　譔

下經

《病能論》：「《下經》者，言病之變化也。」陰陽過、不及，皆病。《氣交變大論》：「岐伯曰：『本氣，位也。位天者，天文也；巽震六卦。位地者，地理也；艮兑六卦。通於人氣之變化者，人事也。既未六卦。故太過者先天，陽干五卦。不及者後天，陰干五卦。所謂治化而人應之也。』」損益六卦。

咸恒十卦作十卦用。

咸丁　化木
恒壬

遯癸　化火
大壯戊

晉甲
明夷己　化土
家人庚
睽乙　化金
蹇辛
解丙　化水

《五常政大論》：「帝曰：『其不及奈何？』岐伯曰：『木曰委和，火曰伏明，土曰卑監，金曰從革，水曰涸流。』帝曰：『太過，何謂？』岐伯曰：『木曰發生，火曰赫曦，土曰敦阜，金曰堅成，水曰流衍。』」

《六節藏象論》：「帝曰：『余已聞六六、乾坤六氣。九九離坎九思之會也，夫子言積氣盈閏，願聞何謂氣？請夫子發蒙解惑焉。』岐伯曰：『此上帝所祕，先師傳之也。』帝曰：『請遂聞之。』岐伯曰：『五日謂之候，三候謂之氣，六氣謂之時，四時謂之歲，而各從其主治焉。五運相襲，而皆治之，終期之日，周而復始，時立氣布，如環無端，候亦同法。故曰：不知年之所加，氣之盛衰，虛實之所起，不可以爲工矣。』帝曰：『五運之始，如環無端，其太過、五行太過。不及五行不及。何如？』岐伯曰：『五氣更立，咸恒十卦。各有所勝，陽干太過，陰干不及。盛虛之變，此其常也。』中略。帝曰：『太過、不及奈何？』岐伯曰：『在經有也。』

《五常政大論》：「不恒其德，則所勝來復。政恒其理，則所勝同化。」此之謂也。帝曰：『何謂所勝？』岐伯曰：『春勝長夏，木尅土。長夏勝冬，土尅水。冬勝夏，水尅火。夏勝秋，火尅金。秋勝春，金尅木。所謂得五行時之勝，各以氣命其藏。』帝曰：『何以知其勝？』岐伯曰：『求其至也，皆歸始春，未至而至，此謂太過，則薄所不勝，而乘所勝也，命曰氣淫。不分邪辟内生，工不能禁。王注：此上十字文義不倫，應古人錯簡，次後五治下乃其義也。至而不至，此謂不及，則所勝妄行，而所生受病，所不勝薄之也，命曰氣迫。所謂求其至者，氣至之時也。謹候其時，氣可與期，失時反候，五治不分，邪辟内生，工不能禁也。』帝曰：『有不襲乎？』岐伯曰：『蒼天之氣，不得無常也。氣之不襲，是謂非常，非常則變矣。』帝曰：『非常而變，奈何？』岐伯曰：『變至則病，所勝則微，所不勝則甚，因而重感於邪，則死矣。故非其時則微，當其時則甚也。』」

咸改作或。木不及或，恒之反，「立心勿恒」、「或承之羞」。

或亨，利貞，取女吉。

初六革或其拇。丁卯

《五常政大論》：委和之紀。「其氣斂，其用聚。」

六二大過或其腓，凶，居吉。丁丑

「其動緛戾拘緩，其發驚駭。」同上。

九三萃或其股，執其隨，往吝。丁亥

「其藏肝，其果棗李。」同上。

九四蹇貞吉，悔亡。憧憧往來，朋從爾思。丁酉

「其實核殼，其穀稷稻。」同上。

九五小過或其脢，无悔。丁未

「其味酸辛，其色白蒼。」同上。

上六遯或其輔頰舌。丁巳

「其畜犬雞，其蟲毛介。」同上。

《氣交變大論》：「歲木不及，燥迺大行，生氣失應，草木晚榮，肅殺而甚，則剛柔辟著，悉萎蒼乾，上應太白星。民病中清，胠脇痛，少腹痛，腸鳴溏泄。凉雨時至，上應太白星，其穀蒼。上臨陽明，生氣失政，草木再榮，化氣迺急，上應太白、鎮星，其主蒼早。復則炎暑流火，濕性燥，柔脆草木焦槁，下體再生，華實齊化，病寒熱、瘡瘍、疿胗、癰痤，上應熒惑、太白，其穀白堅。白露早降，收殺氣行，寒雨害物，蟲食甘黃，脾土受邪，赤氣後化，心氣晚治，上勝肺金，白氣迺屈，其穀不成，欬而鼽，上應熒惑、太白星。」

又曰：「木不及，春有鳴條律暢之化，則秋有霧露清凉之政。春有慘淒殘賊之勝，則夏有炎暑燔爍之復，其眚東，其藏肝，其病内舍胠脇，外在關節。」

恒　木太過

恒，亨，无咎，利貞，利有攸往。

初六大壯浚恒，貞凶，无攸利。壬申

《五常政大論》：發生之紀。「其化生，其氣美。」

九二小過悔亡。壬午

「其政散，其令條舒。」同上。

九三解不恒其德，或承之羞，貞吝。壬辰

「其動掉眩巔疾，其德鳴靡啓坼。」同上。

九四升田无禽。壬寅

「其變振拉摧拔，其穀麻稻。」同上。

六五大過恒其德，貞婦人吉，夫子凶。壬子

「其畜雞犬，其果李桃。」同上。

上六鼎振恒，凶。壬戌

「其色青黄白，其味酸甘辛。」同上。

《氣交變大論》：「歲木太過，風氣流行，脾土受邪。民病飧泄，食減，體重，煩寃，腸鳴腹支滿，上應歲星。甚則忽忽善怒，眩冒巔疾，化氣不政，生氣獨治，雲物飛動，草木不寧，甚而搖落，反脇痛而吐甚，衝陽絶者，死不治，上應太白星。」

遯　火不及

遯，亨，小利貞。豚誤作遯，與大壯對文。大壯乃大羊也。

初六同人遯尾，厲，勿用有攸往。癸酉

《五常政大論》：伏明之紀。「其氣鬱，其用暴。」

六二姤執之用黄牛之革，莫之勝説。癸未

「其動彰伏變易，其發痛。」同上。

九三否係遯，有疾，厲。畜臣妾吉。癸巳

「其藏心，其果栗桃。」同上。

九四漸好遯，君子吉，小人否。癸卯

「其實絡濡，其穀豆稻。」同上。

九五旅嘉遯，貞吉。癸丑

「其味苦鹹，其色玄丹。」同上。

上九咸肥遯，无不利，癸亥

「其畜馬彘，其蟲羽鱗。」同上。

《氣交變大論》：「歲火不及，寒迺大行，長政不用，物榮而下，凝慘而甚，則陽氣不化，迺折榮美，上應辰星。民病胸中痛，脇支滿，兩脇痛，膺背肩胛間及兩臂内痛，鬱冒朦昧，心痛暴瘖，胸腹大，脇下與腰背相引而痛，甚則屈不能伸，髖髀如別，上應熒惑、辰星，其穀丹。復則埃鬱，大雨且至，黑氣迺辱，病溏腹滿，食飲不下，寒中腸鳴，泄注腹痛，暴攣痿痺，足不任身，上應鎮星、辰星，玄穀不成。」

又曰：「火不及，夏有炳明光顯之化，則冬有嚴肅霜寒之政。夏有慘淒凝冽之勝，則不時有埃昏大雨之復，其眚南，其藏心，其病内舍膺脇，外在經絡。」

大壯　火太過

大壯，利貞。

初九恒壯于趾，征凶，有孚。戊辰

《五常政大論》：赫曦之紀。「其化長，其氣高。」

九二豐貞吉。戊寅

「其政動，其令鳴顯。」同上。

九三歸妹小人用壯，君子用罔，貞厲。羝羊觸藩，羸其角。戊子

「其動炎灼妄擾，其德暄暑鬱蒸。」同上。

九四泰貞吉，悔亡。藩決不羸，壯于大輿之輹。戊戌

「其變炎烈沸騰，其穀麥、豆。」同上。

六五夬喪羊于易，无悔。戊申

「其畜羊彘，其果杏、栗。」同上。

上六大有羝羊觸藩，不能退，不能遂，无攸利，艱則吉。戊午

「其色赤白玄，其味苦、辛、鹹。」同上。

《氣交變大論》：「歲火太過，炎暑流行，金肺受邪。民病瘧，少氣欬喘，血溢血泄注下，嗌燥耳聾，中熱肩背熱，上應熒惑星。甚則胸中痛，脇支滿脇痛，膺背肩胛間痛，兩臂内痛，身熱骨痛而爲浸淫。收氣不行，長氣獨明，雨水霜寒，上應辰星。上臨少陰少陽，火燔焫，冰泉涸，物焦槁。病反譫妄狂越，欬喘息鳴，下甚血溢泄不已，太淵絶者，死不治，上應熒惑星。」

晉　土太過

晉，康侯用錫馬蕃庶，晝日三接。

初六噬嗑晉如，摧如，貞吉，罔孚，裕，无咎。甲子

《五常政大論》：敦阜之紀。「其化圓，其氣豐。」

六二未濟晉如，愁如，貞吉。受茲介福，于其王母。甲戌

「其政静，其令周備。」同上。

六三旅衆允，悔亡。甲申

「其動濡積并穡，其德柔潤重淖。」同上。

九四剥晉如鼫鼠，貞厲。甲午

「其變震驚、飄驟、崩潰，其穀稷麻。」同上。

六五否悔亡，失得勿恤，往吉，无不利。甲辰

「其畜牛犬，其果棗李。」同上。

上九豫晉其角，維用伐邑，厲，吉，无咎，貞吝。甲寅

「其色黅玄蒼，其味甘鹹酸。」同上。

《氣交變大論》：「歲土太過，雨濕流行，腎水受邪，民病腹痛、清厥、意不樂、體重、煩冤，上應鎮星。甚則肌肉萎，足痿不收，行善瘈，脚下痛，飲發中滿，食減，四支不舉。變生得位，藏氣伏，化氣獨治之，泉涌河衍，涸澤生魚，風雨大至，土崩潰，鱗見於陸。病腹滿、溏泄、腸鳴，反下甚，而太谿絶者，死不治，上應歲星。」

明夷　土不及

明夷，利艱貞。

初九謙明夷于飛，垂其翼。君子于行，三日不食。有攸往，主人有言。己巳

《五常政大論》：卑監之紀。「其氣散，其用静定。」

六二泰明夷夷于左股，用拯馬壯，吉。己卯

「其動瘍涌、分潰、癰腫，其發濡滯。」同上。

九三復明夷于南狩，得其大首，不可疾貞。己丑

「其藏脾，其果李栗。」同上。

六四豐入于左腹，獲明夷之心，于出門庭。己亥

「其實濡核，其穀豆麻。」同上。

六五既濟箕子之明夷，利貞。己酉

「其味酸甘，其色蒼黄。」同上。

上六賁不明晦，初登于天，後入于地。己未

「其畜牛犬，其蟲倮毛。」同上。

《氣交變大論》：「歲土不及，風迺大行，化氣不令，草木茂榮，飄揚而甚，秀而不實，上應歲星。民病飧泄、霍亂，體重、腹痛，筋骨繇復，肌肉瞤酸，善怒，藏氣舉事，蟄蟲早附，咸病寒中，上應歲星、鎮星，其穀黅。復則收政嚴峻，名木蒼凋，胸脇暴痛，下引少腹，善太息，蟲食甘黄，氣客於脾，黅穀迺減，民食少失味，蒼穀迺損，上應太白、歲星。上臨厥陰，流水不冰，蟄蟲來見，藏氣不用，白迺不復，上應歲星，民迺康。」

又曰：「土不及，四維有埃雲潤澤之化，則春有鳴條鼓拆之政。四維發振拉飄騰之變，則秋有肅殺霖霪之復。其眚四維，其藏脾，其病内舍心腹，外在肌肉、四支。」

家人　金太過

家人，利女貞。

初九漸閑有家，悔亡。庚午

《五常政大論》：堅成之紀。「其化成，其氣削。」

六二小畜无攸遂，在中饋，貞吉。庚辰

「其政肅，其令鋭切。」同上。

九三无益家人嗃嗃，悔厲吉。婦子嘻嘻，終吝。庚寅

「其動暴折瘍疰，其德霧露蕭飋。」同上。

六四同人富家大吉。庚子

「其變肅殺凋零，其穀稻黍。」同上。

九五賁王假有家，勿恤，吉。庚戌

「其畜雞、馬，其果桃、杏。」同上。

上九既濟有孚威如，終吉。庚申

「其色白青丹，其味辛酸苦。」同上。

《氣交變大論》：「歲金太過，燥氣流行，肝木受邪。民病兩脇下少腹痛，目赤痛眥瘍，耳無所聞。肅殺而甚，則體重煩寃，胸痛引背，兩脇滿且痛引少腹，上應太白星。甚

則喘欬逆氣，肩背痛，尻陰股膝髀腨䯒足皆病，上應熒惑星。收氣峻，生氣下，草木斂，蒼乾凋隕，病反暴痛，胠脇不可反側，欬逆甚而血溢，太衝絶者，死不治。上應太白星。」

睽　金不及

睽，小事吉。

初九未濟悔亡，喪馬勿逐，自復。見惡人，无咎。乙丑

《五常政大論》：從革之紀。「其氣揚，其用躁切。」

九二噬嗑遇主于巷，无咎。乙亥

「其動鏗禁瞀厥，其發欬喘。」同上。

六三大有見輿曳，其牛掣，其人天且劓，无初有終。乙酉

「其藏肺，其果李杏。」同上。

九四損睽孤，遇元夫，交孚，厲无咎。乙未

「其實殼絡，其穀麻麥。」同上。

六五履悔亡，厥宗噬膚，往何咎。乙巳

「其味苦辛，其色白丹。」同上。

上九歸妹睽孤，見豕負塗，載鬼一車，先張之弧，後説之弧。匪寇，婚媾。往，遇雨則吉。乙卯

「其畜雞羊，其蟲介羽。」同上。

《氣交變大論》：「歲金不及，炎火迺行，生氣迺用，長氣專勝，庶物以茂，燥爍以行，上應熒惑星。民病肩背瞀重，鼽嚏，血便注下，收氣迺後，上應太白星，其穀堅芒。復則寒雨暴至，迺零冰雹霜雪殺物，陰厥且格，陽反上行，頭腦户痛，延及囟頂發熱，上應辰星，丹穀不成，民病口瘡，甚則心痛。」

又曰：「金不及，夏有光顯鬱蒸之令，則冬有嚴凝整肅之應。夏有炎爍燔燎之變，則秋有冰雹霜雪之復。其眚西，其藏肺，其病内舍膺脇肩背，外在皮毛。」

蹇　水不及

蹇，利西南，不利東北。利見大人，貞吉。

初六既濟往蹇來譽。辛未

《五常政大論》：涸流之紀。「其氣滯，其用滲泄。」

六二井王臣蹇蹇，匪躬之故。辛巳

「其動堅止，其發燥槁。」同上。

九三比往蹇來反。辛卯

「其藏腎，其果棗杏。」同上。

六四咸往蹇來連。辛酉

「其實濡肉，其穀黍稷。」同上。

九五謙大蹇朋來。辛亥

「其味甘鹹，其色黅玄。」同上。

上六漸往蹇來碩，吉，利見大人。辛丑

「其畜彘牛，其蟲鱗倮。」同上。

《氣交變大論》：「歲水不及，濕迺大行，長氣反用，其化迺速，暑雨數至，上應鎮星。民病腹滿，身重濡泄，寒瘍流水，腰股痛發，膕腨股膝不便，煩寃，足痿，清厥，脚下痛甚，則跗腫。藏氣不政，腎氣不衡，上應辰星，其穀秬。上臨太陰，則大寒數舉，蟄蟲早藏，地積堅冰，陽光不治。民病寒疾於下，甚則腹滿浮腫，上應鎮星，其主黅穀。復則大風暴發，草偃木零，生長不鮮，面色時變，筋骨併辟，肉瞤瘛，目視䀮䀮，物疏璺，肌肉胗發，氣并鬲中，痛於心腹，黄氣迺損，其穀不登，上應歲星。」

又曰：「水不及，四維有湍潤埃雲之化，則不時有和風生發之應。四維發埃昏驟注之變，則不時有飄蕩振拉之復。其眚北，其藏腎，其病内舍腰脊骨髓，外在谿谷踹膝。」

解　水太過

解，利西南，无所往，其來復，吉。有攸往，夙吉。

初六歸妹无咎丙寅

《五常政大論》：流衍之紀。「其化凜，其氣堅。」

九二豫田獲三狐，得黄矢，貞吉。丙子

「其政謐，其令流注。」同上。

六三恒負且乘，致寇至，貞吝。丙戌

「其動漂泄沃涌，其德凝慘寒雰。」同上。

九四師解而拇，朋至斯孚。丙申

「其變冰雪霜雹，其穀豆稷。」同上。

六五困君子惟有解，吉。有孚于小人。丙午

「其畜彘牛，其果栗棗。」同上。

上六未濟公用射隼于高墉之上，獲之，无不利。丙辰

「其色黑丹黅，其味鹹苦甘。」

《氣交變大論》：「歲水太過，寒氣流行，邪害心火。民病身熱煩心躁悸，陰厥上下中寒，譫妄心痛，寒氣早至，上應辰星。甚則腹大脛腫，喘欬，寖汗出，憎風，大雨至，埃霧朦鬱，上應鎮星。上臨太陽，雨冰雪，霜不時降，濕氣變物，病反腹满腸鳴，溏泄食不化，渴而妄冒，神門絶者，死不治，上應熒惑、辰星。」

損益六卦別成一局，如《周禮》六官，互相比類。

損天

益地
夬春
姤夏
渙秋
節冬

《論語》：「子張問：『十世可知也？』子曰：『殷因于夏禮，所損益可知也；周因于殷禮，所損益可知也；其或繼周者，雖百世可知也。』」

《六元正紀大論》：「帝曰：『天地之數，終始奈何？』岐伯曰：『悉乎哉問也，是明道也。數之始，起於上而終於下。歲半之前，天氣主之；損。歲半之後，地氣主之；益。上下交互，氣交主之，歲紀畢矣。』」

又曰：「帝曰：『願聞其行何謂也？』岐伯曰：『春氣西行，夬。夏氣北行，姤。秋氣東行，渙。冬氣南行。節。故春氣始於下，秋氣始於上，夏氣始於中，冬氣始於標。春氣始於左，秋氣始於右，冬氣始於後，夏氣始於前。此四時正化之常。故至高之地，冬氣常在；至下之地，春氣常在，必謹察之。』」

損　天

損，有孚，元吉，无咎，可貞。利有攸往。曷之用？二簋可用享。

初九蒙已事遄往，无咎，酌損之。

《六元正紀大論》：「夫氣之所至也，厥陰所至爲和平，少陰所至爲暄，太陰所至爲埃溽，少陽所至爲炎暑，陽明所至爲清勁，太陽所至爲寒雰。時化之常也。」

九二頤利貞，征凶，弗損益之。

「厥陰所至，爲生，爲風摇。少陰所至，爲榮，爲形見。太陰所至，爲化，爲雲雨。少陽所至，爲長，爲蕃鮮。陽明所至，爲收，爲霧露。太陽所至，爲藏，爲周密。氣化之常也。」同上。

六三大畜三人行則損一人，一人行則得其友。

「厥陰所至爲毛化，少陰所至爲羽化，太陰所至爲倮化，少陽所至爲羽化，陽明所至爲介化，太陽所至爲鱗化。德化之常也。」同上。

六四睽損其疾，使遄有喜，无咎。

「厥陰所至爲飄怒、太凉，少陰所至爲大暄寒，太陰所至爲雷霆、驟注、烈風，少陽所至爲飄風、燔燎、霜凝，陽明所至爲散落、温，太陽所至爲寒雪、冰雹、白埃。氣變之常也。」同上。

六五中孚或益之十朋之龜，弗克違，元吉。

「厥陰所至爲裏急，少陰所至爲瘍胗、身熱，太陰所至爲積飲、否隔，少陽所至爲嚏嘔、爲瘡瘍，陽明所至爲浮虚，太陽所至爲屈伸不利。病之常也。」同上。

上九臨弗損益之，无咎，貞吉，利有攸往，得臣无家。

「厥陰所至爲緛戾，少陰所至爲悲妄、衄衊，太陰所至爲中滿、霍亂、吐下，少陽所至爲喉痺、耳鳴、嘔涌，陽明所至皴揭，太陽所至爲寢汗、痙。病之常也。」同上。

益　地

益，利有攸往，利涉大川。

初九觀利用爲大作，元吉，无咎。

《六元正紀大論》：「厥陰所至爲風府、爲璺啓，少陰所至爲火府、爲舒榮，太陰所至爲雨府、爲員盈，少陽所至爲熱府、爲行出，陽明所至爲司殺府、爲庚蒼，太陽所至爲寒府、爲歸藏。司化之常也。」

六二中孚或益之十朋之龜，弗克違，永貞吉。王用亨于帝，吉。

「厥陰所至爲風生，終爲肅；少陰所至爲熱生，中爲寒；太陰所至爲濕生，終爲注雨；少陽所至爲火生，終爲蒸溽；陽明所至爲燥生，終爲凉；太陽所至爲寒生，中爲温。德化之常也。」同上。

六三家人益之用凶事，无咎，有孚中行，告公用圭。

「厥陰所至爲生化，少陰所至爲榮化，太陰所至爲濡化，少陽所至爲茂化，陽明所至爲堅化，太陽所至爲藏化。布政之常也。」同上。

六四无妄中行，告公從，利用爲依遷國。

「厥陰所至爲撓動，爲迎隨；少陰所至爲高明焰，爲曛；太陰所至爲沈陰，爲白埃，爲晦暝；少陽所至爲光顯，爲彤雲，爲曛；陽明所至爲煙埃，爲霜，爲勁切，爲悽鳴；太陽所至爲剛固，爲堅芒，爲立。令行之常也。」同上。

九五頤有孚惠心，勿問，元吉。有孚，惠我德。

「厥陰所至爲支痛，少陰所至爲驚惑、惡寒、戰慄、譫妄，太陰所至爲稸滿，少陽所至爲驚躁、瞀昧、暴病，陽明所至爲鼽尻陰股膝髀腨胻足病，太陽所至爲腰痛。病之常也。」同上。

上九屯莫益之，或擊之，立心勿恒，凶。

「厥陰所至爲脇痛、嘔泄，少陰所至爲語笑，太陰所至爲重胕腫，少陽所至爲暴注、瞤瘛、暴死，陽明所至爲鼽嚏，太陽所至爲流泄禁止。病之常也。」同上。

夬　春

夬，揚于王庭，孚號有厲。告自邑，不利即戎，利有攸往。

初九大過壯于前趾，往不勝，爲咎。

九二革惕號暮夜，有戎勿恤。

九三兑壯于頄，有凶。君子夬夬，獨行，遇雨若濡，有慍，无咎。

九四需臀無膚，其行次且，牽羊，悔亡，聞言不信。

九五大壯莧陸夬夬，中行，无咎。

上六乾无號，終有凶。

姤　夏

姤，女壯，勿用取女。

初六乾繫于金柅，貞吉。有攸往，見凶，羸豕孚蹢躅。

九二遯包有魚，无咎，不利賓。

九三訟臀無膚，其行次且，厲，无大咎。

九四巽包无魚，起凶。

九五鼎以杞包瓜，含章，有隕自天。

上九大過姤其角，吝，无咎。

涣　秋

涣，亨。王假有廟，利涉大川，利貞。

初六中孚用拯馬壯，吉。

九二觀涣奔其机，悔亡。

六三巽渙其躬，无悔。

六四訟渙其群，元吉。渙有丘，匪夷所思。

九五蒙渙汗，其大號。渙王居，无咎。

上九坎渙其血去逖出，无咎。

節　冬

節，亨。苦節，不可貞。

初九坎不出户庭，无咎。

九二屯不出門庭，凶。

六三需不節若，則嗟若。无咎。

六四兑安節，亨。

九五臨甘節，吉，往有尚。

上六中孚苦節，貞凶，悔亡。

《周禮》六官

《周禮》天官冢宰、地官司徒、春官宗伯、夏官司馬、秋官司寇、冬官小宰。以官府之六屬舉邦治，一曰天官，其屬六十，掌邦治。二曰地官，其屬六十，掌邦教。三曰春官，其屬六十，掌邦禮。四曰夏官，其屬六十，掌邦政。五曰秋官，其屬六十，掌邦刑。六曰冬官，其屬六十，掌邦事。六六三百六十，以象一年十二月之數。

巽震六卦 專司上局，配《小雅・瞻洛》十一篇，上知天文。

巽厥陰司天，少陽在泉。

震少陽司天，厥陰在泉。

升厥陰司天，少陽在泉。

萃少陽司天，厥陰在泉。

革厥陰司天，少陽在泉。

鼎少陽司天，厥陰在泉。

《天元紀大論》：「己亥之歲，上見厥陰。厥陰之上，風氣主之。」巽。○寅申之歲，上見少陽。少陽之上，相火主之。」震。

《至真要大論》：「厥陰司天巽。爲風化，在泉爲酸化，司氣爲蒼化，即左少陰，右太陽。間氣爲動化。即左陽明，右太陰。○少陽司天震。爲火化，在泉爲苦化，司氣爲丹化，即左陽明，右太陰。間氣爲明化。」即左少陰，右太陽。

巽　厥陰司天　少陽在泉

巽，小亨，利有攸往，利見大人。

初六小畜進退，利武人之貞。

九二漸巽在牀下，用史巫，紛若，吉无咎。

九三渙頻巽，吝。

《至真要大論》：「歲少陽在泉，火淫所勝，則燄明郊野，寒熱更至，民病注泄赤白，少腹痛溺赤，甚則血便。少陰同候。」

又曰：「少陽在泉，客勝則腰腹痛而反惡寒，甚則下白溺白。主勝則熱反上行而客於心，心痛發熱，格中而嘔。少陰同候。」

《五常政大論》：「少陽在泉，寒毒不生，其味辛，其治苦酸，其穀蒼丹。」

六四姤悔亡，田獲三品。

九五蠱貞吉，悔亡，无不利，无初有終。先庚三日，後庚三日，吉。

上九井巽在牀下，喪其資斧，貞凶。

《至真要大論》：「厥陰司天，風淫所勝，則太虛埃昏，雲物以擾，寒生春氣，流水不冰。民病胃脘，當心而痛，上支兩脇，鬲咽不通，飲食不下，舌本強，食則嘔，冷泄腹脹，溏泄，瘕水閉。蟄蟲不去，病本於脾，衝陽絶，死不治。」

又曰：「厥陰司天，客勝則耳鳴、掉眩，甚則欬。主勝則胸脇痛，舌難以言。」

《五常政大論》：「厥陰司天，風氣上臨，脾氣下從，而土且隆，黄起，水迺眚，土用革，體重，肌肉萎，食減，口爽，風行太虛，雲物搖動，目轉，耳鳴。火縱其暴，地迺暑，大熱消爍，赤沃下，蟄蟲數見，流水不冰，其發機速。」

《五運行大論》：「巳亥之上，厥陰主之。」

左少陰　　左陽明

諸上見厥陰。　　厥陰在上，則少陽在下。

右太陽　　右太陰

《六微旨大論》：「厥陰之上，風氣治之，中見少陽。」○「所謂本也。本之下，中之見也。」即少陽在下之變文。

震　少陽司天　厥陰在泉

震，亨。震來虩虩，笑言啞啞。震驚百里，不喪匕鬯。

初九豫震來虩虩，後笑言啞啞，吉。

六二歸妹震來，厲，億喪貝，躋于九陵，勿逐，七日得。

六三豐震蘇蘇，震行，无眚。

《至真要大論》：「歲厥陰在泉，風淫所勝，則地氣不明，平野昧，草迺早秀。民病洒洒振寒，善伸數欠，心痛，支滿，兩脇裏急，飲食不下，鬲咽不通，食則嘔，腹脹善噫，得後與氣，則快然如衰，身體皆重。」

又曰：「厥陰在泉，客勝則大關節不利，内爲痙強拘瘛，外爲不便。主勝則筋骨繇併，腰腹時痛。」

《五常政大論》：「厥陰在泉，清毒不生，其味甘，其治酸苦，其穀蒼赤，其氣專，其味正。」

九四復震，遂泥。

六五隨震往來厲。億无喪，有事。

上六噬嗑震索索，視矍矍，征凶。震不于其躬，于其鄰，无咎。婚媾有言。

《至真要大論》：「少陽司天，火淫所勝，則温氣流行，金政不平，民病頭痛，發熱惡寒而瘧，熱上皮膚痛，色變黄赤，傳而爲水，身面胕腫，腹滿仰息，泄注赤白，瘡瘍，欬唾血，煩心，胸中熱，甚則鼽衄。病本于肺，天府絶，死不治。」

又曰：「少陽司天，客勝則丹胗外發，及爲丹熛、瘡瘍、嘔逆、喉痹、頭痛、嗌腫、耳聾、血溢，内爲瘛瘲。主勝則胸滿、欬仰息，甚而有血，手熱。」

《五常政大論》：「少陽司天，火氣下臨，肺氣上從，白起金用，草木眚，火見燔焫，革金且耗，大暑以行，欬嚏，鼽衄，鼻窒，日瘍，寒熱，胕腫。風行於地，塵沙飛揚，心痛、胃脘痛，厥逆，膈不通，其主暴速。」

《五運行大論》：「寅申之上，少陽主之。」

左陽明　　左少陰
見少陽　　少陽在上，則厥陰在下。
右太陰　　右太陽

《六微旨大論》：「少陽之上，火氣治之，中見厥陰。」○「所謂本也。本之下，中之見也。」即厥陰在下之義。

升　厥陰司天初局　少陽在泉

升，元亨，用見大人，勿恤。南征吉。

初六泰允升，大吉。

九二謙孚乃利用禴，无咎。

九三師升虛邑。內三爻在泉。

六四恒王用亨于岐山，吉，无咎。

六五井貞吉，升階。

上六蠱冥升，利于不息之貞。外三爻司天。

萃　少陽司天三局　厥陰在泉

萃，亨。王假有廟，利見大人，亨，利貞。用大牲吉，利有攸往。

初六隨有孚不終，乃亂乃萃，若號，一握爲笑，勿恤，往无咎。

六二困引吉，无咎。孚，乃利用禴。

六三咸萃如嗟如，无攸利，往无咎，小吝。內三爻在泉。

九四比大吉，无咎。

九五豫萃有位，无咎。匪孚，元永貞，悔亡。

上六否齎咨涕洟，无咎。外三爻司天。

革　厥陰司天初局　少陽在泉

革，巳日乃孚。元亨，利貞，悔亡。

初九咸鞏用黄牛之革。

六二夬巳日乃革之，征吉，无咎。

九三隨征凶，貞厲。革言三就，有孚。內三爻在泉。

九四既濟悔亡，有孚，改命吉。

九五豐大人虎變，未占，有孚。

上六同人君子豹變，小人革面，征凶，居貞吉。外三爻司天。

鼎　少陽司天三局　厥陰在泉

鼎，元吉，亨。

初六大有鼎顛趾，利出否。得妾以其子，无咎。

九二旅鼎有實，我仇有疾，不我能即，吉。

九三未濟鼎耳革，其形塞，雉膏不食，方雨，虧悔，終吉。內三爻在泉。

九四蠱鼎折足，覆公餗，其形渥，凶。

六五姤鼎黃耳金鉉，利貞。

上九恒鼎玉鉉，大吉，无不利。外三爻司天。

《小雅》上知天文十一篇表

瞻洛

裳華　　桑扈

谷風　蓼莪　大東　四月　　北山　大車　小明　鼓鐘

巽　　震

上知天文

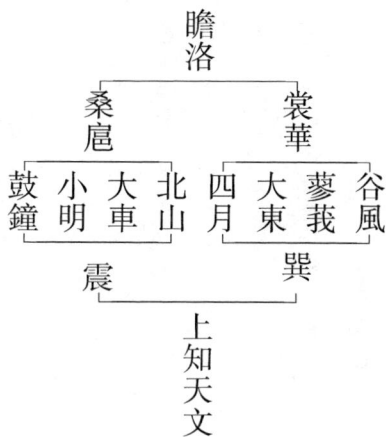

艮兑六卦專司下局，配《小雅·魚藻》十一篇。下知地理。

艮太陰司天，太陽在泉。

兑太陽司天，在陰在泉。

漸太陰司天，太陽在泉。

歸妹太陽司天，太陰在泉。

困太陰司天，太陽在泉。

井太陽司天，太陰在泉。

《天元紀大論》：「丑未之歲，上見太陰。」〇「太陰之上，濕氣主之。」艮。〇「辰戌之歲，上見太陽。」〇「太陽之上，寒氣主之。」兑。

《至真要大論》：「太陰司天，艮。爲濕化，在泉爲甘化，司氣爲黅化，即左少陽，右少陰。間氣爲柔化。」即左厥陰，右陽明。〇「太陽司天，兑。爲寒化，在泉爲鹹化，司氣爲玄化，即左厥陰，右陽明。間氣爲藏化。」即左少陽，右少陰。

艮　太陰司天　太陽在泉

艮其背，不獲其身，行其庭，不見其人，无咎。

初六賁艮其趾，无咎，利永貞。

六二蠱艮其腓，不拯其隨，其心不快。

九三剥艮其限，列其夤，厲，薰心。

《至真要大論》：「歲太陽在泉，寒淫所勝，則凝肅慘慄，民病少腹控睾，引腰脊，上衝心痛，血見，嗌痛頷腫。」

又曰：「太陽在泉，寒復内餘，則腰尻痛，屈伸不利，股脛足膝中痛。」

《五常政大論》：「太陽在泉，熱毒不生，其味苦，其治淡鹹，其穀黅秬。」

六四旅艮其身，无咎。

六五漸艮其輔，言有序，悔亡。

上九謙敦艮，吉。

《至真要大論》：「太陰司天，濕淫所勝，則沈陰且布，雨變枯槁，胕腫骨痛，陰痺。陰痺者，按之不得，腰脊、頭項痛，時眩，大便難，陰氣不用，飢不欲食，欬唾則有血，心如懸。病本於腎，太谿絶，死不治。」

又曰：「太陰司天，客勝則首面胕腫，呼吸氣喘。主勝則胸腹滿，食已而瞀。」

《五常政大論》：「太陰司天，濕氣下臨，腎氣上從，黑起水變，埃冒雲雨，胸中不利，陰痿，氣大衰，而不起不用。當其時，反腰脽痛，動轉不便也，厥逆。地迺藏陰，大寒且至，蟄蟲早附，心下痞痛，地裂冰堅，少腹痛，時害於食，乘金則止水增，味迺鹹，行水減也。」

《五運行大論》：「丑未之上，太陰主之。」

左少陽　　左厥陰
見太陰　　太陰在上，則太陽在下。
右少陰　　右陽明

《六微旨大論》：「太陰之上，濕氣治之，中見陽明。」按陽明當作太陽。○「所謂本也，本之下，中之見也。」即太陽在下之義。

兑　太陽司天　太陰在泉

兑，亨，利貞。

初九困和兑，吉。

九二隨孚兑，吉，悔亡。

六三夬來兑，凶。

《至真要大論》：「歲太陰在泉，草迺早榮，濕淫所勝，則埃昬巖谷，黄反見黑，至陰之交。民病飲積，心痛，耳聾，渾渾焞焞，嗌腫喉痺，陰病血見，少腹痛腫，不得小便，病衝頭痛，目似脱，項似拔，腰似折，髀不可以回，膕如結，腨如别。」

又曰：「太陰在泉，客勝則足痿下重，便溲不時，濕客下焦，發而濡寫，及爲腫，隱曲之疾。主勝則寒氣逆滿，食飲不下，甚則爲疝。」

《五常政大論》：「太陰在泉，燥毒不生，其味鹹，其氣熱，其治甘鹹，其穀黅秬。」

九四節商兑未寧，介疾有喜。

九五歸妹孚于剥，有厲。

上六履引兑。

《至真要大論》：「太陽司天，寒淫所勝，則寒氣反至，水且冰，血變於中，發爲癰瘍。民病厥心痛，嘔血，血泄，鼽衄，善悲，時眩仆。運火炎烈，雨暴迺雹。胸腹滿，手熱肘攣，腋衝，心澹澹大動，胸脇胃脘不安，面赤目黄，善噫嗌乾，甚則色炲，渴而欲飲。病本於心，神門絶，死不治。所謂動氣知其藏也。」

又曰：「太陽司天，客勝，則胸中不利，出清涕，感寒則欬。主勝，則喉嗌中鳴。」

《五常政大論》：「太陽司天，寒氣下臨，心氣上從，而火且明，丹起金迺眚，寒清時舉，勝則水冰，火氣高明，心熱煩，嗌乾善渴，鼽嚏，喜悲數欠，熱氣妄行，寒迺復，霜不時降，善忘，甚則心痛。土迺潤，水豐衍，寒客至，沈陰化，濕氣變物，水飲内稸，中滿不食，皮𤸷肉苛，筋脈不利，甚則胕腫，身後癰。」

《五運行大論》：「辰戌之上，太陽主之。」

左厥陰　　左少陽

見太陽　　太陽在上，則太陰在下。

右陽明　　右少陰

《六微旨大論》：「太陽之上，寒氣治之，中見少陰。」按少陰當作太陰。○「所謂本也。本之下，中之見也。」即太陰在下之義。

漸　太陰司天初局　太陽在泉

漸，女歸吉，利貞。

初六家人鴻漸于干，小子厲，有言，无咎。

六二巽鴻漸于磐，飲食衎衎，吉。

九三觀鴻漸于陸，夫征不復，婦孕不育，凶，利禦寇。內三爻在泉。

六四遯鴻漸于木，或得其桷，无咎。

九五艮鴻漸于陵，婦三歲不孕，終莫之勝，吉。

上九蹇鴻漸于陸，其羽可用爲儀，吉。外三爻司天。

歸妹　太陽司天三局　太陰在泉

歸妹，征凶，无攸利。

初九解歸妹以娣，跛能履，征吉。

九二震眇能視，利幽人之貞。

六三大壯歸妹以須，反歸以娣。內三爻在泉。

九四臨歸妹愆期，遲歸有時。

六五兑帝乙歸妹，其君之袂不如其娣之袂良。月幾望，吉。

上六睽女承筐，无實；士刲羊，无血。无攸利。外三爻司天。

困　太陰司天初局　太陽在泉

困，亨貞，大人吉，无咎。有言不信。

初六兑臀困于株木，入于幽谷，三歲不覿。

九二萃困于酒食，朱紱方來，利用享祀。征凶，无咎。

六三大過困于石，據于蒺藜，入于其宫，不見其妻，凶。内三爻在泉。

九四坎來徐徐，困于金車，吝，有終。

九五解劓刖，困于赤紱，乃徐有説，利用祭祀。

上六訟困于葛藟，于臲卼，曰動悔有悔，征吉。外三爻司天。

井　太陽司天三局　太陰在泉

井，改邑不改井，无喪无得。往來井井。汔至，亦未繘井，羸其瓶，凶。

初六需井泥不食，舊井无禽。

九二蹇井谷射鮒，甕敝漏。

九三坎井渫不食，爲我心惻。可用汲，王明並受其福。内三爻在泉。

六四大過井甃，无咎。

九五升井洌，寒泉食。

上六巽井收勿幕，有孚，元吉。外三爻司天。

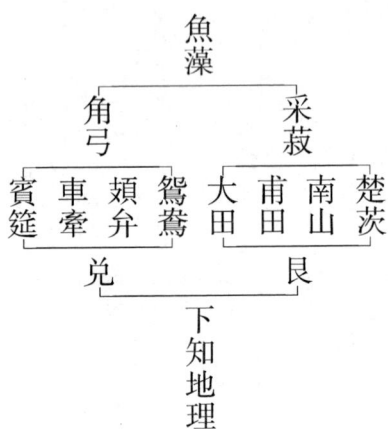

《小雅》下知地理十一篇表

- 魚藻
  - 采菽
    - 艮：楚茨、南山、甫田、大田
  - 角弓
    - 兑：鴛鴦、頍弁、車舝、賓筵
- 下知地理

既濟未濟六卦專司中局，配《小雅・菀柳》十一篇，中知人事。

既濟少陰司天，陽明在泉。

未濟陽明司天，少陰在泉。

中孚少陰司天，陽明在泉。

小過陽明司天，少陰在泉。

豐少陰司天，陽明在泉。

旅陽明司天，少陰在泉。

《天元紀大論》：「子午之歲，上見少陰。」○「少陰之上，熱氣主之。」既濟。○「卯酉之歲，上見陽明。」○「陽明之上，燥氣主之。」未濟。

《至真要大論》：「少陰司天，既濟。爲熱化，在泉爲苦化，不司氣化，居氣爲灼化。」即左太陽，右少陰。○「陽明司天，未濟。爲燥化，在泉爲辛化，司氣爲素化，即左太陽，右少陽。間氣爲清化。」即左太陰，右厥陰。

既濟　少陰司天　陽明在泉

既濟，亨，小利貞，初吉，終亂。

初九蹇曳其輪，濡其尾，无咎。

六二需婦喪其茀，勿逐，七日得。

九三屯高宗伐鬼方，三年克之，小人勿用。

《至真要大論》：「歲陽明在泉，燥淫所勝，則霿霧清瞑，民病喜嘔，嘔有苦，善太息，心脇痛，不能反側，甚則嗌乾面塵，身無膏澤，足外反熱。」

又曰：「陽明在泉，客勝則清氣動下，少腹堅滿而數便寫。主勝則腰重腹痛，少腹生寒，下爲鶩溏，則寒厥於腸，上衝胸中，甚則喘，不能久立。」

《五常政大論》：「陽明在泉，濕毒不生，其味酸，其氣濕，其治辛苦甘，其穀丹素。」

六四革繻有衣袽，終日戒。

九五明夷東鄰殺牛，不如西鄰之禴祭，實受其福。

上六家人濡其首，厲。

《至真要大論》：「少陰司天，熱淫所勝，怫熱至，火行其政。民病胸中煩熱，嗌乾，右胠滿，皮膚痛，寒熱欬喘，大雨且至，唾血血泄，鼽衄，嚏嘔，溺色變，甚則瘡瘍胕腫，肩背臂臑及缺盆中痛，心痛肺䐜，腹大滿，膨膨而喘欬。病本於肺，尺澤絶，死不治。」

又曰：「少陰司天，客勝則鼽嚏，頸項強，肩背瞀熱，頭痛，少氣，發熱，耳聾，目瞑，甚則胕腫，血溢，瘡瘍，欬喘。主勝則心熱煩躁，甚則脇痛支滿。」

《五常政大論》：「少陰司天，熱氣下臨，肺氣上從，白起金用，草木眚。喘嘔，寒熱，嚏鼽衄鼻窒。大暑流行，甚則瘡瘍燔灼，金爍石流。地迺燥清，淒滄數至，脇痛，善太息，肅殺行，草木變。」

《五運行大論》：「子午之上，少陰主之。」

左太陰　　左太陽

見少陰　　少陰在上，則陽明在下。

右厥陰　　右少陽

《六微旨大論》：「少陰之上，熱氣治之，中見太陽。」按：「太陽」當作「陽明」。○「所謂本也，本之下，中之見也。」即陽明在下之義。

未濟　陽明司天　少陰在泉

未濟，亨。小狐汔濟，濡其尾，无攸利。不宜上，宜下。五字從小過參證。

初六睽濡其尾，吝。

九二晉曳其輪，貞吉。

六三鼎未濟，征凶，利涉大川。

《至真要大論》：「歲少陰在泉，熱淫所勝，則焰浮川澤，陰處反明。民病腹中常鳴，氣上衝胸，喘不能久立，寒熱，皮膚痛，目瞑，齒痛，䪼腫，惡寒發熱如瘧，少腹中痛，腹大，蟄蟲不藏。」

又曰：「少陰在泉，客勝則腰痛，尻股膝髀腨䯒足病。瞀熱以酸，胕腫不能久立，溲便變。主勝則厥氣上行，心痛發熱，鬲中，衆痺皆作，發於胠脇，魄汗不藏，四逆而起。」

《五常政大論》：「少陰在泉，寒毒不生，其味辛，其治辛苦甘，其穀白丹。」

九四蒙貞吉，悔亡。震用伐鬼方，三年有賞于大國。

六五訟貞吉，无悔。君子之光，有孚，吉。

上九解有孚于飲酒，无咎。濡其首，有孚，失是。

《至真要大論》：「陽明司天，燥淫所勝，則木迺晚榮，草迺晚生，筋骨内變。民病左胠脇痛，寒清於中，感而瘧，大凉革候，欬，腹中鳴，注泄鶩溏，名木斂，生菀於下，草焦上首，心脇暴痛，不可反側，嗌乾，面塵，腰痛，丈夫㿗疝，婦人少腹痛，目眛眥，瘍瘡痤癰，蟄蟲來見，病本於肝，太衝絶，死不治。」

又曰：「陽明司天，清復内餘，則欬衄，嗌塞，心鬲中熱，欬不止而白血出者死。」

《五常政大論》：「陽明司天，燥氣下臨，肝氣上從，蒼起木用而立，土迺眚，淒滄數至，木伐草萎，脇痛目赤，掉振鼓慄，筋痿不能久立。暴熱至，土迺暑，陽氣鬱發，小便變，寒熱如瘧，甚則心痛。火行於槁，流水不冰，蟄蟲迺見。」

《五運行大論》：「卯酉之上，陽明主之。」

左太陽　　左太陰

見陽明　　陽明在上，則少陰在下。

右少陽　　右厥陰

《六微旨大論》：「陽明之上，燥氣治之，中見太陰。」按：「太陰」當作「少陰」。〇「所謂本也，本之下，中之見也。」即少陰在下之義。

《至真要大論》：「氣之上下，何謂也？岐伯曰：『身半以上，其氣三矣，天之分也，天氣主之。外卦三爻司天。身半以下，其氣三矣，地之分也，地氣主之。内卦三爻在泉。以名命氣，以氣命處，而言其病。半，所謂天樞也。故上勝而下俱病者，以地名之。下勝而上俱病者，以天名之。』」

中孚　少陰司天初局　陽明在泉

中孚，豚魚吉，利涉大川，利貞。

初九渙虞吉，有它不燕。

九二益鳴鶴在陰，其子和之，我有好爵，吾與爾靡之。

六三小畜得敵，或鼓或罷，或泣或歌。内三爻在泉。

六四履月幾望，馬匹亡，无咎。

九五損有孚孿如，无咎。

上九節翰音登于天，貞凶。外三爻司天。

小過　陽明司天三局　少陰在泉。

小過，亨，利貞。可小事，不可大事。飛鳥遺之音，不宜上宜下大吉。

初六豐飛鳥以凶。

六二恒過其祖，遇其妣，不及其君，遇其臣，无咎。
九三豫弗過防之，從或戕之，凶。內三爻在泉。
九四謙无咎，弗過遇之，往厲必戒，勿用永貞。
六五咸密雲不雨，自我西郊。公弋取彼在穴。
上六旅弗遇過之，飛鳥離之，凶，是謂災眚。外三爻司天。

豐　少陰司天初局　陽明在泉

豐，亨，王假之，勿憂，宜日中。
初九小過遇其配主，雖旬无咎，往有尚。
六二大壯豐其蔀，日中見斗，往得疑疾，有孚發若，吉。
九三震豐其沛，日中見沬，折其右肱，无咎。內三爻在泉。
九四明夷豐其蔀，日中見斗，遇其夷主，吉。
六五革來章，有慶譽，吉。
上六離豐其屋，蔀其家，闚其户，闃其无人，三歲不覿，凶。外三爻司天。

旅　陽明司天三局　少陰在泉

旅，小亨，旅貞吉。
初六離旅瑣瑣，斯其所取災。

六二鼎旅即次，懷其資，得童僕，貞。
九三晉旅焚其次，喪其童僕，貞厲。內三爻在泉。
九四艮旅于處，得其資斧，我心不快。
六五遯射雉，一矢亡，終以譽命。
上九小過鳥焚其巢，旅人先笑後號咷。喪牛于易，凶。外三爻司天。

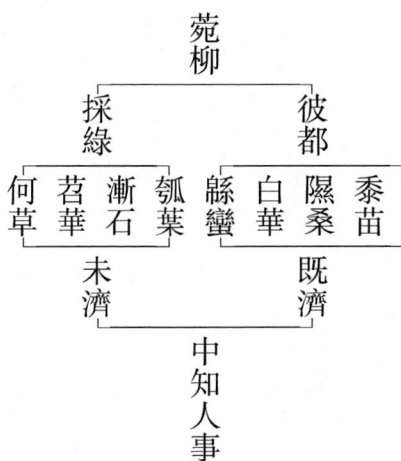

《小雅》中知人事十一篇表

苑柳

彼都　采綠

黍苗　隰桑　白華　緜蠻

瓠葉　漸石　苕華　何草

既濟　未濟

中知人事

易經經釋提要

井研廖平譔

總論

《易緯乾坤鑿度》分上、下屬。分上、下經，緯書四見。聖人畫卦，制度則象取物配，形合天地之宜。天六氣爲司天，地六氣爲在泉。索三女三男，《内經》三男，燥震、寒坎、相火艮；三女，長女太陰巽濕，中女少陰離熱，少女厥陰兑風。乾坤六子，一定之準則。六十四象，八父母卦各生三子，三八二十四，合父母得三十二卦，合老少、父母得六十四卦。以上下分之，經無上下名篇者，惟《易》以上經、下經名。《素問》及緯書所引，皆指《易經》文而言。陽三，原注：三十卦象陽。陰四，原注：三十四卦屬陰。法上下分位。按分上下經，天尊地卑。

《易緯乾鑿度》：「孔子曰：『陽三，上經三朋。三謂三十卦，舉成數而言。陰四，下經三十四卦，舉零數而言。位之正也。分陰陽，分正附，各三十二卦，不相淒雜。故易卦六十四，分而爲上下，象陰陽也。天地。夫陽道純而奇，上經。故上篇三十，乾坤、否泰、坎離三朋。所以象陽也。乾道。陰道不純而偶，地道。故下篇三十四，咸恒十卦，損益、巽震、艮兑、兩濟四朋，合二十四卦。所以法陰也。《易》所以分上、下篇，陽奇陰偶之象。下詳舉卦次。乾坤爲上經始，坎離爲上經終。咸恒爲下經始，兩濟爲下經終。乾坤者，乾坤，天地。凡《内經》言天地者，即指二卦而言。乾坤名雖十卦，其實十二卦。乾司天三，坤在泉三，所統八卦，太乙下行，九宮八風屬焉。陰陽之根本，所生三男、三女。萬物之祖宗也，變化所生。爲上篇始者，尊之也。天地。離爲日，上經屬地。坎爲月，坎離十卦，以九起數。十年勿用，則取九州。離、坎、大過、頤雙卦四，又作十四卦用。數比《詩・召南》，以應二十八宿。懸象著明，莫大乎日月。日月之道，陰陽之經所以終始，萬物故以坎離爲終。坎、離父母卦，諸卦詳父母而略子息，不如晚近之説。咸恒者，咸、恒下經之首，所統十卦，五卦屬剛日，民病大過，五卦屬柔日，民病不及。故曰下經者言病之變化也。男女之始，大過、小過。夫婦之道也。以夫婦爲言，故略於病一面，賴《靈》、《素》共闡明之。人道之興，必由夫婦，《中庸》：「君子之道，造端乎夫婦。」所以奉承祖宗，爲天地主也，及其至也，察乎天地。故爲下篇始者，貴之也。咸恒百病所始。既濟、未濟爲最終者，下經終於兩濟，兩濟亦父母卦。所以明戒慎而存王道也。』」上經三十卦，乾、坤、頤、大過、坎、離六卦重數爲三十六宮；下經三十四卦，小過、中孚二卦重數，亦爲三十六宮，合成七十二候。

又曰：「孔子曰：『泰者，泰讀大。天地交通，《氣交篇》上下爲天地。陰陽用事，六子用事。長養萬物也。否者，否讀丕，大也，與泰反。天地不交通，乾、坤、坎、離、艮、震、巽、兑皆爲名詞，否、泰、咸、恒、損、益、既濟、未濟皆爲動詞。兩卦對峙，義取相反，泰卦所謂「大哉乾元」，否卦所謂「至哉坤元」。陰陽不用事，止萬物之長也。上經象陽，故以乾爲首，坤爲次，乾坤一朋十二卦。先泰而後否。泰否一朋十卦，屬行星。天以應五方，上經父母卦三朋三十卦。損者，下經損益。父母卦損益六卦一朋。陰用事。下經咸恒十卦以外，皆六首，四六二十四卦。損益一朋順行，其餘巽、震、艮、兑、兩濟逆行，損益比類。澤損山而萬物損也，下損以事其上。益者陽用事，而雷風益萬物也，上自損以益下。下經以法陰，六氣法陰象月。故以咸爲始，恒爲次，先損而後益，各順其類也。』」上條言上下經始終，詳乾、坤、坎、離、咸、恒、二濟；此條兼言中，而詳否、泰、損、益，略坎、離、既濟、未濟焉。

上經三十卦分三朋表

乾坤十卦順行	泰否十卦順行	離坎十卦逆行
乾 ䷀ 乾外 乾内	泰 ䷊ 坤外 乾内	離 ䷝ 離外 離内
坤 ䷁ 坤外 坤内	否 ䷋ 乾外 坤内	坎 ䷜ 坎外 坎内
屯 ䷂ 坎外 震内	同人 ䷌ 乾外 離内	大過 ䷛ 兑外 巽内
蒙 ䷃ 艮外 坎内	大有 ䷍ 離外 乾内	頤 ䷚ 艮外 震内
需 ䷄ 坎外 乾内	謙 ䷎ 坤外 艮内	大畜 ䷙ 艮外 乾内

訟 ䷅ 乾外 坎内	師 ䷆ 坤外 坎内	比 ䷇ 坎外 坤内	小畜 ䷈ 巽外 乾内	履 ䷉ 乾外 兑内	雙卦二作十二卦用
豫 ䷏ 震外 坤内	隨 ䷐ 兑外 震内	蠱 ䷑ 艮外 巽内	臨 ䷒ 坤外 兑内	觀 ䷓ 巽外 坤内	十卦作十卦用
无妄 ䷘ 乾外 震内	復 ䷗ 坤外 震内	剥 ䷖ 艮外 坤内	賁 ䷕ 艮外 離内	噬嗑 ䷔ 離外 震内	雙卦四作十四卦用

下經三十四卦分五朋表

咸恒十卦 順行	咸 ䷞ 兌外 艮内	恒 ䷟ 震外 巽内	遯 ䷠ 乾外 艮内	大壯 ䷡ 震外 乾内	晉 ䷢ 離外 坤内
損益六卦 順行	損 ䷨ 艮外 兌内	益 ䷩ 巽外 震内	夬 ䷪ 兌外 乾内	姤 ䷫ 乾外 巽内	渙 ䷺ 巽外 坎内
巽震六卦 逆行	巽 ䷸ 巽外 巽内	震 ䷲ 震外 震内	萃 ䷬ 兌外 坤内	升 ䷭ 坤外 巽内	革 ䷰ 兌外 離内
艮兌六卦 逆行 既未六卦 逆行	艮 ䷳ 艮外 艮内	兌 ䷹ 兌外 兌内	漸 ䷴ 巽外 艮内	歸妹 ䷵ 震外 兌内	困 ䷮ 兌外 坎内
	未濟 ䷿ 離外 坎内	既濟 ䷾ 坎外 離内	中孚 ䷼ 巽外 兌内	小過 ䷽ 震外 艮内	豐 ䷶ 震外 離内

明夷 ䷣ 外坤 内離	家人 ䷤ 外巽 内離	睽 ䷥ 外離 内兑	蹇 ䷦ 外坎 内艮	解 ䷧ 外震 内坎	咸恒十卦另爲一朋合上經三朋爲四十干
節 ䷻ 外坎 内兑					
鼎 ䷱ 外離 内巽					
井 ䷯ 外坎 内巽					
旅 ䷷ 外離 内艮					

老父母八卦内三爻生二十四子表 外卦不動

乾	三 履	二 同人	初 姤
坤	三 謙	二 師	初 復
坎	三 井	二 比	初 節
離	三 噬嗑	二 大有	初 旅
震	三 豐	二 歸妹	初 豫
艮	三 剥	二 蠱	初 賁
巽	三 涣	二 漸	初 小畜
兑	三 夬	二 隨	初 困

少父母八卦內三爻生二十四子表 外卦不動

否	三 遯	二 訟	初 无妄
泰	三 臨	二 明夷	初 升
既濟	三 屯	二 需	初 蹇
未濟	三 鼎	二 晉	初 睽
恒	三 解	二 小過	初 大壯
損	三 大畜	二 頤	初 蒙
益	三 家人	二 中孚	初 觀
咸	三 萃	二 大過	初 革

老父母八卦外卦作客三人共二十四卦表内卦不動

☰乾	上夬䷪兑三行作客	五大有䷍離二行作客	四小畜䷈巽初行作客
☷坤	上剥䷖艮三行作客	五比䷇坎二行作客	四豫䷏震初行作客
☵坎	上涣䷺巽三行作客	五師䷆坤二行作客	四困䷮兑初行作客
☲離	上豐䷶震三行作客	五同人䷌乾二行作客	四賁䷕艮初行作客
☳震	上噬嗑䷔離三行作客	五隨䷐兑二行作客	四復䷗坤初行作客
☶艮	上謙䷎坤三行作客	五漸䷴巽二行作客	四旅䷷離初行作客
☴巽	上井䷯坎三行作客	五蠱䷑艮二行作客	四姤䷫乾初行作客
☱兑	上履䷉乾三行作客	五歸妹䷵震二行作客	四節䷻坎初行作客

少父母八卦外卦作客三人共二十四卦表 內卦不動

否	上 萃 咸三行作客	五 晉 未濟二行作客	四 觀 益初行作管
泰	上 大畜 損三行作客	五 需 既濟二行作客	四 大壯 恒初行作客
既濟	上 家人 益三行作客	五 明夷 泰二行作客	四 革 咸初行作客
未濟	上 解 恒三行作客	五 訟 否二行作客	四 蒙 損初行作客
恒	上 鼎 未濟三行作客	五 大過 咸二行作客	四 升 泰初行作客
損	上 臨 泰三行作客	五 中孚 益二行作客	四 睽 未濟初行作客
益	上 屯 既濟三行作客	五 頤 損二行作客	四 无妄 否初行作客
咸	上 遯 否三行作客	五 小過 恒二行作客	四 蹇 既濟初行作客

四德考

《乾·文言》曰：「元者，善之長也；亨者，嘉之會也；利者，義之和也；貞者，事之幹也。」

案此爲四祖卦通例，舊説不明。

元老父母八卦孤陰孤陽	亨二十四卦陰陽配合	利少父母八卦陰陽配合	貞二十四卦孤陰孤陽
乾	履少女同人中女姤長女合三變成否	否	遯　訟　无妄合三原成乾
坤	謙少男師中男復長男合三變成泰	泰	臨　明夷　升合三原成坤
坎	井長女比母節少女合三變成既濟	既濟	屯　需　蹇合三原成坎
離	噬嗑長男大有父旅少男合三變成未濟	未濟	鼎　晉　睽合三原成離
震	豐　歸妹　豫　合三變成恒	恒	解　小過　大壯合三原成震
艮	剥　蠱　賁　合三變成損	損	大畜　頤　蒙合三原成艮
巽	渙　漸　小畜　合三變成益	益	家人　中孚　觀合三原成巽

兑	夬 隨 困 合三變成咸	咸	萃 大過 革合三原成兑

元、亨、利、貞，古無定解。今以元統老父母八卦，各生三子，三八二十四，合爲三十二卦。利統少父母八卦，各生三子，共成六十四卦。元、亨、利、貞，周而復始，循環無端。亨下舉元不可，貞下舉利亦不可。

駁七宮法舊以爲出自漢焦氏，《火珠林》法用之，以爲卜筮之用，非易道也。今詳駁之，覺其宗旨淆亂，正負不分也。

乾爲天。乾卦六爻皆陽爻，與否卦三陽三陰不同。七宮法以乾爲天，不分老少，不知否卦仍名爲天，故有乖錯。**天風姤**，七宮法惟此卦不誤。蓋《周易》皆一爻變，七宮法變七次，錯亂顛倒，不可究詰。**天山遯**，否三爻變，否與乾分二排相比，非乾所統。以下同誤。**天地否**，否爲少父母卦，於四德屬利，非乾所統。乾老父母八卦屬元，所生二十四卦屬亨，亨者通也。否少父母，八卦屬利，所生二十四卦屬貞，貞者孤陰孤陽也。**風地觀**，益初爻變，非乾所統。**山地剥**，艮三爻變，非乾所統。**火地晉**，未濟二爻變，非乾所統。**火天大有**。離二爻變，非乾所統。

坤爲地。六爻皆地與泰相比。泰内三爻屬天，外三爻屬地地。**地雷復**，坤初爻變，合《周易》。**地澤臨**，泰三爻變，泰與坤分二排相比。**地天泰**，泰是少父母，地是老父母。**雷天大壯**，恒初爻變，非坤所統。**澤天夬**，兑三爻變，非坤所統。**水天需**，既濟二爻變，非坤所統。**水地比**。坎二爻變，非坤所統。

坎爲水。六爻皆水，與既濟相比。既濟内爻屬火，外爻屬水。水澤節，坎初爻變。水雷屯，既濟三爻變，坎與既濟分二排相比。水火既濟，少父母卦於四德屬利，與坎卦相似而大別。澤火革，咸初爻變，非坎所統。雷火豐，震三爻變，非坎所統。地火明夷，泰二爻變，非坎所統。地水師。坤二爻變，非坎所統。

離爲火。六爻皆火，與未濟相比。未濟内三爻屬水，外三爻屬火。火山旅，離初爻變。火風鼎，未濟三爻變，未濟與離分二排相比。火水未濟，未濟屬少父母，離屬老父母。山水蒙，損初爻變，非離所統。風水渙，巽三爻變，非離所統。天水訟，否二爻變，非離所統。天火同人。乾二爻變，非離所統。

震爲雷。六爻皆雷，與益相比。益内三爻屬雷，外三爻屬風。雷地豫，震初爻變。雷水解，恒三爻變，恒與震分二排相比。雷風恒，恒少父母，雷老父母，四德屬利。地風升，泰初爻變，非震所統。水風井，坎三爻變，非震所統。澤風大過，咸二爻變，非震所統。澤雷隨。兑二爻變，非震所統。

巽爲風。六爻皆風，與恒相比。恒内三爻屬風，外三爻屬雷。風天小畜，巽初爻變。風火家人，益三爻變，益與巽分二排相比。風雷益，益是少父母，於四德屬利。天雷无妄，否初爻變，非巽所統。火雷噬嗑，離三爻變，非巽所統。山雷頤，損二爻變，非巽所統。山風蠱。艮二爻變，非巽所統。

艮爲山。六爻皆山，與損相比。損内三爻屬澤，外三爻屬山。山火賁，艮初爻變。山天大畜，損三爻變，艮與損分二排相比。山澤損，少父母卦，於四德屬利，與艮卦相似而不同。火澤睽，未濟初爻變，非艮所統。天澤履，乾三爻變，非艮所統。風澤中孚，益二爻變，非艮所統。風山漸。巽二爻變，非艮所統。

兑爲澤。六爻皆澤，與咸相比。咸内三爻屬山，外三爻屬澤。澤水困，兑初爻變。澤地萃，咸三爻變，咸與兑分二排相比。澤山咸，咸少父母，兑老父母。水山蹇，既濟初爻變，非兑所統。地山謙，坤三爻變，非兑所統。雷山小過，恒二爻變，非兑所統。雷澤歸妹。震二爻變，非兑所統。

八卦六氣表

乾父天

震長男屬陽明卯酉燥金

坎中男屬太陽辰戌寒水

艮少男屬少陽寅申相火

坤母地

巽長女屬太陰丑未濕土

離中女屬少陰子午君火

兑少女屬厥陰巳亥風木

除乾坤外，餘六卦爲六氣。三陽錯三陰，長男錯長女。中男錯中女，少男錯少女。

風雷本乎天者親上，山澤本乎地者親下。

六氣主歲及間氣加臨之圖

少陰司天，則陽明在泉。少陰在上，則左太陰，右厥陰。陽明在下，則左太陽，右少陽。上下主歲，左右主時。六期環轉，周而復始。

上下經五運六氣圖

下經六氣三局所隱五十四卦圖

萃 革　巽	上局 巽 萃　升	升 巽　鼎
未濟　中孚 旅	中局 豐　旅 未濟	震　升 鼎
歸妹 困　艮	下局 艮 歸妹　漸	漸 艮　井

	陽性左旋	陰性右旋	
上局之初四爻	巽三 升二 鼎一	萃三 震一 革二	
上局之中五爻	萃三 巽二 升一	革三 鼎一 震二	
上局之三六爻	革三 萃二 巽一	震三 升一 鼎二	

下局之初一爻	艮三　漸二　井一	歸妹三　困二　兌一	
下局之中二爻	歸妹三　艮二　漸一	困三　兌二　井一	
下局之三三爻	困三　歸妹二　艮一	兌三　井二　漸一	

中局之初一爻	革三 萃二 巽一	震三 鼎二 升一	
中局之中二爻	大過三 既二 中孚一	豐三 未二 旅一	
中局之三三爻	豐三 大過二 既一	未三 旅二 中孚一	

《天元紀大論》：鬼臾區曰：「臣聞之，甲己之歲，土運統之；泰、否、晉、明夷土運。乙庚

之歲，金運統之；同人、大有、家人、睽金運。丙辛之歲，水運統之；謙、豫、蹇、解水運。丁壬之歲，木運統之；隨、蠱、咸、恒木運。戊癸之歲，火運統之。」臨、觀、遯、大壯火運。以上五運。帝曰：「其於三陰三陽合之奈何？」鬼臾區曰：「子午之歲，上見少陰；乾、坎、離少陰。丑未之歲，上見太陰；需、訟太陰。寅申之歲，上見少陽；坤少陽。卯酉之歲，上見陽明；師、比、大過、頤陽明。辰戌之歲，上見太陽；小畜、履太陽。巳亥之歲，上見厥陰。屯、蒙厥陰。以上六氣。少陰，所謂標也；厥陰，所謂終也。厥陰之上，風氣主之；賁厥陰，風木。少陰之上，熱氣主之；噬嗑少陰，君火。太陰之上，濕氣主之；大畜、无妄太陰，濕土。少陽之上，相火主之；噬嗑少陽，相火。陽明之上，燥氣主之；復陽明，燥金。太陽之上，寒氣主之。剥太陽，寒水。所謂本也。是謂六元。」

每一爻當一局。内卦每三爻輪流推轉，隱三卦，外卦每一爻占一局。三局司天，三局在泉。

三九二十七卦，每卦分三爻，故得五十四爻。每一輪三卦，合上局九卦，得二十七爻，合在泉二十七卦，司天二十七卦，共得五十四卦。每司天在泉，見三卦，隱三卦，以陰陽分左右也。見隱各半。《中庸》「君子之道費而隱」，當作「見而隱」。貝，費字下半如「見」。

陽性左旋，陰性右旋，故見三卦、隱三卦，經文雖成一圖，惟左右旋有差別耳。

損、益合天地，夬、姤、渙、節配四時。此一說也。合之一百零八爻，外加五十四爻，合一百六十二爻。巽、震爲長女、長男，統六卦。艮、兑爲少男、少女，統六卦。既、未爲中男、中女，統六卦。三六一十八卦，每卦分爲二局，共爲三十六局，一半司天，一半在泉，十八卦共得一百零八爻。

乾六爻變圖 上古部落時代，無室家，故無姓氏。

內卦變化所生者爲子孫。動則變，變則化。

䷫ 天長男 風長媳 姤

䷌ 天中男 火中媳 同人

䷉ 天少男 澤少媳 履

外卦變化所生者爲僚壻。

䷈ 風長壻 天長女 小畜 風門天氏

䷍ 火中壻 天中女 大有 火門天氏

䷪澤少婿天少女夬澤門天氏

按，乾爲天，生三男三女，一家骨肉。

乾坤十二卦六氣上下表

一年十二月，以上下分輪。子統六氣爲司天，主上半年六月。午統六氣爲在泉，主下半年六月。與損、益三京二十四卦義同。

乾 子　午	子午之上 少陰主之	左太陰 見少陰 右厥陰	左太陽 少陰在上則陽明在下 右少陽
坤 寅　申	寅申之上 少陽主之	左陽明 見少陽 右太陰	左少陰 少陽在上則厥陰在下 右太陽

屯巳 蒙亥	巳亥之上 厥陰主之	左少陰 見厥陰 右太陽	左陽明 厥陰在上則少陽在下 右太陰
需丑 訟未	丑未之上 太陰主之	左厥陰 見太陰 右陽明	左少陽 太陰在上則太陽在下 右少陰
師卯 比酉	卯酉之上 陽明主之	左太陽 見陽明 右少陽	左太陰 陽明在上則少陰在下 右厥陰
小畜辰 履戌	辰戌之上 太陽主之	左厥陰 見太陽 右陽明	左少陽 太陽在上則太陰在下 右少陰

泰否十卦五行化合表

五運分司五紀，上應五星，在中爲五音，配上下以成三才。

泰甲 否己	甲己之歲 土運統之	土主 甲己	土運臨 四季	土曰 備化
同人乙 大有庚	乙庚之歲 金運統之	金主 乙庚	金運 臨酉	金曰 審平
謙丙 豫辛	丙辛之歲 水運統之	水主 丙辛	水運 臨子	水曰 静順
隨丁 蠱壬	丁壬之歲 木運統之	木主 丁壬	木運 臨卯	木曰 敷和
臨戊 觀癸	戊癸之歲 火運統之	火主 戊癸	火運 臨午	火曰 升明

離坎九卦九思揆度表

《孟子》：「心之官則思。」按「思」字從心從囟，爲腦義，主揆度。離、坎居中，爲人事所統。九卦形藏四，神藏五，合爲九也，故曰「君子有九思」。

離午南	視思明	非禮勿視
坎子北	聽思聰	非禮勿聽
大過卯東	貌思恭	非禮勿動
頤酉西	言思忠	非禮勿言

右形藏四。四即四勿。

大畜辰戌 无妄丑未 中土	色思温	化而勿制
復申金	事思敬	收而勿害
剥亥水	疑思問	前而勿却
賁寅木	忿思難	生而勿殺
噬嗑巳火	見得思義	長而勿罰

右神藏五。五即五勿。

咸恒十卦十干奇恒表

奇恒者，言奇病也。咸、恒十卦，陽干五爲太過，陰干五爲不及，皆致病之由。所謂奇者，不得以四時死也；恒者，得以四時死也。故《内經》云，奇恒之勢，乃六十首。

咸丁	木	陰木不及	木曰委和
恒壬		陽木太過	木曰發生
遯癸	火	陰火不及	火曰伏明
大壯戊		陽火太過	火曰赫曦
晉甲	土	陽土太過	土曰敦阜
明夷己		陰土不及	土曰卑監
家人庚	金	陽金太過	金曰堅成
睽乙		陰金不及	金曰從革
蹇辛	水	陰水不及	水曰涸流
解丙		陽水太過	水曰流衍

損益統夬姤渙節六卦順行圖

姤夏
夏氣
北行

損天
歲半之前
天氣主之

夬春
春氣
西行

渙秋
秋氣
東行

益地
歲半之後
地氣主之

節冬
冬氣
南行

天道左旋
地道右轉

巽震統萃升革鼎六卦逆行圖

上局

萃　司氣爲蒼化

巽厥陰司天　爲風化

升　司氣爲蒼化

革　間氣爲明化

震少陽在泉　爲苦化

鼎　間氣爲明化

厥陰司天爲風化，在泉爲酸化，司氣爲蒼化，間氣爲動化。

少陽司天爲火化，在泉爲苦化，司氣爲丹化，間氣爲明化。

艮兑統漸歸妹困井六卦逆行圖

下局

艮太厥陰司天 爲濕化

歸妹 司氣爲黅化

漸 司氣爲黅化

兑太陽在泉 爲咸化

漸 氣化 間氣爲

歸妹 藏化 間氣爲

太陰司天爲濕化，在泉爲甘化，司氣爲黅化，間氣爲柔化。

太陽司天爲寒化，在泉爲咸化，司氣爲玄化，間氣爲藏化。

既濟未濟統中孚小過豐旅六卦逆行圖

中局

小過 不司氣化

既濟少陰司天 爲熱化

中孚 不司氣化

豐 間氣爲清化

未濟陽明在泉 爲辛化

旅 間氣爲清化

少陰司天爲熱化，在泉爲苦化，不司氣化，居氣爲灼化。

陽明司天爲燥化，在泉爲辛化，司氣爲素化，間氣爲清化。

三陰司天三陽在泉之圖每歲一變，順次而推。

上局	厥陰司天亥	少陽在泉亥
	少陰司天子	陽明在泉子
下局	太陰司天丑	太陽在泉丑

《六微旨大論》：厥陰之右，少陰治之；少陰之右，太陰治之；太陰之右，少陽治之。

三陽司天三陰在泉之圖每歲一變，順次而推。

上局	少陽司天寅	厥陰在泉寅
	陽明司天卯	少陰在泉卯
下局	太陽司天辰	太陰在泉辰

《六微旨大論》：少陽之右，陽明治之；陽明之右，太陽治之；太陽之右，厥陰治之。

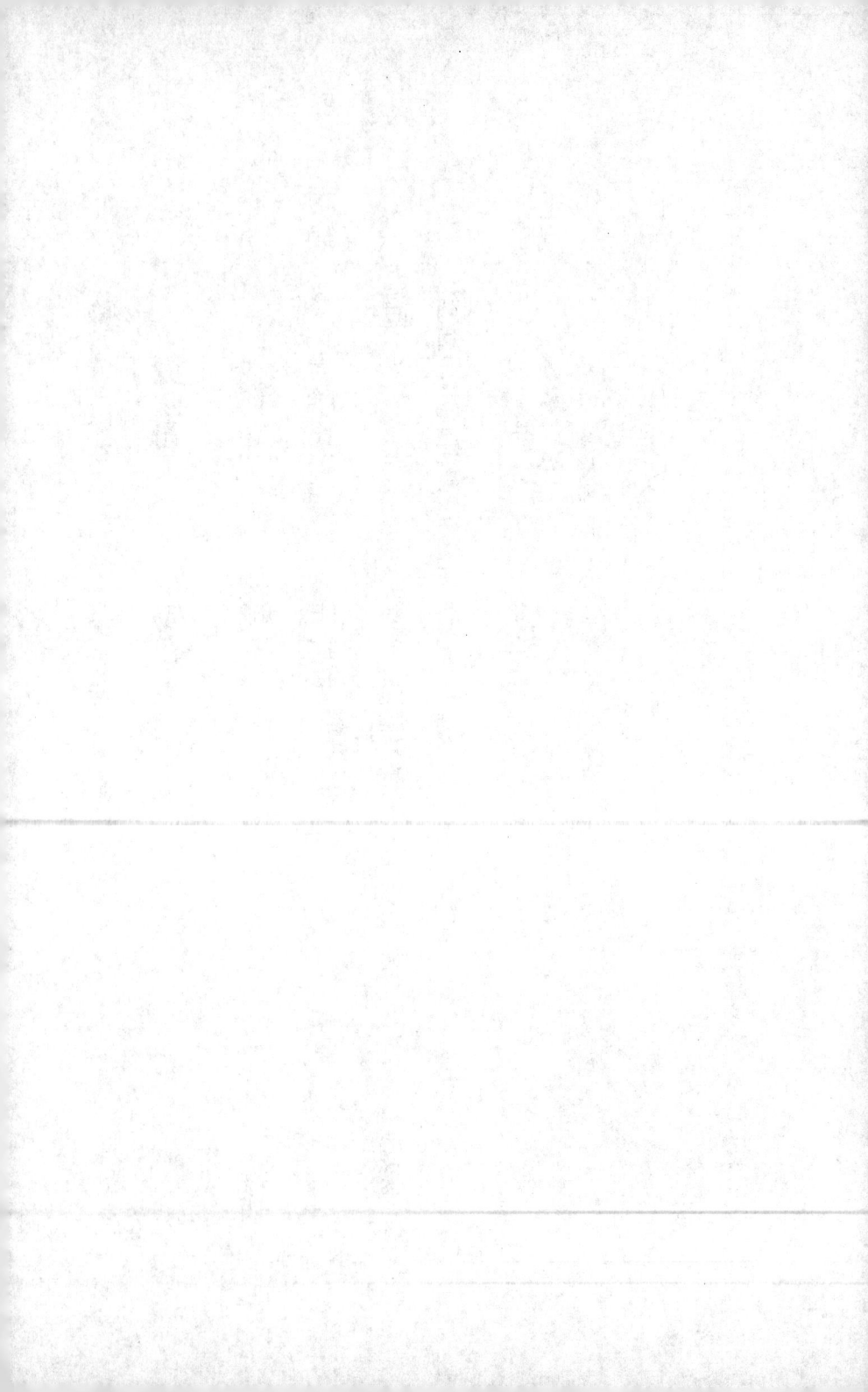

貞悔釋例

廖平　撰
楊世文　校點

校點説明

廖平認爲，《易》有别、和之分，在内外卦，内爲貞、爲恒，外爲或、爲亨。亨、貞即貞、悔之變文，或、恒乃貞、悔之實義。《洪範》「貞悔」二字，说《易》者多誤解，幾于全經不見二字明文。故撰爲此編，專詳此例。經中「貞悔」二字，非全釋卦德，多即内外卦而言。經文「亨」、「貞」二字，舊解多蒙混。考「貞悔」舊有不變爲貞，變者爲悔之説。《洪範》所謂「静吉」、「動凶」者，即謂「貞吉」、「征凶」，以貞爲居，以悔爲行，所謂本卦爲貞，之卦爲悔者，「貞悔」即「貞亨」也。以父母卦彖言，則外三爻變爲貞，内三爻變爲亨。以父母卦爻言之，在本卦爲貞，一人行爲悔。以子息彖言，則外三人行爲貞，内三人行爲亨、爲悔。爻辭之「貞悔」，多統三爻言，統言則與象同。每爻單言「貞悔」者，則與朋卦對説，居爲貞，反綜彼卦爲行、爲悔。凡言「永」、「安」、「恒」等字，皆爲貞；「行」、「往」、「征」等字，皆爲悔。其中有正例，有變例。今就各彖各爻，居行往來，細爲推考，所有「獲」、「維」、「係」、「得」，「喪」、「失」、「凶」、「亡」，條例繁賾，非别爲一書，專心考索，不能推闡盡致，故與中和、小大二類，别本單行，合爲三書，既以恢復「貞悔」二例，並使吉凶得失，取於卦象，皆有實義，庶不致如舊説概以德位二義，近於空虚游移，亦詳人所略之意。其説頗爲新奇。光緒《井研縣志·藝文志》著録，當作於庚子（一九〇〇）之前。有民國二十三年（一九三四）井研廖氏著述遺稿本，今據此本整理。

目録

井研縣藝文志

《貞悔釋例》二卷，廖平撰。按《易》别和之分，在内外卦。内爲貞、爲恒，外爲或、爲亨，亨、貞即貞、悔之變文，或、恒乃貞、悔之實義。《洪範》「貞悔」二字，説《易》者誤解，幾於全經不見二字明文。平撰此編，專詳此例。自序見文集中。於下經「貞吉悔亡」連文四見之義，説之甚詳，「亨貞」之訓，亦藉以大顯，始悉四德之訓，乃一家之説，非通義也。

貞悔釋例序

《洪範》「貞悔」，先儒以内外、本之二説，本卦、之卦，經中尚有其解，至於内貞、外悔，從漢至今，説經者皆無二字正訓，蓋誤解蒙蝕久矣。今按經「貞」、「悔」二字，非全釋卦德，多即内外卦而言。如下經朋卦，「貞吉悔亡」連文者凡三見，互文者至七八見。四爻言「貞吉悔亡」、五爻言「无悔」者亦三見。而上經則不見「悔亡」二字。老卦、中卦多言「有悔」。蓋老卦、中卦以三爻爲終始，内變外不變，外不變爲有，故曰「有悔」，曰「貞凶」。吉卦六爻爲終始，外三爻皆變，故曰「无悔」，曰「悔亡」。老卦、中卦外三爻爲客，内卦變則外不變，故曰「有悔」。朋卦外卦三爻變，則内三爻不變，故朋卦三以「貞吉悔亡」四字連文。「吉」與「亡」對，「吉」即爲繫，爲存。經云：「其亡其亡，繫于苞桑。」又云：「係丈夫，失小子」；「係小子，失丈夫。」所謂「吉凶者，得失之象也」。亡失其卦爲凶，係繫其卦爲吉，此定例也。經文「亨」、「貞」二字，舊解多蒙混。考「貞悔」舊有不變爲貞，變者爲悔之説。《洪範》所謂「静吉」、「動凶」者，即謂「貞吉」、「征凶」以貞爲居，以悔爲行，所謂本卦爲貞，之卦爲悔者，「貞悔」即「貞亨」也。以父母卦彖言，則外三爻變爲貞，内三爻變爲亨。以父母卦爻言之，在本卦爲貞，一人行爲悔。以子息彖言，則外三人行爲貞，内三人行爲亨、爲悔。爻辭之「貞悔」，多統三爻言，統言則與彖同。每爻單言「貞悔」者，則與朋卦對説，居爲貞，反綜彼卦爲行、爲悔。凡言「永」、「安」、「恒」等字，皆爲貞；「行」、「往」、「征」等字，皆爲悔。其中有正例，有變例。今就各彖各爻，居行往來，細爲推考，所有「獲」①、「維」、「係」、「得」、「喪」、「失」、「凶」、「亡」，條例繁賾，非別爲一書，專心考索，不能推闡盡致，故與中和、小大二類，別本單行，合爲三書，既以恢復「貞悔」二例，並使吉凶得失，取於卦象，皆有實義，庶不致如舊説概以德位二義，近於空虚游移，亦詳人所略之意。僅就此本立説如此，如續有新得，再行補入，不敢以此爲定本也。

① 「獲」前原衍一「得」字，據文意删。

乾初九姤變大衍圖

六十四卦，三十三年①，甲子起中孚，乾坤爲丙寅，二卦一年。

乾	乾初 姤	二 同人	三 履	四 小畜	五 大有
乾初 姤	一 乾	初、二 遯	初、三 訟	初、四 巽	初、五 鼎
二 同人	二 遯	二、二 乾	三、二 无、妄	四、二 家人	五、二 離
三 履	三 訟	二、三 无妄	三、三 乾	四、三 中孚	五、三 睽
四 小畜	四 巽	二、四 家人	三、四 中孚	四、四 乾	五、四 大畜
五 大有	五 鼎	二、五 離	三、五 睽	四、五 大畜	五、五 乾
六 夬	六 大過	二、六 革	三、六 兌	四、六 需	五、六 大壯
一爻變姤，至夬六卦反本，復見乾。	初爻五變，合前姤爲六。以下皆兩爻變，變至六反本，復見乾。	二爻四變，合前同人爲五。	三爻三變，合前履爲四。內卦三爻，十五變。	四爻二變，合前小畜爲三。	五爻一變，合前大有爲二。

① 三十三年：疑爲「三十二年」之誤。按，「二卦一年」，則六十四卦當爲三十二年。

上、六 夬 初、上 大過	乾 姤、小畜 同人、大有 履、夬	
二、上 革 三、上 兌	坤 復、師 剝、謙 比、豫①	
四、上 需	坎 節、井	離 旅、噬嗑
五、上 大壯	震 歸妹、豐	艮 賁、蠱
六、上 乾	巽 漸、渙	兌 困、隨
六还原，合前夬一變，外三爻六變。	此行一爻變源②，以下皆二爻變。	

① 按：此小註六卦次序，據例當爲「復師謙豫比剝」。

② 源：疑當作「坎」。

貞悔釋例卷一

井研廖平撰

䷀乾天子。四月，巳候。乾陽、坤陰並治，交錯行。元亨利貞。六爻取錯。乾貞于十一月子。不動爲貞。由泰來，成三陽。內三卦成否往，外三卦來，亦如還原。貞三，悔三。

䷫姤長子。初九，錯復。潛龍《易緯》：乾爲龍。勿用。復一陽初生，「先王以至日閉關」。初、上綜姤，姤在下經。「潛龍」，十一月，一陽初生，復，周正建子。「勿用」，改周之子，從夏正也。周建子，其卦復。按：同人、姤二爻屬北。三統，子十月，此一兩京。

䷌同人十二月。九二，見龍在田，《師》六五①：「田有禽。」天子有田，以處其子孫。商正建丑，爲地統，故言「見龍在田」。利見大人。師水爲「田」，離爲「見」，二五綜同人，二爻陽錯師，如辟之臨，長子帥師。十二月丑，言「田」者皆有坤，中爻變，則左右從之。

䷉履正月。九三，至此否。君子夏正建寅，爲人統，故不言「龍」，言「君子」。終日乾乾，反復合於乾。夕惕若，厲无咎。謙與乾同音。三四綜，正月寅。

---

① 六五：原作「九五」，據《師卦》改。

䷈小畜二月。長子爲父。九四，巽初爻來。或躍在淵，无咎。豫爲辟卦之大壯，當二月之卦，或字不在中爻内成一朋。二月卯，内卦有子，老而傳家。

䷍大有三月。中子爲父。九五，錯比，離二爻來。飛龍在天，「比之自内」。利見大人。「比，先王以建萬國，親諸侯」，爲辟卦夬。此三月之卦。辰候三月，陽氣盛。按，九五以上三爻屬冬春，兩京本三也。内三往則成大有、同人。外三來，三一往一來，往則變，來則復。

䷪夬四月。少子爲父。上九，兑三爻來。亢龍有悔。剥，陽道窮也。爻變是往，辟是方來，六爻變然後成乾。爲四月之卦，故四爲正陽月。陽盛則陰生，故有悔。

用九，重三，三三而九。見群龍无首，吉。百九十二稱群。坤德无首。乾内三爻言三正，天地人之義。《春秋》存周正月，書事始於三月，即九三之義，明用夏正。東作也，故言日夕。大過。二至五爲用首尾，不用初上，是首尾惟二、三、四、五，以數計。用九，大過也。用九，陽變陰，龍無首，女皆坤德。

《儀禮·覲禮》：方明，上玄，下黄，東青，南赤，西白，北黑。周制，東西通畿。以《説卦》方位言之，則乾在雍州，坤在豫州。以西京爲天，爲上，爲衣，爲玄，東京爲地，爲下，爲裳，爲黄。乾卦不言毛獸，而以甲虫爲言者，蓋孔子學周公，所謂「殷鑒不遠，在夏后之世」。周、孔皆居東方，故以乾顛倒于震，所言「帝出乎震」、「龍飛在天①」，言「高宗伐鬼方」，又言「朕伐鬼方」，皆以震爲乾，爲留京。周則「自西徂東」，王化則由西而東，周孔即「我征徂西」，王化則由東而西，即《齊風》所謂「顛倒衣裳」，《秦風》所謂「與子同裳」。《乾》内外卦，以外爲主，「本乎天者親上」，天尊。「亢龍有悔」，「作

① 龍飛在天：據《乾》九五，當作「飛龍在天」。

悔①」、「有悔」，與坤「可貞」，爲貞悔起例。八三世卦，内外不同。三爻變則皆爲純卦，八卦純三爻變則爲三十卦，純卦變則俱變爲純三十卦，内外三爻變則爲純。八正卦以外卦爲主，一卦之中見子孫，如前三爻之内爲子，外三爻子生孫，還本卦。

䷁坤天子。十月。元坤元性十。亨，利牝馬之貞。《易緯》：坤爲馬，乾馬坤配之。君子有攸往，大九州。先迷，《易緯》迷遠。後得主。迷無首。利西南兑離。得朋，東北震坎。喪朋。朋指卦言。乾三男，坤三女。象南屬夏季。得朋，言陰爻集而成坤。西主秋三月，六陰月六爻。由初而上，成坤體，故云得朋。東春三月，北冬三月，乾卦所屬，故言喪朋。陰陽互根，西南得朋，東北喪朋；東北得朋，西南喪朋。安貞吉。離畜牝牛吉。迷，無徵不信，不信民弗從。百世以俟，時至則顯。經言先迮後合者，皆指坤言之。先難而後獲。地球分八卦。朋，鳳也。乾言龍，坤言鳳。《葛覃》：「黄鳥于飛。」黄鳥，皇也。言四方四風之例。《易》與《詩》皆詳牝牡雌雄，乾坤剛柔。乾爲父、牡、雄，坤爲母、牝、雌。馬古音同母，以音言，牝馬即牝母之意。但《易》取象之例不一，乾爲馬，坤亦爲馬。就馬之中分別，故坤謂之牝馬。又乾爲剛克，坤爲柔克。

䷗復五月。初六，履霜，堅冰至。白露。緯書：姤女壯，陰始凝。辟姤，五月卦，一陰初生。言「霜」、「冰」者，就陰卦初、上綜終言之，即《詩》「正月繁霜」。霜指黑道，此爻指南北。《詩》「可以履霜」，履霜爲十月。冬至以後皆冰，六爻皆變成乾，乾爲冰，冰又指南北冰海。

䷆師六月。六二，直方大，不習，无不利。習，母帶子飛也。不習，天子不出，惟二伯行。坤，臣卦。坤，貞于六月來。同人九五，大師。天元，方可大。二五，正直。習坎，二陰中正。如辟卦遯，二五綜。以上二爻，合乾上九，屬南

---

① 作悔：據《困》上六，當作「動悔」。

方，爲夏季三月。直即三德，中之正直，不剛不柔，居中之意。方，指坤，天圓地方。大，即大九州。重卦爲習坎，母雛並飛。不習，單看。水中可居曰洲。大九州以此爻爲京城。

䷎謙七月。六三，含章可貞，或從王事，无成有終。含氣者化。《易緯》：「含和萬靈。」《管子》「九章」。此爻指東西。履爲辟否，陰至此成。三四綜。訟六三，惑從王事無成。内三爻爲貞和，外三爻爲貞。乾九三，君道也，此臣道。從即從行。成，作也。《詩》「王事適我」、「王事靡盬」、「王事多難」、「王事傍傍」。

䷏豫八月。六四，括囊，无咎无譽。小畜爲辟卦觀，八月也。坤性體，一刑殺，二默塞，三沉厚。

䷇比九月。六五，黄裳坤有八包。元吉。北半球爲玄，南半球爲黄。大有，大車以載。離六二，黄離元吉，爲辟卦剥，九月。以上三爻，西方秋季三月也。黄裳有，无玄衣。

䷖剥十月。上六，龍戰于野，其血玄黄。乾三爻，震爲玄黄。我行其野，龍不在野。龍中野外，玄黄，文質彬彬。爲辟卦坤，十月陰極陽生，與龍相戰。龍爲震，爲震一陽，與陰相戰。坤上六，即乾初九也。貞下起元，終而復始，於陰爻前龍，扶陽抑陰之義。

用六，利永貞。陰變陽爻。正卦陰陽相生，四卦生四卦，辟卦乃朋卦，首朋卦，陽生陽，陰生陰。四卦生四卦，辟卦爲正，首乾二五之坤，成兩既濟。坤六爻成頤比，初、上爲頤用六。内四爻，二五中，三四亦中。孔子曰：「天道曰圓，地道曰方。」方曰幽，而圓曰明。明者，吐氣者也，是故外懸。幽者，含氣者也，是故内懸。故火曰外懸，而金、水内懸，吐氣者施，而含氣者化。坤内外卦，以内爲主，本乎地親下、地卑。乾、大過、中孚、坎同坤，頤、小過、離同比。錯者自綜，共八卦。往生三女，及姤、同人、履，變初四震、二五坎、三六艮。

䷂屯十二月，丑候。既濟少正卦。外井，内噬嗑。又草木初生爲屯。元亨利貞，天地之初，水、雷。雷與水，中孚。勿用卜用中，不中，凡言用指中。有攸往，往來爲孚。坎，内三爻來；震，外三爻來。又勿用七，無在二、五爻者。

利建侯。由井而來，九州封建，故言建侯。《易緯》法定主屯，注建王立侯，男爲中國，故始詳坎水，初爻與蹇比。

䷇比大有來。初九坎二。磐桓，比四蹇三，比往蹇來反。又長蹇少比，長少相比。既濟三子，蹇長，需中，比少。蹇、屯同。利居貞，比利于守，不動。利建侯。比爲封建初居，利四往吉，比爲蠱，隨爲大有也。不來不往，師比相孚，

上經爻比，下經爻姤，大同少局，以初、上爲中。

䷻節旅來。六二坎一。迍如邅如，蹇也。乘馬二四上。陰乘陰位爲乘馬，初。班如。伐鬼方。匪寇，婚媾。一陰五陽爲婚媾，外來疑之。女子夷狄爲女。貞節也。不字，十年乃字。字即孚。三年夫之蹇卦，十卦之終。十年即十世，既有遠近，又有久暫。咸損①十卦。不字，損益乃字，三十年屯復頤，居貞不變。

䷾既濟未濟來。六三，坎三。下三爻爲主。即既濟。鹿東方。无虞，騶虞，田官。田无禽。惟入于林中。居深山之中，既濟，登陸，舍舟。君子幾，不如舍，舍矢如破。往吝。待時。「莫益之，或擊之，立心勿恒，凶」。內卦於外見，外卦於內見。

䷐隨蠱澤由來，震來。六四，震五，在內上變三爻，故以雷爲主。乘馬班如，隨，服牛乘馬。求婚媾，男求女，中外合，爲婚。內震，外兑，東西相合，內求外。往吉，四往鼎，爲大有。无不利。三爻爲言乘馬，爲六爻分例。四陽陰，初陽，爲婚媾，震外三人來，未濟與卦，彼來求我。

䷗復姤母由來，震來。九五，震四，雷而不雨。屯閉。其膏，坎爲膏，變坤。膏同高，羔裘如膏。小震。貞內不變。

---

① 咸損：原稿眉批：「咸損，疑是咸恒。」

吉，大坤。貞外不變。凶。小變陰爻，大原陽爻，初治中國，與蹇同。

䷩益恒風由來，震來。上六震上。乘三，乘爲乘例。馬馬行地無疆，求諸遠。班蹇也。如，不見復關。泣血連來連，泣涕漣漣。如。蹇四爲師，往蹇來連，班馬之聲，三陰無應。不言婚媾，乾爲馬，初、三、上皆乾位，二、四、上加於其上，爲乘馬。此爲間乾，爲既濟。「高宗伐鬼方，三年克之，小人勿用」。

案：萃、咸三，否上，臨、泰三，損上，家人、益三，既上，朋卦逆行，故以内爲外。以正言，先震後坎；以朋言，先坎後震。内坎，内三人行來；外震，外三人行來。三當爲井，内巽與　錯，故改用還原之既濟。上當爲噬嗑，外火與坎錯，故不用，而用還原之益。坎之三往既之内，既之三往坎之内。

䷃蒙正月寅。大夫損長，正賁。大畜與解比。蒙，奄也。亨，匪我求童蒙，求婚媾，以六五爲主爻。童蒙，喻草昧之人，童蒙不達也。坎象草木根芽爲山所覆，是萌芽之象。童蒙求我。自求聖教之化。初噬告，由近及遠。再三瀆，《春秋》四卜非禮。瀆則不告。利貞。由賁而來，由四州以及八州，由八州以及中國，由中國以及海外，外賁内困。《釋文》：無以教天下曰蒙。

䷨損暌四。初六，「貞吉悔亡。震用伐鬼方，三年有賞于大國。」發蒙，蒙見冒亂。利用刑人，《慎子》：「有虞氏之誅，以幪巾當墨。」司寇父母卦。用説變兑口。桎梏，以往吝。與臨對，利用句，此專屬一事。

䷖剥觀五，與觀對。九二，包剥有包象。《詩》：「白茅包之。」蒙，吉，蒙，震也。納婦，吉。二也。子克家。五古治家司徒，苞萌，二陰正位，而從五來。陽居五位，男女。男女正位，以九居二，爲克家，率五陰也。旁通，長與長處，中與中處，少與少處，三卦合本卦爲四，兩十二爲二十四。

䷑蠱升上。六三，師上六蒙，言小人勿用此也。勿用三、四爻，言勿用過中也。取女，姤象辭。見金夫，暌：遇元夫。不有躬，无攸利。中也。只忌取女。三爻爻變成姤賁，白金。

䷿未濟睽初。六四，罔蒙。困蒙，吝。伐鬼方。外卦變爲困，外全變例，内用困卦名，上五加字，困變未濟，已事遄往，酌損之，无咎。

䷺渙觀二，與困比。六五，僮矇，與觀對。童蒙，吉。山無草木曰童。上着二陽，萌芽爲土所掩，五陰往二，二陽來五，變歸妹爲家人，辭見二爻。渙九五：「渙汗其大號，渙王居，无咎。」大畜「童牛」。

䷆師升三。上九，擊蒙，虞注：「艮爲擊蒙。」不利爲寇，利御寇。益「或擊之」。于邊爻言寇，司馬也。師用兵師中。

按：睽，未初，損四；觀，益初，否四；升，泰初，恒四；泰長，革，變升來。

䷄需二月卯候。既濟中，正比，外比，内大有。需爲九三爻得名，逆行。需上從雨，下從天，水天爲需，篆而天相侶，誤作而。有孚，同桴，又字乳孔，中卦言孚。光亨，貞吉，利涉大川。爲需還原發例。既濟「濡首尾」。未濟「中有孚」，中桴也。惟有桴，乃可以涉大川。又内天，四見乾卦于外。既濟中男，未濟中女本位變成乾坤，還父母，如坎離之大有比。

䷯井坎三。初九，需五需爲需本卦，消本。于郊，屯也。陸地同也。利用恒，用下言恒，不宜用也。同人上九：「同人于郊。」變風反雷爲恒。蒙、需初皆言「利用」，草昧之初，頒①作爲也。无咎。二濟初、上皆以濡其首尾爲言。

䷾既濟坎二比。九二，「帝乙歸妹，以祉元吉」。需于沙，坎也。由既濟二變需，少以涉見。小有言，終吉。無

---

① 頒：疑作「頻」。

水，與訟初六同。

䷻節坎初比。九三，需于泥，蹇也。井泥。震四：「震遂泥。」致寇匪人。至。水地不能進退。「負且乘，致寇至。」凡言寇者，皆在邊爻。內三爻變爲坤爲地，郊、沙、泥皆土之有水者，以水土相合之象言之。三言寇，內外之分。外言客，內言寇。

䷪夬乾上。六四，內外分界。需于血，血穴同音，外比之。出自穴。其血玄黃。居處爲穴。「无平不陂，无往不復」。坎之所以爲穴者，以變離，離乃穴象，中虛。坎三變離，上入四出，逆行也。

䷊泰乾五，同人變。九五，需于酒食。困于酒食，燕享禮。《禮運》：「夫禮之初，始諸飲食。其燔黍捭豚，汙尊而抔飲，蕢桴而土鼓，猶若可以致其敬於鬼神。」貞吉。「婦喪其茀，勿逐，七日得。」

䷈小畜乾四。上六，入于穴，由上逆行，爲入。初言入，上亦言入。坎初六。同人初九：「同人于門。」有不速之客三人來。三王之後，乾外之三人來。內卦爲主人，爲同姓，外卦爲客。三主三客。三人，乾三，乾自內來外也。不賓立三卿，經凡見二十三三字。敬之，離初旅，履錯然，敬之无咎。終吉。言終吉者八，五在中卦，二在中爻，惟賁五一爻不同。

按：大過，咸二，恒五；明夷，泰二，既五；中孚，益二，損五。又變卦，乾在內四，泰、无妄、訟、遯；在外四，否、大畜、大壯、需。泰、否自內生三卦，每爻爲一主。朋卦，坤在內四，否、升、明夷、臨；在外四，泰、觀、萃、晉。三卦，每爻爲一主。

䷅訟三月辰，否中，正同人。以同人外卦易師內卦爲訟。一身卦六爻，二爻在內，四爻往。又外洋云議院爲訟。有孚，二卦皆中，同爲有孚。訟，中行也，故發其例，明變得同人之正爲質也。中爻變成父母，需訟皆中女。窒惕，中中孚也。吉，終凶。利見同人利見。大人，離也。《荀子》：「是非以聖人爲師。」班氏云：「群言淆亂衷諸聖。」紛爭辨訟，非禮不決。不利涉大川。爲需而發。未濟五，訟未和，不利行遠，臨難。

䷉履乾三。初六内乾内。不永所事，中吉。小有言，終吉。禮以定之。《易緯》：「聖人法物，爭而後訟，紛爭辨訟，非禮不決。」

䷋否乾二，同人變。九二，「有孚于飲酒，无咎。濡其首，有孚失是。」不克訟，「弗克攻」，同音。歸而逋《詩》：「奏假無言，時靡有爭。」其邑。中故言邑。人比五：「邑人不誡。」坤爲邑。三百户，《詩》「三百廛」。《論語》管仲「奪伯氏駢邑三百」，「没齒無怨言」。无眚。此謂變同人。

䷫姤乾初。六三，食舊德，《詩》：「亦有和羹，既戒既平。」貞厲，終吉。或從王事，決訟於天子。《詩》：「王事靡盬。」无成。坤六三同，始終皆不行。「謀夫孔多，皇華咨謀。」

䷺渙九四外坎，外。不克訟，復復命，吉。即命，渝渝盟也。安，貞吉。《荀子》：「期命也者，辨説之用也。」故凡言議期命，是以聖人爲師。」

䷿未濟九五，「承小人吉，大人否，亨。」訟，元吉。君子之光。「長子帥師」，父母爻在二、五也。《論語》：「必也臨事而懼，好謀而成者也。」《小旻》：「謀猷回遹，何日斯沮。」《左傳》：「君所謂可，而有否焉，臣獻其可，以替其否。君所謂否，而有可焉，臣去其否，以成其可，政是以和。」

䷮困上九，困命也，訟公。或錫「三錫命」相起。之鞶帶，《内則》：「男鞶革，女鞶絲。」澤火革。終朝三褫之。革三爻，三日乃革之。此謂變地水師。地水師、天水訟相起。一日分十二時，子丑寅卯辰巳午未申酉戌亥，與「晝日三接」相起。

按：中孚，益二損五；晉，未二否五；大過，咸二恒五。

䷆師坤中，綜比，負明夷，四月也。貞，丈人吉，无咎。師大夫，四月。丈人，司馬。三公以司馬爲尊。九二之坎，司馬公也。《詩》：「六師及之」，《春秋》「京師」。京，大也；師，衆也。「見龍在田」，乾二爻已與離錯。禮，天子出，一公守，二公從，一公帥二卿，合爲二公四卿。《尚書》六事之人，六卿統名之也。以二公言，則二、五爲公，初、四、三、上爲四卿。以天子出言，則四、上爲公，初、四爲卿，二又以卿揖爲之也。

䷒臨綜觀。初六，此佐上軍。師《春秋》：將卑師衆稱師。出以律，否臧，《左傳》：「執事順成爲臧，逆爲否。衆散爲弱，川壅爲澤。有律以如己也，故曰律。且律竭也，分而以竭，天且不整，所以亡也。不行謂之陷，有師而不從，陷孰甚焉。」凶。《左傳》：彘子以中軍佐濟。《易緯》「羽林法師」，注：「營壁屯伏。」《明夷》：「君子于行。」

䷁坤錯乾。九二，《明夷》：「用拯馬壯，吉。」在公在。師中，中局言中左，以起三軍之制。吉，无咎。王將中軍，凡中爻變父母者，左右爻從之。王三錫三錫如三德，分三爲九，細數爲九。合言之，三德即九德，三錫即九錫也。三軍六卿。命。即大軍有命。在師之中，坎爲中男，在中軍爲主，故坎在上經，繼乾者坎也。

䷭升綜萃。六三，此左下軍，右爲下軍。師或或者名德不稱，如趙括。輿尸，凶。輿，衆也。尸，主也。《左傳》：「彘子尸之，必有大咎。」輿，誌作與。輿車，即軍也。天子萬乘六軍，皆謂車輿之數。坤爲輿。輿尸，在三爻，謂少局以三四爲中，又以初上爲中。

䷧解綜蹇。六四明夷六四：「入于左股。」師左次，震在下爲左。《左傳》三宿以上爲次。二、五爲中，初、四爲左，三、上爲六，次不進也。无咎。左次，左軍也。震爲左，艮爲右。《左傳》：「王將中軍，周公黑肩將左軍，虢公將右軍。」左即下軍，右即上軍。

䷜坎錯離。六五，二坎，五又變坎，得中，爲長子。田有禽，習兵田，謂大蒐以講武。《司馬法》：「天子擇將。」利執言，无咎。長長局。子帥師，《公羊傳》：將尊師衆，稱帥師。長子，坎也。震爲一索之長，坎爲中正之長，爲長局。繼乾者當以坎，故坎在上經，震在下經。舊説以長子爲指互卦震言之，非也。長、少以邊爻爲中。弟子輿尸，與①，猶佐也。震艮爲佐。貞凶。田有禽，聖人以情爲田也。《禮運》：「故聖人修義之柄，禮之序以治人情。故人情者，聖王之田也，修義以耕之，陳義以種之，講學以耨之，本仁以聚之，播樂以安之。」巽六四：「田獲三品。」比九五：「失前禽。」井初六：「舊井无禽。」恒九四：「田无禽。」

䷃蒙綜屯。上六艮在上爲右。大君五也。泰爲大君。有命，即錫命。開國承家，觀。小人家人。勿用。不中。蒙：「不利爲寇，利禦寇。」《謨》：「有邦有家。」二爲三公左右，爲卿，有邦。從者爲大夫，有家。既濟：「小人勿用。」屯也，此爲蒙發。

按：天子六師，《尚書》六事之人，即六爻也。五爲天子，將中軍，二公將左右二軍，此正三軍。以坎爲中，震在左，艮在右，三男合三公之象，此正三軍也。內卦爲佐，三軍坎在中，佐中軍。變坤初巽三兑二。女爲伊佐，上下二軍，合爲六師。上下不同，內外異例也。歸妹震二兑五，比坎二坤五，蠱艮二巽五。

䷇比巳四月，坎中，負需，綜師。吉，水附于地，天子如海下百川，萬流所歸，江漢朝宗，人心歸往，猶水之就下。原筮，六營成卦，天子及五長。蒙：「初筮告。」元永貞，无咎，不寧方來。天子統二伯，二伯統天下，即五長方伯連率之制。三人行來爲此。比卦與同人專言三卦連比，比爲得友，三人行又爲九卿。四月。後夫凶。即上六无首。

① 與：《周易》本文作「輿」，此當爲改字解經。

䷂屯初六，有孚，作桴。隨、有孚亦在屯之變爻。比之，无咎。初爲屬長，統五國，一州四十二少局，內比坎，外比坤。蒙、屯合。有孚盈缶，坎三，用缶。酒食樂器。終來有他，又爲連帥。十國一帥，州二十一帥，外比非坎，乃坤。吉。利居貞，利建侯。

䷜坎六二居中，爲方伯。求小得。比之自內，內卦自比以內，外比內三人，爲既濟。畿內百二十官禄，既內三人來。貞吉按：《易》貞悔，內外用占，均從卜。內從卜冂，外從卜從卩。內爲一州之比，方伯統一州。

䷦蹇六三，長局在少。內三爻乃坎所生，外三爻往師，泰之外三爻乃來爲客。比之匪人。三爲卒正，統三十國。卒正居五長之中，上事二伯、方伯，下統屬長、連帥。匪謂非但人爲之，乃天然之制。人者三人，內三人與外不同。匪人，法天地自然之數。往蹇來反。

䷬萃六四，天子左右爲二伯，周公左，召公右。外比之，貞吉。外卦。外比外諸侯。外泰三人來，既三人在師卦。外爻泰之三人來，既濟爲客。外者合天子而比之，萃爲外比。《書》：「太保率西方諸侯入應門左，畢公率東方諸侯入應門右。」

䷁坤九五，坤，邑人，黃裳元吉。顯比，父母卦爲顯，天子合諸侯。王用三驅，三田，夏不田。天子無事，歲三田，田三驅，夏不田也。失前禽。前在南。三人行損一人，失前禽者。王者面南而治，前朱雀，後玄武。南方蟲羽爲禽。《王制》：「天子無事，諸侯歲三田。」田獵雖備四時之文，而夏不田。夏于方位爲前，于虫屬禽。又王者先內後外，王化自北而南。《詩》之「二南」，《春秋》之中外，皆先北後南。此即「失前禽」之義也。又案：以三言者，三日六，三歲四，三年二，三接一，三褫一，三孤一，三品一，三驅一，三錫一，三人二，三百一，三就一，共二十二。

邑人不誡，吉。邑者京師。天子會諸侯，皆在方岳下。《詩》：「商邑翼翼，四方之極。」又：「邦畿千里，惟民所止。」比五坤爲京師，爲東洛。「改邑不改井」，「邑人之差」，皆謂王畿爲邑。

䷓觀上六，內三人，外三人。比之无首，凶。元首，《尚書》「天子元首」。「群龍无首」，上無天子，比在五上，諸侯專征伐，禮樂自諸侯出，如晉楚興而王室孤，至于政在大夫。按比坎二坤五，師坤二坎五，漸巽二艮五。

䷈小畜已候，三公，四月，巽長子，綜履。亨。密雲合大畜言。不雨，上言既雨，見風而非坎。自我西郊。西乾方。郊，「同人于野」。小過六五同文。

䷸巽觀變巽。初九，兑坎向外，巽向內。復自道，復，「不遠復」。臨亦爲復。復即履「視履考祥」。小畜初變巽，此復之小畜，改爲中孚合道。巽不正，乾乃正。乾爲復道，借震爲復，小畜又借豫也。益內三人來。何其咎，吉。此爲初爻還父卦總説。

䷤家人益三。九二，「飛龍在天，利見大人」。牽復，吉。非道爲牽，風天合，巽離親上。非正爲牽，夬九四「牽羊」。履五，夬履，人不外向，畜之也。離結繩，有牽象，二復一輻同音，變三女也。

䷼中孚益二。九三，大壯四：「壯于大輿之輹。」輿説輻，大畜九二同。中虛象輿。夫妻反目。「履虎尾」，中孚反卦。內外爲夫婦，中孚象目。中孚重離爲二目。兑不相從，反兑如反目，妻有静夫之義。

䷀乾六四，仍爲乾，中孚仍爲中孚。進退，利武人之貞。有孚，血去惕出，有孚變乾，渙上。血去逖出，无咎。无咎。小畜乾四所生，四爻生，又見乾孚，孳乳之義。

䷙大畜九五，五小畜「豶豕之牙」。有孚攣如，中孚九五同文。富以其隣。小畜與大畜起。大畜爲富隣。攣如，雙生。小過、中孚錯，象同小過五，此同中孚五。小畜與大畜爲正負，如雙生之子爲攣如。

䷄需上九，外爻壻，夬四需三。獨行遇雨若濡。既雨既處，象言不雨，入坎成雨矣。尚德載。婦巽。貞厲。

月幾望，坎爲月，在天上。君子征凶。中孚四：「月幾望，馬匹亡。」

案：震、巽爲長男、長女所生。初爻五陽一陰，五陰一陽，三五當還父母所生。四卦皆三陽三陰，姤乾初巽四，賁艮初離四，節坎初兑四。兩卦合，一順一逆。十二爻，内外合，一順一逆。六爻，内卦以外卦内三卦爲貞，内卦内三卦爲悔；外卦以内卦外三卦爲貞，外卦外三卦爲悔。長局以父母卦在首尾，三、四爲中。

䷉履綜小畜。虎尾，不咥人，亨。「含章可貞」，乾少孫爲身，兑爲虎，白虎獻朝馴虎，一正，二朋。乾生卦，會局。乾爲虎，爲三爻。言虎，白虎，西至日入。不咥人，馴。《左傳》：「賜先君履。」乾澤爲履，雷澤爲歸妹。乾少局也，履即地球，又履三公。

䷅訟綜需，六月。紛争辨訟，非禮不決。初九，《論語》「好謀而成」。素履，西方色白。往无咎。《詩》「素餐」、「素衣」。《中庸》「素位」。履，禮也。素王禮樂，生民未有。金爲金，《易》以乾爲君，素統水精之子，以言立教，由東而西，如歸妹。

䷘无妄綜大畜。九二，歸妹九二：「眇能視，利幽人之貞。」履道坦坦，幽人貞吉。乾道坦平正直。「周道坦坦，其直如矢」。坦坦，旦也。震爲足，歸妹之幽人。天道曰圓，地道曰方。方曰幽，圓曰明。明者，吐氣者也，是故外景。幽者，含氣者也，是故内景。故火曰外景，而金水内景。金水内景曰幽。初水，三金居中，故「幽人貞吉」。

䷀乾綜坤。六三，歸妹初：「眇能視，跛能履。」眇能視，履五巽爲眇，兑爲一目。跛能履。謙五不成震爲跛，位在虎口。履虎尾，歸妹即「履虎尾」。咥人，凶。在邊爻，無可食。武人爲於大君。巽初小畜，「利武人之貞」。師衆以順爲武，乾剛爲武。《詩》「武人東征」，司馬。《尚書》「汝爲大君」，帝也。震爲足，離爲目，下震承乾爲跛，外離二女爲眇。

䷼中孚綜小過。九四，二虎。履虎尾，虎在初爻，此從履言之。暴虎，兩濟尾均在初。愬愬，終吉。愬愬，懼貌。

臨事而懼，好謀而成。二中孚爲愬愬，少局，父母在三、四，以初、上爲中。

䷥睽綜家人。九五，以上二爻與歸妹同。夬履，貞厲。睽爲「眇能視」。夬即兑，西方。夬爲羊，羊即洋。

䷹兑綜巽。上九，祭祀非禮。視履視履，即跛助也。如履薄冰。夬在乾上，爲視，一陰在上不成離，爲眇。履在乾下，爲履。一陰在上不成震，爲跛。夬履朋二卦，上爲兑卦也。乾六爻，合爲三卦：初四巽，二五離，三上兑。初見二卦，以明此例。君子所履，小人所視，兩目兩足，中局。考祥，其旋，元吉。乾西方金，其虫毛。初姤牛，上夬羊，四小畜，三履虎。渙巽三坎上，噬嗑離三坎上，夬兑三乾上。外卦下行，内卦上行。

䷊泰正月，辟寅，正卦。坤五世，代坤，綜否，順行。否泰之卦，獨各貞其辰，共北辰，左行相隨也。小往往三陰，往之否。大來，否，三陽從外來内。吉亨。乾亨，坤貞，負卦，内外相反，言往來，所有子孫皆由起例。三女變三男，同此。

《易緯》大通而泰，上地下天，亨。

䷭升正月。初九，拔茅茹，四初成萃，爲茹。以其彙，爲祖卦，故同否。茹彙，子孫也。征吉。綜卦之例，則三與四、二與五、初與上同文。否泰一錯一綜，故初爻皆言拔茅，以示其例，又連反。

䷣明夷二月。九二，二五成既濟，中男。包荒，白茅包之。用馮河，馮河，死而无悔者不與。不遐遺，朋亡。外三爻變爲乾，坤體亡矣。初爲主，二爲朋，内爲主，外爲朋。得尚于中行。四三爲中行，又亡即「悔亡」之亡，謂内卦變乾爲坤。

䷒臨三月。九三，上三成損，少男。无平三、四爲平。危者使平，易者使傾。不陂，初、上爲陂，既濟變未濟。无往不復，復六二「臨如」，大畜三臨上，此在首之例。艱貞，无咎，勿恤其孚，孚例，泰、否爲負之祖，生六子，二十四孫，于四、五内外變爻發其例，言泰可以包否。于食有福。損臨上九，乾變坤，父母四局，子孫十二局，共十六局。

䷡大壯四月。六四，地動于下，地應于上。翩翩不讀丕。富，以其鄰，不戒以孚。祖二，宗六。負卦一爻每十六變陰陽，合百三十二，合三正卦爲六十四也。

䷄需五月。六五，人動于下，人應于上。帝乙歸妹，天子。妹讀如沬，如周公之營東都。以祉，離祉。元吉。既濟二需，婦喪茀。「文勝質，質勝文，文質彬彬，然後君子」。乾質，坤文，泰否文質合中之卦也。

䷙大畜三月。上六地動于下，天應于上。城復于隍，益大畜居三，爲「城復于隍」。勿用師。師臨列損上。自邑邑即沬。告命，貞吝。損三、大畜上爲隍。三爲城，邊爻爲城隍，上二言「勿用」，過也。

案：變初四取恒，二五取既濟，三六取損，如坤取三女。又泰之內乾由否之外乾而來，否之內坤由泰之外坤而往。泰，陽生於下，陰消於上，內積三陽，則外消去三陰。泰之外坤，由內而至外。否之外乾，亦由內而至外。易外不易內，非內去坤以乾代之也。正首合錯身，錯首合正身。正身亨，錯身亨。

䷋否七月，辟申，正卦乾。乾五世代乾，二卦父母。否如覆栝，綜泰。之匪人，比之匪人，天地定位，恒。不利君子貞。大往小來。外乾往泰之內，泰坤來居于內，三男變，三女同，此內外卦相反。《易緯》：「不通而否。」

䷘无妄七月。初六，四初成益，長女。拔茅茹，无妄茅，大畜茹，起文如二濟首尾。以其彙，征吉。以天包地。茅，白茅。拔茹以彙，否代乾生三子、十二孫也。益四：「中行告公從。」

䷅訟八月。六二，二五成未濟，中女。包三爲包。承，初爲承。小人吉，大人否，亨。需、訟上，大壯、无妄上，未濟五，君子之光，陰得中正。正四中卦，晉、明夷、需、訟。又此以吉、喜對否。

䷠遯九月。六三，上三成咸，少女。包羞。「不恒其德，或承之羞」，「咸其輔頰舌」，白茅包之，「危者使平，易者使傾」，易傾猶平陂也。

觀十月。九四，外乾與泰乾本一卦，故觀。有命，王狩。无咎，疇離祉。益初：「利用爲大作。」離，麗也。長局，火中有困，三四爲中。

晉十一月。九五，五應泰二明夷。休否，曳其輪。大人大有。吉。其亡其亡，繫于苞桑。土坤悔亡，與朋亡起，由乾得來，悔變成坤，則乾亡矣。悔亡之亡，由此生。四五變乾，外乾將爲坤。二五言亡，對文。又天子存二代之後，猶尊賢也。尊賢不過二代。

萃十二月。上九，上應泰初升。傾否，傾陂。先否後喜。先爲无妄、遯，後爲觀、晉、萃。「咸其股，執其隨」，故曰「先否後喜」。由上逆行，乾爲坤，否成泰，春氣喜，由哀而喜，再一歲也，更始也。終而復始，《緯》乾爲先，坤爲後。按：錯綜，内外相綜變，初四取益，二五取未濟，三六取咸，如乾取三男。否泰所生六子，十二卦，在上經者半，在下經者半。泰内與否外綜，否内與泰外綜，八錯首以三四爲中，以八錯言例。

同人綜大有。同和與同異。人家人，一家之人。于野，亨。野，天下之人，先進野人。龍戰于野，野爲海邦。《左傳》「禮失求野」。利涉大川，三人同行。利君子貞。一正，二朋。乾生會局。乾中孫爲身。大有祭祀，同人會同。同人九卿，七月大同，合爲大人。直、方、大，坤二爻不習，與坎錯。中局，二五爲中。

遯綜大壯。初九，同人于門，艮爲門。門宗近郊野外，遯尾厲。《禮》：「外户不閉。」无咎。異姓。先同姓，後異姓，先中國，後夷狄。《春秋》書同盟，始于莊，終于昭，二伯之功也。

乾錯坤。六二，兄弟宗族。同人于宗，乾生還。乾爲宗，同行爲宗，厥宗噬膚。吝。《左傳》：「大有之乾曰，同復于父，敬如君所。」周之宗盟，異姓爲後，言宗以爲晉也。宗，同姓之親，即「血孚出，涕沱若，戚嗟若，吉」。

无妄綜大畜。九三，「或係之牛，行人之得，邑人之災。」伏戎于莽，寓兵于農，解三「致寇至」。升錯升。其高陵，九陵，九州。三爲高陵。三歲不興。高陵，三爲高，解「射隼于高墉之上」。初兵，而陳、蔡之師不致。三歲，不在三爻，則在上爻。漸五三年，三三年，二三年。同人三，无妄、既濟三年，未濟在四。復十年，丰上三歲，坎三歲，三十六日，爲三歲。上經全卦之數，從泰至此三卦，「十年乃字」。

家人綜睽。九四，「富家，大吉」。同人、家人之分，在此爻。家人外爲同人，同人內爲家人。乘其墉，解六三：「負且乘，致寇至。」弗克攻，吉。三爲墉，四乘之。弗克攻者，內外異卦，「公用射隼于高墉之上」，以三爲公，爲墉。按：「弗克攻」，有備也。有備無患，內合中國，外禦夷狄，如桓、文治政，而楚息兵，不敢擾中國。魏絳和戎，九年息兵，治外治內。

離錯坎。九五，朋友、賓客、諸侯。「出涕沱若，戚嗟若」。同人，先號咷而後笑。以正君臣。離五節「旅人先笑後號咷，先逆①後得主」。大師與師錯。大師小旅。克相遇。錯遇大師，京師重離。後先以恩義言。大師即京師。中國爲師，大統爲大師。左右二大，「見龍在田，利見大人」，中外之分。

革綜鼎。上九，「君子豹變，小人革面」。同人于郊，此郊爲祀大，遠者皆至。先門後郊，先後之序，言都從郊始。无悔。晉之于楚，戰敗而後南北分伯。桓之于楚，不戰而受盟。桓如旅，晉如同人，就一事言之。按：內三爻爲兄弟，「同人于宗」是起例。此師卦，爲泰中局。祖宗于某爻生身卦，身卦于某爻變還祖宗，爲名曰歸宗，以同人二「同人于宗」示例也。漸巽二艮五，大有離二乾五，隨兑二震五。

---

① 逆：據《易・坤》當作「迷」。

䷍大有午五月，離中，負晉，綜同人。元亨。離次子，爲身卦，入鼎少子，卦反正大有。倭，五月。《春秋》大事于太廟、有事于太廟，有以手持肉，犧牲之象。師、比皆言田獵。下經爻始大同，遯初同人，上大有。

䷱鼎初九，无交風火。《説文》：「爻，交也。」象《易》六爻之交。害，匪咎，艱則无咎。初爻五交。交爲《禮器》「室事交乎户，堂事交乎階」之交。

䷝離九二，大畜二賁「輿脱輻」，黑革也。大車乾爲車，坤爲輿。以載，地載。有攸往，隨也。无咎。二爲中。《詩·大車》。内三爻變成坤，爲大輿。由天變坤，又由坤變乾。乘素車，貴其質也。「飛龍在天，利見大人」，乾五爻辭。

䷥睽九三，大畜三，「良馬逐」。公用亨于天子，《禮器》：「天子適諸侯，諸侯膳，用犢，天子爲賓，公爲主人。」三爲三公，晉文招天王是也。又：「諸侯適天子，天子賜之禮太牢。」小人弗克。弗克者，可以克也。師上「大君有命，開國成家，小人弗用」，隨「亨于西山」，升「王用亨于岐山」，《太玄》「争用亨于王前」。天圜序五牲之先後貴賤，諸侯之祭牲牛曰太牢，大夫之祭牲祀羊曰少牢，士之祭特豕曰饋食，無禄者曰稷。大有九三「公用亨于天子」，指不變之陽爻。乾「小人弗克」，指變之陰爻睽。凡爻以變爲占，故爻多就已變新遇之卦立説。其有就不變之爻言者，則經多見君子、小人以示例。如三之亨天子，乾爲君，公爲乾。九三專就不變之九三言，若已變之六三爲澤，不中不正，是爲小人，其占爲「其人天且劓」。「公用亨」，惟不變之九，乃足當之。又小人、家人、人人、同人、天子，大統也。言王，小統。

䷙大畜九四，大畜四，大有「童牛之牿」。匪其彭，《詩》「出車彭彭」。无咎。《釋文》：「彭，子夏作旁，虞作尪。」

䷀乾六五，大畜五，小畜「豶豕之牙」。厥孚交如，威如，吉。「黄裳元吉」，姤初，大有五，皆于乾言孚。孚爲生子生孫，與祖同氣。《左傳》：「大有之乾，同復于父，敬如君所。」厥孚，即「同復于父」。威如，即「敬如君所」也。有孚本例。

䷡大壯上九，大畜上九泰，「何天之衢」。自天祐之，吉，无不利。天子祭天，春、秋養牲。傳黃帝、堯、舜之卦。案：坎、離中男、中女，二卦所生中爻，爲五陽一陰，五陰一陽，當還父母。所生四卦皆三陰三陽。蠱艮二巽五，同人乾二離五，歸妹震二兑五。

䷎謙坤少，辰三月，綜豫。亨，君子有終。爲三爻言。謙，大夫，十二月，周公之事。

䷣明夷綜晉。初六，夕惕。謙謙「君子終日乾乾，夕惕」。君子，用涉大川，吉。用爲中，此中爻，言用謙，一言用，餘皆言利。夜以繼日，勤以補拙。初爲謙謙，位尊禄重，而目之以卑者貴。

䷭升綜萃。六二，升音同聲，又有風，故爲鳴。鳴謙，貞吉。「鳳皇鳴矣，載飛載鳴」。涉川，故鳴。謙可鳴，豫不可鳴。董子：「鳴而施命謂之君。」孟之反不伐，却至上人，不自言其功。功高天下，守之以退，聰明睿知，而守之以愚者，哲。

䷁坤綜乾。九三，坤三變謙，謙三成坤，故再見君子，主爻。勞謙，「致役乎坤」。君子有終，吉。坤：「含章可貞，或從王事，无成有終。」勞而不伐。顔子曰：「願無伐善，無施勞功①。」蓋天法地，博聞強記，而守之以淺者，不溢。

䷽小過綜中孚。六四，初上中。无不利，撝謙。自以爲遇，有諫諍之士用善言。《孟子》：「訑訑之聲音顔色，拒人于千里之外。士止于千里之外，則讒諂面諛之人至矣。」去其驕志淫色，德行寬容，而守之以恭者榮。

䷦蹇綜解。六五，爲跛能履。不富，不讀爲丕，朋來爲富。以其隣，利用位中。侵伐，无不利。蹇之往來，故爲隣。謙二爻連言「利用」，土地廣大，而守以儉者安。

① 功：據《論語·公冶長》，爲衍文。

䷳艮綜震。上六，鳴謙，利用三言用，皆取中義。行師，征邑國。利用者不用，藏之也。人衆兵強，而守之以畏者勝。此六者，皆謙德也。

按：本卦謙爲「一人行則得其友」。友明夷、升，坤爲母，合之仍一生二男。「三人行」，明夷、升、臨。「則損一人」，謂臨未見。謙卦而師，復又往會之，則成三人。坤內三卦，泰內三卦，合爲六，彼此往來，或損或得，共六局，一主二客，如一君二民，又變一父母以統之。謙與師、復爲三人，此爲坤少局，朋卦泰少，臨不來。丰震三離上，井坎三巽上，剥艮三坤上。

䷏豫辰侯。侯三月，震長，綜謙。「凡事豫則立，不豫則廢」，言前定則不跲，事前則不困，行前定則不疚，道前定則不窮。《易緯》御難設豫，注：「防備豫知，母老子強，故曰豫。」貞屯悔豫皆八，是三爻動之變例。恒內三卦，長來豫，中來歸妹，三來丰。利建侯、行師。雷建侯，坤行師。

䷲震初六，恒初從口。言，言前定。鳴豫，凶。南方樂，雷爲有聲，鳴者自伐。鳴而命者爲名，名之爲言，鳴與命也。主與中各分中局，主中同長，局主中各異。坤四：「括囊，无咎无譽。」

䷧解六二，恒三。解介同音。介于石，「困于石」。艮爲石，事前定。不終日，即日中。貞吉。一日分十二辰，不終合中，所謂豫也。柳下惠不以三公易其介。《大傳》：「君子見幾而作，不俟終日。」《易》曰：「介于石，不終日，貞吉。」介如石焉，寧用終日？斷可識矣。君子知微知①彰，知柔知②剛，萬夫之望。」歸妹「月幾望」，夜中，不終日，與日幾望對。

---

① 知：原作「之」，據《易・繫辭下》改。

② 知：原作「之」，據《易・繫辭下》改。

小過六三，恒二。從目，長則在中。盱豫悔，悔例。遲有行前定。遲因小過言過，愆期之遲歸妹。悔。

坤九四，猶豫，謂此爻。由豫，大有得，日中而行事。勿疑，朋盍簪。此朋以爻言，四變則六爻皆陰。坤爲鳳，盍即嗑，簪即宗。宗，坤也。宗祀文王于明堂，朝諸侯于明堂，卜筮所以使民決嫌疑，定猶豫。

萃六五，貞疾，恒不死。陰氣悲哀，變爻錯成恒。丰「往得疑疾」，大有①「不終日」，遲冥皆就日時取義。董子：「天以三時生成，以一時喪死。死者百物枯落也。」又云：「春喜氣也，故生。秋怒氣也，故殺。夏樂氣也，故養。冬哀氣也，故藏。四者天人同有之，有其理而一用之。」

晉上六，北爲空虚之地，陽用陰虚。冥豫，冥，明夷，艮爲幽門，爲冥門。成有渝，无咎。冥爲明晦，明夷之晦也。陰陽交會于北方。

案：漸、蠱、歸妹、隨四卦，二五在中，爲反錯，學父母，復坤初震四，困兑初坎四，旅離初艮四。

隨二月候。兑、中孚，負大過，綜蠱。此卦君臣三四既濟。《易緯》「服牛馬隨」，注：「今畜隨人用。」從也。以臣從王，如馬牛受人牽索，故從維係。二係初，三係四，上係五，陰隨陽，故名隨。元亨，利貞，无咎。父之齒隨行。

萃初九，官上之初成官。《禮運》：「其官于天也。」有渝，《王制》：「朋友不相渝。」家天下也。貞吉，改過。出門出家成教于國。交有功。會盟。忠孝兩全，對「不事王侯」。坤「易從則有功」，言交者二、五爻卦。交，效也。「效法之謂坤」，法地而王，内變大過。

兑六二，二爲女。主「震來厲，億无喪，有事」。係小子，二陰爲丰，三上小子，在下位不陵上。失丈夫。五陽在下

---

① 大有：據《易》當爲「豫」。

位，不獲乎上。小子少局，丈夫長局，長變少，少變長，内震。長子爲丈夫，爲長兄。本爻成兑，爲少女，陽爲陰。小男女雖易長，然比之自見。

☱☲革六三，三陰爻言係。係丈夫，四陽在下位，不援上。失小子。三陰在上位，不獲乎下。隨有求所求乎臣以事君，未能也。「同氣相求」。得，得可欲，「方以類聚，物以群分」，三得四。獲器用曰得，牛馬曰獲。利居貞。内卦頤、豐，利不變，中。「朝，與上大夫言，侃侃如也。與下大夫言，誾誾如也」；「上交不諂，下交不瀆」。又：「春亨孤子，秋食耆老。」又内卦是男，外卦是女，男變女，女變男，故相合成純卦、負卦。内外同，故變者皆爲中卦。

☵☳屯九四，外全變爲頤。隨有獲，變頤爲獲。貞凶。有孚有孚、比亦在屯下，有孚正例。孚又讀郛，外部在對卦。在道，所獲之俘在道中。以明，何咎。

☳☳震九五，長男。長幼天倫，立嫡。孚「孚兑吉，悔亡」。于嘉，吉。合震，「亨者嘉之會」。隨，兑、震所生正卦。孚言孳生。大有五，姤初，小畜九五及此，是陰言係主，陽爲孚主。

☰☳无妄上六，自外逆行上，爲長女。拘係之，係，二陰往從二。乃從維之。二陽從五，二陰從二。《詩》「縶之維之，以永今朝」，《白駒》，王後之禮。王用亨于西山。震對隨，小統言西山，升四言岐山。兑在西方，王爲主，與大有九三相起。西山，西岳。恒下岐山，北岳。

案：隨。明兄弟專卦，以弟隨兄，雁行隨行，天倫之敘也。内震爲長男，則以内三爻象弟之從兄。外兑爲少女，則以四五爲長中。初長，上少，内男，外女。《禮》曰：「男女異長。」而象可相通。五爲陽，男主陽，上升，係四初，二陽從五，合爲三。陽爲三男，成乾二爲陰。女主陰，下降，係上三，二陰從二，合爲三陰，爲三女，成坤。二爲女，正中位變成純兑。五爲男，正中位變成純震。比坎二坤五，歸妹震二兑五，同人乾二離五。

䷑蠱三月候，艮中，負頤，綜隨，二四易位，未濟。此卦父子，頤來，小過去。《詩》作「盬」，「王事靡盬」。元亨，利涉大川。先甲日用甲，日之始也。甲爲木，庚爲金。以甲庚立説，《春秋》之義也。三日，《春秋》之帝。後甲《詩》「吉日維戊」。三日。此排八宮八卦，泰否爲甲庚，主古而止。先甲三日爲辛，後甲三日爲戊。辛爲柔日，戊爲剛日。外事用剛，内事用柔。丁火爲甲木所生，辛金爲甲木之祖。金生水，水生木，木生火，父子之象也。舊説以爲丁辛癸三日，以後甲三與先庚三同爲丁庚。後三爲癸，有柔無剛。考禮數日有來往不同，今訂爲先三日柔，後三日剛，一剛一柔，一内一外。又先甲三日辛，《春秋》上辛，柔日，内事用。後甲三日丙，《詩》戊午，剛日，外事用。生于來日，死于往日。多一日計，先庚三日丁，内事用，後庚三日壬，春秋壬午治兵。

䷙大畜初六，初變成乾。幹父之蠱，有子，爲上九，艮陽爻，以武王爲子。考无咎。考，父，乾。有集成其志，故无咎無憂者，其惟文王。厲，終吉。陽謀始，陰有終。初上一爻，始終之義。盬，家事也。《中庸》孝者善繼善述，武王、周公，天子之孝。

䷳艮九二，幹母之蠱，隨之三陰，分長幼，以繼母事。不可貞。以婦承母，二陰居中，故以母言。巽女承母之事，《詩》「太姒嗣徽音」是也。卦名既定于爻，陰陽分父母。不定在初六，陰爻。乾統三男，百二十官理陽政。坤統三女，百二十女理陰政。貞吉，悔亡，无不利，无初有終。

䷃蒙九三，幹父之蠱，小有悔，无大咎。三陽位，故言父。不中，故小有。悔正，故无大咎。

䷱鼎外三變成小過。六四，裕父之蠱，往往則成小過。見吝。「裕父之蠱」，女子幹母之蠱，不與外事，故裕父。初六往上成坤，九不言幹母者，互文相起，可推而知。

䷸巽六五，「艮其腓，不拯其隨，其心不快」。幹父之蠱，用譽。用，中也。二五爲中，故言用譽。《中庸》必得其名，五剛建中正，如武王、周公，故言用譽。三陽爻屬父，三陰爻屬母，以此二卦分應四男女。

䷭升上九上變成坤母。不事王侯，高尚其事。通變之謂「事」。初六來居上，成坤体。女子不與外事，故言「不事王侯」，陰道无成有終。《詩》「王事靡盬」，言竭力事君，不能顧私。《詩》「王事靡盬，不遑將母」，此孝子志在養親，不以身許人。「其事」，爵禄也。

按：乾坤初與上相綜，蠱初往上成坤，上來初成乾，父母之體未成，少長男女變化以成之，爲蠱。如武王、周公繼述文王事，不必定爲男女賢、父母不肖也。初六變爲乾父，體尚未成，少男以上來居初，如武王、周公繼文王之義，父謀始乾，故於初言之。又大有離二乾五，漸巽二艮五，師坤二坎五。

䷒臨損下泰上。丑十二月，辟泰少，重震卦，如周游順行。正謙，臨、觀合爲頤，又合爲小過。元大也。亨利以也。貞，至于八月有凶。中二爻大壯。八字一見。觀八月，三動成既濟，故云八月西巡狩。

䷆師四月，坤二。初九，「師出以律，否臧，凶」。咸臨，觀生。貞吉。六爻卦名加字，惟初、二同例。中爻在初，以濟少之偏合震，故二爻同，二爻變，坤中局，師衆南。

䷗復坤初復坤。九二「臨，休復吉」。咸臨，觀生。吉，无不利。咸甯萬國，内變謙。

䷊泰正月，坤三，伏謙。六三，「无平不陂，无往不復，艱貞，无咎，勿恤其孚，于實有福」。甘臨，甘節。无攸利。既憂之，无咎。三爻還母，陰卦下行，臨事而懼，好謀而成。中二爻，大壯東。

䷵歸妹伏小過，候九月。六四，臨，「歸妹愆期」。至歸妹爲「至」。臨，无咎。咸、甘聲近，知、至聲近。冬。

䷻節伏咸，大夫，七月。六五，臨甘，節吉。知臨，大君中男應二。之宜，吉。外全變履，齊莊中正，足以有臨也。

觀六二，利女貞。

䷨損伏遯，公，七月。上六，臨，「弗損益之，无咎，貞吉，利有攸往，得臣无家」。敦臨，吉，无咎。艮九五曰「敦艮」，復五曰「敦復」。上二爻中孚，中局，外變三男，謙外履内，以上通二，二十四卦全見西。

按：解恒三未上，屯既三益上，大畜損三泰上，此爲泰少局。泰少臨一人行爲君，坤長中朋之三人，中損少謙，不見一、二、三、七、八、十、九，無四、五、六。

䷓觀西八月，辟卦逆行，益長，正卦小畜，否四。風上地下，觀。重艮卦，合爲頤，反爲小過。二卦十二爻，皆有卦名，即頤，合臨，觀爲頤。盥而不薦，有孚顒若。朝覲宗遇觀政，合爲艮，故《左傳》云土也。諸侯朝覲，《詩》見止、覯止。臨爲天子巡行，觀爲諸侯朝覲。《文王官人》視、察、觀。《易緯》苑閣法觀，注：「壯觀宫庸。」外小畜，内豫。

䷩益三男，公，正月。初六，否長，无妄四：「有命，无咎，疇離祉。」童觀，同人。小人家人，民也。无咎，君子諸侯。吝。《孟子》：「夏諺曰：吾王不遊，吾何以休？吾王不豫，吾何以助？」

䷺渙卿，六月。六二，損長，蒙五。窺觀，利女貞。女，如《詩》士女，爲夷狄。九五、六二中正，利見大人。二爲女家。又六陰合爲利女貞。臨六五「大君之宜」。

䷴漸侯，正月。六三既濟長，蹇上。觀我生，進退。生，性也。進退，損益也。《論語》：「求也退，故進之；由也兼人，故退之。」又漸爲進退，震、艮不得中行，而與「必也狂狷乎？狂者進取，狷者有所不爲」。又黜陟典禮三四中。

䷋否十月，辟，四爲諸侯。六四无妄。初，「利用爲大作，元吉，无咎」。觀國之光，諸侯。利用賓覲禮賓介。于王。聘享、朝覲。《書》：「既月乃日，覲四岳群牧，班瑞於群后。」《左傳》風爲天子，土上山也，言重艮。

䷖剥辟，九月。九五，蒙二。觀我生，咸、臨我生，謂人也。《易本命》：「天一，地二，人三，三三而九，九九八十一。一主日，日數，故人十月而生。民受天地之中以生，天命之謂性，盡人之性，本命生。」君子无咎。觀風問俗。《易本命》：「子曰：夫易之生人，禽獸、萬物、昆蟲各有以生，或奇或偶，或飛或行，而莫知其情，惟達道德者能原本之矣。八九七十二。」偶以承奇，奇言辰。

䷇比卿，四月。上九，蹇二。觀其生，觀過知人，盡物之性，文王官人，咸、臨。君子无咎。按：无妄，否初，益四，蒙、損初，未四，蹇既初，咸四。

䷔噬嗑離少，亥十月，負鼎，綜賁。亨，利用獄。《大傳》：「日中爲市，致天下之民，聚天下之貨，交易而退，各得其所，蓋取諸噬嗑。」二綜以晉、明夷相終始，象下「利用」惟一見。離少子，木內來，九卿，十月，素統。初、二、上三爻言滅言刑，三、四、五三爻言得言食，內三人豐。《易緯》「親疏噬嗑」，注：「間隔，法天地宜。」「天市噬嗑」，注：「帛度斗肆。」三滅，二得一遇。

䷢晉初九，綜明夷，傷也。晉始，明夷終。屨校滅趾，无咎。校，足械。震爲趾爲足，以菲履，當刖，履地，禮也。中局，二、五履爻，初、四剥，三、上豐，初、上同言校滅。「子曰：小人不恥不仁，不畏不義，不見利不勸，不威不懲，小懲而大誡，此小人之福也。《易》曰：『屨校滅趾，无咎。』此之謂也」。

䷥睽六二，未初，睽六五，噬膚。噬膚與膚爲例。滅鼻，與滅爲例。无咎。不連，以草纓當劓。睽三：「其人天且劓。」人所欲者飲食，所畏者刑罰。中四爻言噬，又三言滅，三言遇，得孝春秋。

䷝離六三，未三，鼎變。噬腊肉，寢饋于六藝之中，則古昔，稱先王，述而不作。遇毒，離。小吝，无咎。食而不知其味。三爻三分，厚味實腊毒，腊爲昔，味厚爲毒。初上中書屬「震索索，視矍矍，征凶。震不于其躬，于其隣，无咎。婚媾有言」。

䷚頤九四，金德，食，震五。噬乾胏，肉有骨謂之胏。得金矢，艮。利艱貞，吉。《詩》也。四上統五，初四統二例。「人莫不飲食也，鮮能知味也」。

䷘无妄六五，金德，震四。噬乾肉，得黃金。乾。貞厲，无咎。五變成乾，中四四爻食，「雖有嘉肴，弗食，不知其美」。《孝經》。

䷲震上九，綜艮，賁，趾刑處。何校滅耳，凶。荷天，樂也。中局震耳，噬嗑上，即賁初，故言耳趾，示上下位例。「子曰：善不積不足以成名，惡不積不足以滅身。《易》曰：何校滅耳，凶。」又爲「日昃之離，不鼓缶而歌，則大耋之嗟，凶」。

䷕賁酉候，八月，艮長，又爲離四，負蒙，綜噬嗑，二卦同頤。亨，小利有攸往。頤又象行步，一所以別也。《夏官》有虎賁氏、旅賁氏。虎賁氏掌先後王，而趨以卒伍，軍旅會同亦如之。舍則守王閑，王在國則守王宮，國有大故則守王門。《易緯》：「順天文爲賁。」注：「象文互雜。」賁天文，夬人文，離鳥文，革獸文。又九錫中，虎賁車服。

䷳艮初九，綜晉，需，艮止。賁其趾，舍車而徒。震爲車。君子之車，既庶且多。艮趾行旅，賁車止則持輪。《論語》：「從大夫之後，不可徒行。」「庶人不議。」又兩足，損內三人來。「艮其趾，无咎，利永貞」。

䷙大畜六二，綜睽，蹇。需，畜音近。賁其須。寡君須矣，「歸妹以須」。須同需，離變成乾，錯坎成需，治南方。《卷阿》：「飄風自南。」

䷚頤九三，綜坎離。賁如，剛。濡如，柔。永貞吉。與需對文，一緩一疾，不剛不柔，合易道矣。濡同需，指二。虎賁適四方使，則從士大夫。若道路不通，有徵事，則奉書以使于四方。

䷝離六四，綜頤、大過。賁如，疾。皤如，徐。白馬翰如。金乾，離爲雉。匪寇，婚媾。初四應。《詩》白馬、白駒，《卷阿》君子之馬，又三四中，合《殷武》之詩。既濟上「三人來」，又「突如其來如，焚如、死如、棄如」。

䷤家人六五，綜噬嗑、无妄、井、升。賁于丘園。家人。「渙工居，无咎」。束帛无妄。戔戔，吝，終吉。

《詩》素絲、孑孑、干旄、幣帛贄。

明夷上九，綜震、巽。白賁，无咎。金，緯書商興金德王，六爻金見賁，「繪事後素」。震爲足，爲車。

按：旅，離初艮四。小畜，巽初乾四。復，坤初震四。又頤、中孚、大小過四卦，凡正卦，身二十四卦，非二五中爻，三十六卦，必見一卦以調劑之。所謂調劑過、不及，以合中庸也。

剥九月，艮少，負大畜，應小畜，綜復。《易緯》：「物敗以剥。」注：「物老剥盡。」卦一陽五陰，象屋入形，爿從半木，卦如木屑。《説文》：象，屋下治木象象。陽將盡，君子存亡繼絶之功爲大矣。不利有攸往。別卦内起初止三，外卦起四止上，内順外逆。和卦外起上止四，内卦起四止上，外逆内順。

頤初六，頤，中象齒，上下二陽牙。剥牀剥者損之。以足，以者益之。足以行，儀容是也。蔑貞，凶。本有上一牀，以下一爲足。牀讀爲爿，爿與片爲一字，象木之半。又牀，央也，壯也。中國在東，外洋在西，西卦兑，兑爲羊，夬、壯皆爲羊，指西洋。牀即壯羊。剥羊謂用夏變夷，以化中國。

蒙六二，剥牀以辨，決嫌疑，辨上下，上一剥，下又象一剥。今瓣、辮字從辡。蔑貞，凶。辨讀如片，上半爿，下坎爲片，合之爲木，破而屑之，如鼎下之鼎也。

艮六三，剥之，无咎。成艮象。剥至此已伏大畜，内三爻成乾矣。夬：「君子夬夬。」

晉晝也。六四，剥牀以膚，凶。夬四需，「臀無膚」，與夬互文相比。夬三，「臀無膚」，夬壯即剥之牀。《説文》：「卜，灼剥也。」肌膚在外，心在内，化其外皃，宫人則心主矣。

觀六五，貫魚，貫、觀同音。五在中宫，巽長女。洪氏説巽爲魚，成四巽，故云貫。以宫人坤邑。寵，龍杘乾，爲天子六宫，六龍。无不利。魚變爲龍，魚東方，言宫人。言化其心，如東方不辨東西矣。

䷖坤上九，艮其限，列其寅，厲薰心。碩大口。果朵頤。不食，頤空口，指不變之上九。君子得輿，上六坤輿，內卦震爲車，已變之上六。小人剥廬。外卦艮爲廬。《説文》：「象，屋下刻木。」上九，小人于屋下削木。

按：噬嗑離三震上，渙巽三坎上，謙坤三艮上。又艮、兑少男、少女。三爻所生，一陽五陰，一陰五陽，當還父母六子，十八卦還父母六卦，得十二卦，父母所生，亦十二卦，共二十四卦，合之八卦，爲三十二。生三卦，還一卦，所謂「三人行則損一人」也。正卦所生二十四卦，一五不同十二卦，三陰三陽十二卦。

䷗復坤初，子月，十一月，綜剥。亨，出剥。入復。无疾，初坤爲出，上亦爲入，反復相同无别。疾，不安也，爲潛龍。朋來无咎，謂二以上五陽爻，初陽得應履。反復其道，坤由復變剥，反覆皆成復卦，如乾之反覆不變，剥、復、夬、姤、乾、坤、否、泰，一也。七日來復。潛龍由乾六變成坤，坤一變爲復，由乾至復共七日，一爻值一日，歸妹「勿逐，七日得」。卦三變合六，過七而復。震、復同言七日。利有攸往，如坤初變復，師、謙合爲泰，再變升、明夷、臨，七日後變爲後。无疾，損益得中，往來交易，文質彬彬，東變西，西變東，此子息例。

䷁坤綜乾。初九，不遠復。還父母體。《論語》：「不貳過。」初復之首，七日不遠。《中庸》：「回之爲人也，擇乎中庸，得一善則拳拳服膺，而弗失之矣。」《大傳》引「子曰：顔氏之子，其殆庶幾乎！有不善未嘗不知，知之未嘗復行也。《易》曰：不遠復，无祇悔，元吉。」初二爲地。无祇悔，元吉。還原，以八爲夷，一爲中國，剥去夷狄之俗，進以中國之化。

䷒臨綜觀。六二，休復，吉。臨二復，曰：「咸臨吉。」泰三臨，曰：「無平不陂，無往不復，于食有福。」

䷣明夷綜晉。六三，三爲內卦之中，至此乃改步近于遂，過矣。頻復，頻猶「三思」之「三」。厲，巽三，頻巽。无咎。三、四爲人，中孚取二爻爲中，頻則「不貳過」之義矣。「明夷于南狩，得其大首」。內爲內事，外戻外事，此爲三變，合升卦内三變爲六。

䷲震綜艮。六四，震四：「震遂泥。」中行，中行，多不易之卦。又三、四爲中。六爻多雙變者，單變成震，晉中二爻變成豐、成旅。獨復。獨者，一人行，外爲益。外三人來，損一人。无妄變震，震爲獨行，屯、頤爲三人之二，專明此例。「履霜，堅冰至」。

䷂屯綜蒙。六五，「屯其膏」，五、上爲天。屯、敦同音。敦復，无悔。艮上：「敦艮。」臨上：「敦臨。」上四卦皆在頤。

䷚頤綜大過。上六，二十四卦中十六卦皆有之。迷復，凶。坤：「先迷。」迷復者，迷而不反，上下相同，功過不分。頤音同迷。有災眚，《尚書》：「乃惟眚災。」用行師，師、坎、坤皆中正卦，又陽居中，主群陰。群陰无主爲迷。《春秋》之近事，《易》於上爻舉《春秋》事爲説者數見矣。終有大敗，以其國君凶，上爲國君，二男反，又君弱臣強，上下不分。至于十年十畫。不克征。損益十卦，以求合中，即「女子貞不字，十年乃字」。按：二陽在外，臣太卑，君太尊，群陰①居中，不能主。如楚子君驕臣諂，必敗之器。凡坤所生六卦，皆五陰一陽。豫震初坤四，節坎初兑四，賁艮初離四，此爲長局。坤長爲主，泰長升不見。

䷘无妄戌，九月候，否長，正姤。元大也。亨利以也。貞。无妄，无爲而治，无字從此起例。馬、王作「望」，盧注：「忘也。」其匪正三爻正。有眚，災眚。不利有攸往。三之六成既濟，父取母之長子。《無羊》之詩與大畜對文。外七卦用姤，内七卦用復，正姤，負无妄，外同内錯，六爻皆錯。

---

① 陰：原作「陽」，據《頤卦》改。

䷋否初九，「中行告公從，利用爲依遷國」。无妄，往吉。益、觀四否。凡爻中言來往者，指旁通之卦而言。往吉，即悔吉。

䷉履六二，履，禮也。不耕獲，不菑畬，「不稼不穡」。則利有攸往。「素餐」，五合履與姤。《禮運》：「聖人脩禮以耕之，陳義以種之，講學以耨之，本仁以聚之，播樂以安之。」

䷌同人六三，行人、同人中爻卦。无妄之災，四眚。或繫三爲繫。之牛，喪牛。行人之得，震爲足，復往。邑人京師。之災。變離爲得牛無羊，外變離代坤。

䷩益九四，二首四身。可貞，无咎。爲觀。言「含章」，言「可貞」以示例。「拔茅茹，以其彙，貞吉，亨。」

䷔噬嗑九五，无妄之疾，疾，痛病由口入。二字從口。勿藥有喜。① 損无妄爻云：「損其疾，使遄有喜」，「无爲不藥。」五言疾、醫藥。

䷐隨上九，无妄，行隨故言行，中爻卦。有眚，眚災肆赦，過失罪名。无攸利。彖合上文。

案：八中卦所生，不見八中卦名。所生二十四子卦，每卦二見。至於負卦，孫則用正身卦，每卦四見，九十六名，每卦四見，負卦三十二，不見八正卦名。四中師、比、同人、大有，四偏卦中爻，隨、古②、漸、歸妹，八卦補偏救弊。又觀，益初否四；睽，未初，損四；革，咸初，既四。

䷙大畜八月酉，正剥，損少，錯三卦即來居。初四屯，二五解，三上遯。「革用大牲，吉」。利貞，不家食，三四成睽，

---

① 无妄之疾，勿藥有喜：見《无妄》九五。

② 古：疑爲「蠱」之訛。

四靈不在家。吉。利涉大川。乾在下者，爲別卦所變，不爲土。如此山所變，一陰爲小畜，二陰爲大畜。大小之分，以爻畫多少。如一陽爲小過，二陽爲大過，四靈以爲畜，外剝內夬。

蠱初九，艮內三人來。有厲，利己。蠱言十支，己土日，長中少三局，合錯一局八卦而卦全。旁通者，彼此錯卦互相通，由錯而來，由錯而往。

賁九二，小畜九三：「輿説輻。」輿説輹。大有二：「大車以載。」上艮爲説輿，舍車而徒。《家人》：「夫妻反目。」乾有車象，小畜九二同。小畜就中孚言，此就離卦言。

損九三，「城復于隍，勿用師。自邑告命，貞吝。」良馬乾變。逐，利艱貞。漢師説良馬逐薦賢，以馬比君子。《論語》：「驥不稱其力，稱其德也。」日閑輿衛，講武閱兵。利有攸往。大畜爲上經終，與小畜相起。又少男爲損三爻，三爻當還父母所生，三爻損益還父母，故云「三人行則損一人，一人行則得其友」者，爲三爻。大畜往之泰上，初上爲中。

大有六四，童牛大有荷天，故言牛。之牿，元吉。帝牛不吉，以爲稷牛。帝牛必在滌三月，稷牛惟具，所以別事天神與人鬼也。又祭天地之牛角繭栗，春秋郊牛養牲，禮有以少爲貴者。祭天特牛，故天子牲孕弗食也，祭帝弗用也。又同人之離象童牛，離言牝牛，訟爲告，乾外三人來。

小畜六五，豶嗑與賁對，閹象爲豶。豕太牢，始牛終豕。之牙，嗑中之牙。吉。小畜變大畜，言攣如。小畜之五爲大畜，大畜之五爲小畜，夬之五爲大壯，大壯之五爲夬，卦名有由五定者，此類是也。大畜爲聖人平治一統，而以畜爲名，王者事天地，用大牲牛豕。

泰夬變泰。上九，何天之衢，亨。隨：「服重致遠。」《商頌》：「何天之休。」《禮運》：「是謂承天之祐。」衢，九交之道。天有九道，象大九州。言天皆大統，中局。「三人行則損一人，一人行則得其友」。

案：鼎未三恒上，家人益三既上，臨泰三損上。

䷚頤子十一月，正卦蠱，合臨觀爲頤。貞吉。《易緯》「養身法頤」，觀頤，頤指，謂舉頤指麾也。自求口實。「后稷岐嶷自求」，宋注：「頤有土象也。」頤，面爲下部，下部爲地，乃地利也。內卦艮，內賁蠱剥來，外卦震，外復隨噬嗑來。卦是內震外艮，來則外震內艮，變則相反。諸卦皆同。但就卦畫可定，無論正朋。五十學易，合爲十，分爲五。二男小過，二女則大過，顛覆爲小過。

䷖剥初九，剥在觀之五。舍爾靈龜，變離。十朋，十畫也。觀我朶頤，凶。上下各成一剥形。朶即果。中孚重離，朶物上木，上即不食之碩果也。艮內三人來，外蠱內隨。

䷨損六二，蠱因損獨行，得友得臣，自爲君主內卦。「有孚惠心，勿問，元吉。有孚，惠我德。」顛頤，上損之下。拂經五爻經，六經也。于丘頤，征凶。聖爲天口，賢爲聖譯。三丘字，賁五頤二，經居二五，爲孔經，以裁取萬彙也。中局顛拂，即顛覆，謂顛覆成震艮，全變成小過也。震內艮外，其變卦相同。顛覆震艮，如正卦，頤與小過是也。頤者，中孚之對卦也。震爲不及，艮爲過，皆不合中，必損益之乃成中孚。

䷕賁六三，至此成正蠱。拂頤，貞凶，十年勿用，復上「至于十年不克征」、「十朋之龜」，十畫，咸恒十卦。勿用，百年曰期頤。无攸利。顛、拂頤，成小過、豐。旅綜恒，咸綜豫，謙綜小過。雖以過名，以上五言之，三四二爻在人位，爲中也。

䷔噬嗑六四，濟其不及，以洩其過。顛頤，吉。顛、拂各成一賁、嗑。虎視中二爻言離爲目。噬、視同音。耽耽，其欲逐逐，无咎。

䷩益六五，隨因損獨行，得友臣，自爲一卦，主外卦。拂經，居貞吉，不可涉大川。損益以成中孚，中爻在中，以統偏爻中局。

䷗復上九，由由，道路也。「復自道」。頤，頤，或曰頰車、輔車，取以下載物。厲吉，利涉大川。剥、復綜，損、益綜，賁、噬嗑綜。長少卦内外不能綜，顛覆之乃能綜，如正卦。

案：頤損二益五，明夷泰二既五，在中旁通，自相變。二過、頤、中孚，裁成四偏卦，以合中行也。中孚、巽以外爲主，救以相反相綜之卦，反復不衰。變坎、離，以二五統偏爻。和、别以五、二爲中，和以三、四爲中。

䷛大過十月亥，正卦隨，咸二恒五自綜。兑爲過，以巽改過，不吝也，爲和。棟橈，利用攸往，過也。亨。上下兩爻象草木根支，下爲本，上爲末，六爻以綜合説。又困、井皆有木，象大、小過。頤、中孚、乾、坤、坎、離之應也。大過與小過比，小過六二、六五爲過與不及之小。此初六、上六則爲泰過矣。《傳》曰：去泰去甚，損益合中。

䷪夬初六，乾上有悔，初爲不及。藉用白茅，乾白。无咎。此爻爲不及，以上救之。藉，承也。在下爲地，變陽，藉象。《大傳》：「藉用白茅，无咎。苟措諸地而可已，藉之用茅，何咎之有？慎之至也。」

䷞咸九二，二不及，就女妻言。枯楊中爻四陽爲枯根，艮爲少男。生稊，二陽變陰，稊在下，草木妖孽，以震救之爲頤。老夫變艮少男。老夫，謂内巽三爻叠變爲震，小過二恒，外卦震來巽二爲漸。得其女妻，外三卦，兑少女新變之爻。无不利。長男、少女，隨、歸妹有錯體。歸妹愆期，合兑、巽二女，本士妻得老夫，言夫得妻，不以婦主夫也。中局艮一變成巽。

䷮困九三，至此成正隨。棟橈，凶。棟折梁崩，三與上應，木末易橈，爲上言之。上有巽木，大過以期爲中。老夫、老婦過中，女妻、士夫不及中也，互文見義。

䷯井九四，三四爲中，自綜。楝隆，吉，有它吝。四與初應，木本大於末，故有隆吉之占。

䷟恒九五，五爲過，就老婦言。枯楊生華，四陽，五爻變華，在上，稊對文。老婦內巽。得其士夫，无咎无譽。小過五，咸、艮來，得者所變之爻，外兑三爻疊變。艮爲少男，就中爻以包上下，長女少男，漸、蠱有錯體，過不及。借男女言之，二五、本中男、中女，震、艮反爲老婦、士夫。老婦、士夫，艮、兑過中也。巽與震爲不及，大過爲過，小過爲不及。以索言爲長、少，以過不及言爲老、士。兑五歸妹，巽五蠱，兑一變成震。

䷫姤上六，乾初「勿用」，「姤其角」。過涉三爻有坎，象涉川。滅頂，凶，无咎。上變陽不見六，是滅頂。此爻大過，以初救之。

案：需既二泰五，小過恒二咸五，訟否二未五。又初上同乾，二五同小過，三四同坎。九卦，夬、姤包于損、益，外隨內蠱。

䷜坎習坎，重坎爲習。有孚，維心亨，中陽爲心。行有尚。坎爲北方方伯，得坤二五自綜。坎離中道爲心，從中局，別卦。象一言有孚，需訟二卦有孚。《易緯》「水火成濟」，注：「二性成壞，皆由此行。」聖人以濟用群品，天之陰氣也。少取以爲秋，其餘以爲冬。

䷻節初六，節內初屬坎，外爲兑。中男在外，內交少女。習坎，坎象鳥羽，爲習。入于坎窞，凶。上行初爲入，下行上爲入。需上入四出，各右陰而左陽。

䷇比九二，乾九五中爻還母，比外屬坤，內屬坎。坎有險，求小得。求則得之，舍則失之。孟子「放心」，出入無時，莫知其向。二五主爻。

䷯井六三，井內三屬坎，外巽，中男在外，內交長女，至此既濟。來之坎坎，井：「往來井井。」《詩》：「坎坎伐檀。」

三爻變大過。險且枕，入于坎窞，勿用。從外來三，故亦爲入。内外皆坎，故云「坎坎」。

䷮困六四，困内初屬兑，外坎，中男在内，外交少女。樽酒困酒食。簋貳，一正一副。用缶，陳坎缶，坎卦之缶也。納約自牖，終无咎。缶坎音坎，爲方伯貢兩伯之樂，見一、式二二。

䷆師九五，乾九二，中爻還母，師外屬坎，内屬坤。坎不盈，盈科後進。祇既平，平天下。无咎。《詩》：「原隰既平，泉流既清。」晝夜均而寒暑平，南北交，成既濟，爲太平象。

䷺渙上六，渙三屬巽，外坎，中男在内，外交長女。係用徽纆，纆縶。置于叢棘，軍生荆棘，謂圜土，據于蒺藜。三歲不得，凶。三年不齒。豐上：「豐其屋，蔀其家，三歲不覿。」坎以内爲主，二五取乾，初四取巽，三六取兑，變初四兑，二五坤，三六巽。

四正卦，内外相綜，六爻分左右行，如兩卦之左右行者然。長少四卦，内用長，則外用少，内用少，則外用長。如巽之外卦與内卦不同，而與兑合，兑之外卦不與兑内同，而同巽之外卦。長少相合，必如中孚、小過反復不衰，乃與四正卦相同。按一卦六爻，變舊説輪班遍次，有如算子。今以八朋卦推之，知外卦爲根，必不可變，而一卦之中，有父有子，有祖有孫，由始及終，祖孫同氣。祖之子，孫之父，二見焉。在内爲子，在外爲父。以乾而論，外三卦爲主，内生三女，此内變外不變之説也。至於外卦，則三女各生一孫。長女初變爲乾中，二變爲乾三，三變爲乾外。三卦爲三女生乾還原，三女外不變，而乾爲三女内變，亦如内卦之内，三爻皆變外卦，乃外卦來居，非本卦之變，故爲客。正卦之例皆如此。

䷝離，利貞，亨。畜牝牛，吉。元亨。辰化離爲牛，離爲南方方伯，得乾二、五自綜。大有、同人、師、比兩京合否，諸侯之事。八卦生八卦。

䷷旅初九，初六綜。旅内屬離，外屬艮。初長位變少，中女在外，内交少男。履錯然，旅、履同音。敬之，无咎。需：「不速之客三人來，敬之，終吉。」相起，三客來。脱履户外，内變三爻成未濟，爲内外相錯，純卦。内皆成錯履，地球。

䷍大有六二，二五綜。坤六五。中爻還父。大有内屬離，外屬乾。黄離日中。元吉。以坤五爲二。坤五：「黄裳元吉。」此爲「黄離」。純離爲牛。革遯「黄牛之革」，皆指離也。

䷔噬嗑九三，三少位，變長。中女在外，内交長男。噬嗑内屬，離外震。日昃之離，日下昃，日麗於天，音近離。不鼓缶而歌，坎音缶，内變成坎。則大耋之嗟，凶。五同人嗟若。人壯而耋，如日中則昃，老而傳家。三四綜。

䷕賁焚。九四，中女在内，外交少男。賁，内屬艮，外離。突如其來如，焚如，死如，棄如。旅言焚噬，旅來如賁。九三爲賁如、濡如，皆卦名。

䷌同人六五，坤六二，中爻還父，同人内屬乾，外屬離。出涕沱若，戚嗟若，吉。北方哀死對言之。乾在西北爲泣哀。同人「先號咷後笑」，旅「人先笑後號咷」，中孚三小畜「得敵，或鼓或罷，或泣或歌」。二五主爻。

䷶豐上九，中爻在内，外交長男，明夷三復，内震外離。王用出征，南狩。有嘉，折首，得其大首。獲匪其醜，无咎。離、豐征伐，坎、涣刑罰。

按：本卦二、五取坤，初、四交震，三、六交艮，初、四變艮，二、五變乾，三、六變震。離内外卦，以外爲主。

貞悔釋例卷二

井研廖平撰

咸午五月，正卦兑，三世代兑，綜恒，得否上三，又爲少女。咸初取兩過。過讀爲和，又或也，或少局，或不在中。《易緯》：「匹配法咸。」十卦不字，不克貞。三四變成比，從少局，以初上中坤，二少，可以速則速。亨，利貞，取女吉。得天地，故以往來爲説。往來，行也。

革困初六，咸其拇。山與澤錯，内三變成澤，還原爲吉，外三爻又成艮，内外相反，故曰「貞吉悔亡」。内三卦貞，外卦爲悔。

大過隨六二，咸動也。其腓，腓隨同音，四卦遍歷四爻。凶，居吉。咸五爻皆見卦名，惟四爻獨言貞悔，互文相起。二過爻屬地，大過、小過爲大和、小和。「變動不居」，咸以「居，吉」，恒以「貞，凶」。咸、恒，二、五皆過，損、益，二、五皆中，以三、四爲中，故以二、五爲過也。

萃夬九三，咸行也。其股，執其隨，兑中爲隨，從三執之隨，與大過同義。以震從兑爲隨。往吝。

蹇旅九四大蹇朋來。貞吉，悔亡。貞吉悔亡，專爲三世卦示例。下經以咸起，以未濟終，皆在四爻。憧憧速也。可以速則速。往來，泰、否爲往來主。朋從中卦皆反，變成朋從朋來，三人來從，擇善而從。爾思。咸澤三世卦，内三爻變成，本卦，外三爻變成，本卦亡也。外三卦、三内卦爲貞。

小過漸九五，二過爲中統。咸其脢，无悔。《説文》：「悔，易卦之上體也。」錯卦内三爻成純兑矣，二五八卦常在，二五居中不變。

又兑内三爻變咸，以内新生之山爲主，外變老艮，三爻全變，則内外皆山爲艮，而兑體全亡矣。貞吉，内三爻艮新變得之。

䷠遯謙上六，山澤常也，取速。咸言也。其輔頰舌。輔頰，頤也，非中爻，則初爲四，四爲初，三爲上，上爲三，反復來往。

案：以三、四爲中行，二、五爲過、不及，錯全在化偏爲正，正、錯名義同。咸、恒十卦在下經，大過二上經，萃、升終，遯、大壯下始，小過終，革、鼎始，蹇、解終。又咸變初四取既濟，二五取恒，三六取否。如兑取坤母，震、坎二男。又《易本命》：「凡地東西爲緯，南北爲經，山爲積德，川爲積刑，高者爲生，下者爲死，山陵爲牡，谿谷爲牝。」又元，中孚、泰、否；亨，頤、既濟；利，咸、恒；貞，損、益。

䷟恒正卦震，三世代震，長男，得泰初四，中七月候，三四變成師。内之震，屬豫、歸妹、豐；外之巽，屬復、隨、噬嗑。從長局，以三四爲中。亨，无咎，利貞，利有攸往。以内卦巽爲主，逆行，從外變入，由重巽來。

䷡大壯初六，豫初，歸妹初，豐二，初往豫，三卦地位，又往鼎。浚恒，貞凶，屯來。无攸利。恒從震來，變初爲恒上，貞未變爲凶，以與震反也。浚，深也。

䷽小過九二，豫三，歸妹二，豐初，中往歸妹，三悔亡。悔亡。「貞凶」與「悔亡」相起，三世卦之專例。二過屬夬，悔亡。在内據巽言之，在外據震言之。内言悔，謂來之悔，由震變恒。二爲□，三爻變悔亡，内巽而爲恒，巽内三爻變爲全失震體，而爲巽矣。

䷧解九三，豫二，歸妹初，豐三，三往豐三卦。不恒其德，未上。《孟子》：「可以久則久。」或承之羞，包羞。貞吝。解，懈也。《論語》：「南人有言曰：『人而無恒，不可以作巫醫。』善夫！不恒其德，或承之羞。子曰：『不占而已矣。』」《孟子》：「無恒産而有恒心者，惟士爲能。若民，則無恒産，因無恒心。」又恒從震來，震三爲恒四，貞從卦名言之，以三四爲中，如中孚、頤，故以二五爲過。

䷭升九四，泰初爲四中。田无禽。人情爲田。人位巽，「田獲三品」。震與巽反，故「无禽」。《詩》：「不狩不獵，胡瞻爾庭有懸貆兮。」

䷛大過六五，大過，過于恒守之夫。恒其德，貞大過。婦人吉，宋伯姬。夫子凶。「可以久則久」。咸二：「二人來。」陽處父天位，婦人爲夷，夫子爲華。

䷱鼎上六，振恒，凶。風雷無定，乃取恒。此如測風雷之表，至變之中，有至常之理。鼎、振音近。

案：恒變初、四取泰，二、五取咸，三、六取未濟，如震取乾、離、兑。又侯，負卦恒、未濟、小過、需、鼎、屯六卦。

䷠遯未六月，否少，遯辟，反合爲大過，合爲中孚。正卦履，内乾。亨，小利貞。重巽卦，遯從豚聲，即神豚也。乾内外乾變皆取毛蟲，豚無角，⚋在下爲蹢躅，姤初九「豕蹢躅」是也。此卦爲遯，豕北方，内大有、同人。

䷌同人初六，遯尾，虎尾在三、四。以履言之，兩濟尾在初，則初正爲尾，逆行也。厲，勿用有攸往。初爻爲尾，初、二言「勿用」、「不及」，大有和卦。初爲尾，逆行也。乾内三人行，來履變否。

䷫姤六二，執之，執豕于牢。用黄牛三坤，初離，姤爲牛。之革，莫之勝説。以離推之兑也。初離上兑，合爲革。兑在外，離在初。

䷋否九三，係遯，維係，姤初乾，繫于金柅。繫即係。有疾，厲。《左傳》不疾。畜小畜、大畜。臣妾，吉。泰主上爻，言繫，三與上比，亦言繫。三爻還父，陽卦下行，大畜臣，小畜妾，女子、小人難養。

䷴漸九四，好遯，好，女子。漸，少男、長女。君子子。吉，小人女。否。四中，否主，四變陰爲君子，不變之陽爲小人，變爲漸，不變則遯，艮外三人行來。

䷷旅九五，嘉遯，五爲嘉，孚于嘉。貞吉。卦在上經，但言貞吉。姤。

䷞咸上九，肥遯，肥腯。无不利。首中局，同人卦例，盡從上倒初。

按：履外謙內。又家人益三既上，鼎未三恒上，革咸三否上，否、泰所生六卦皆有乾、坤，至於六子，當本身變還父母，仍歸泰、否，爲十二卦。

䷡大壯，卯二月，上行天雷，辟卦恒長、泰四，綜遯、大壯。《禮運》，大祥。兑爲羊。壯，羊也。羊、洋同聲。大壯，即大洋。《韓詩章句》：「大者曰羊。」北洋。一作牡。利貞。正卦豫。⚏向外爲大壯，向内爲大畜。大壯重艮，觀重兑，大壯重兑變體，所謂夬夬也。大畜重⚋爲大畜，夬重⚏爲大壯，外豫，内小畜。

䷟恒初九，初變還恒體。壯于趾，夬初：「壯于前趾。」貞凶，與「貞吉」相起。有孚。同桴，洋海也。恒長例。

䷶豐九二，兑爲羊，牝曰牂。貞吉。大壯爲恒長，二三變爲震，成純震，故曰貞吉。

䷵歸妹九三，本在中，不居中。小人用壯，《内則》：「炮取豚若將。」注：「將讀爲牂。」君子用罔，不應爲罔。貞厲。羝羊同洋。三變羊。觸藩，一爲藩。羸其角。⚋在上爲角，「姤其角」是也。此爲本爻上之羊。藩爲外三爻，又爲外大國，是疆。大壯合爲奘。《方言》：秦、晉之間，凡人之大謂之奘。

䷊泰九四，貞吉，悔亡。四「貞吉悔亡」連文，爲八負卦示例。此明泰、否。藩決四變陰，開象。不羸，變震爲坤，三之藩決，無爲也。壯于大輿之輹。爲泰，補貞吉悔亡例。震爲車，坤又爲大輿，恒爲長男，益爲長女。

本位變卦成乾、坤，還父母，如震、巽之小畜、豫。

䷪夬六五，庖無魚。喪羊羊讀爲祥。于易，无悔。壯重兑，今變爲一兑，失一羊。《禮運》體其犬豕牛羊，與夬起大壯合體兑，故爲大壯，今變兑、夬，亡大壯之合，存單兑之小洋，故曰「喪羊于易」。喪洋，左右二卦失角，又離長旅，「喪牛于易」。初純離牛，内五離上，小過内外無離，故曰喪牛。恒長大壯，喪羊于易，内四䷡大壯，大羊從起義，外無　起爲喪羊，三爻舉中立説。《易》内外卦變，《易經》見二「易」字。

䷍大有上六，羝羊羊者難移之物。觸藩，由上逆行震爲兑羊，内乾爲藩。不能退，居上無地。不能遂，乾金堅。无攸利，艱則吉。羊屬司馬大。

案：升，泰初，恒四；革，咸初，既四；睽，未初，損四。

䷢晉二月卯，未濟中，正大有，外大有，内比。康侯文侯之命。用錫馬蕃庶，馬四匹，内錯乾馬。晝日三接。晉爲晝，明夷爲夜。「終朝三褫之」，晉文侯事，覲禮三見。《左傳》：「臣卜其晝，未卜其夜。」内。

䷔噬嗑初六，履校滅趾。晉如摧如，貞吉，罔孚，裕，无咎。孚。

䷿未濟六二，「休否，大人吉。其亡其亡，繫于苞桑。」晉如愁如，貞吉。受茲介福，《詩》：「以介景福。」于其王母。五陰爲王母。文母，王母，周襄王之母。

䷷旅六三，「旅焚其次」。衆允，悔亡。六爻皆言貞悔，二、五，三、上相起。晉由大有來，内變乾爲坤矣。外悔不變成師，則全還大有之體，亦變爲悔亡。

䷖剥九四，剥牀以膚。晉如，鼫鼠，貞厲。《詩》碩鼠。楚爲鼫。三「晉如」，卦下加「如」字，摧、愁二如，當亦卦名。

䷋否六五，曳其輪，貞吉。悔亡，内六變悔亡，外亦如之。失得勿恤，往吉，无不利。日往則月來。

䷏豫上九，晉其角，與「姤其角」同文。外爲坎，晉居北，坎屬北。角同國。維用伐邑，爲伯，伐諸侯。厲，吉，无咎，貞吝。

案：頤損二益五，訟否二未五，小過恒二咸五。又乾、坤在正卦內生十二卦，互卦內生十二卦；三男三女，在正卦內生二十四卦，互卦內生二十四卦。

䷣明夷正師，泰中，戌九月候。日在莽中爲莫。楚主南方，與晉對文，爲明夷，主南離之夷也。南夷、北狄處諸中國，晉、明夷之謂也。既曰晦，又以明名之者，我以爲晦，彼自爲明也。方彼明時，反以我爲晦矣。利艱貞。以師外卦易同人內卦爲明夷。師爲坤中男，明夷爲泰中女也，此爲中局。泰內中，明夷爲君，坤長少，明之損中師。

䷎謙初九，南其蟲羽。明夷于飛，垂其翼。《詩》「鴛鴦于飛」，象小過，折一陽爻，「戢其左翼」。君子于行，三日不食，有攸往，主人有言。「雞棲于桀」，日在西而鳥栖。西字之義，日之數十，故有十時，亦當十位。自王以下，其二爲公，其三爲卿。

䷊泰六二，此爻文王，日暮于西。明夷，夷于左股。文王爲西伯，周公左，以西方王師，「王三錫命」。左股，三之震，在離之左，西伯爲左股。《書》「作朕股肱」。用拯馬壯，吉。與渙同文，變離爲乾，化家爲天下。乾爲馬。文王在西，乾亦西州。馬壯，馬羊，西雍梁。

䷗復九三，伏地水師。明夷于南狩，晉南征楚。得其大首，不可疾貞。坤上變乾，解「公用射隼于高墉之上」，故爲坤，楚子中目之占。

䷶豐六四，入于左腹，楚人尚左，君必左。日出於東，入於西，爲坤所掩，是入腹。師左次。獲明夷之心，于出門庭。左腹，坤五在中爲腹。坎中滿，故爲入于左腹，以坎入離之心，成泰、豐，遇其夷主。

䷾既濟六五，此爻箕子。箕子之明夷，內難而能正其志。利貞。

䷕賁上六，上亦爲初，明外逆行也。不明晦。日在山下。初登于天，如晉，日中則昃。後入于地。上三爻變地爲天，由上逆行。上始在天之上，三爻以下，入于地下。

案：小過恒二咸五，需既二泰五，頤損二益五。又旁通之卦，一首卦而遍升、大壯、蹇、蒙、明夷、小過、頤、需、臨、解、屯、大畜共十二卦，錯外不同。否與泰對，无妄、觀、歸、革、訟、中孚、晉、大過、遯、家人、鼎、革。

䷤家人五月午，正渙，益少，外渙，內豐，火炎上，風在上，爲同居，同行，室法家人，室家同理。利女貞。《易》陰以二爲尊，不與陽同。二位異位相辟，六二、九五家人正。凡言男女，從此例。王者以天下爲家，女在內，夫在外。家人，已歸之女；歸妹，未嫁之女，內。

䷴漸閑音近。初九，閑有家，「大德不踰閑」，三德，有家，「女歸吉」。悔亡。《本命》：女有五不娶：逆家子，亂家子，世有刑人，世有惡疾，喪婦長子。又女以男爲家。

䷈小畜六二，无攸遂，畜音近。在中中國東京，合二、五爲中孚。饋。畜飲食，故言饋。《春秋》：大夫無遂事。貞吉。巽內三人來。天子曰后，諸侯曰夫人，大夫曰孺人，士曰婦人，庶人曰妻。《易本命》①：「女者如也，子者孳也。女子所言，如男之教，而長其義理者，故謂之婦人。婦人，伏于人者也，是故無專制之義，有三從之道：在家從父，出嫁從夫，夫死從子，無所敢自遂也。故令不出閨門，事在饋食之間而已矣。」是故女及日乎閨門之內，不百里而犇喪，事無獨爲，行無獨成之道。參知而後動，可驗而後言。宵行夜燭，官事必量，六畜蓄于宮中，謂之信也。所以正婦德也。

① 案，下引文字出自《大戴禮記·本命》篇，非《易本命》篇。

䷩益九三，三陽父，内三爻女德。家人嗃嗃，悔厲，吉。婦妻也。子子也。嘻嘻，終吝。婦子，妻與女子也。「二女同居，其志同行」。内三爻婦德，外三爻男政。

䷌同人六四，富外三爻男德，同人，故富。家，邦家，故富。大吉。五福，二曰富，四爲諸侯有家。諸侯守其社稷，治國在齊其家，化家爲天下。富非謂財貨，謂大家，包有天下。三四中，離外三人來。

䷕賁九五，「賁于丘園」，君父。王假有家，賁，素統。豐、涣皆言「王假」。勿恤，吉。五爲天子有家。天子理陽，后理陰。《詩》云：「刑于寡妻，施于兄弟，以御于家邦。」

䷾既濟上九，「益之用凶事」，「有孚中行，告公用圭」。有孚威如，姑。終吉。成既濟。既濟所生五爻皆正，惟上爻失位。上，七十老而傳家，男正内，女正外，正家而天下定，中。

案：遯否三咸上，大畜損三泰上，屯既三益上。又觀、中孚三卦爲巽生二女、母，漸、小畜、涣爲巽生二男、父。女重女巽，女重男益，巽在外之卦全矣。又祖宗卦，内三爻所生二卦，同于外三爻所來二卦，外三爻所生内卦，同于内爻上卦，祖孫父子之説甚明。至于身卦，參合而成，不能明著，如純卦然，其例可推。故言例則以乾坤爲定，以其易明也。

䷥睽丑十二月，未濟長，正旅，外旅，内節，《太玄》①以《戾》準。《易緯》：「乖而後睽。」睽從目，見瞶字，故三言見遇。小事吉。上下圖，離兑相連，故爲同居。一炎上，一屬地，故爲志不同。外局。

䷿未濟初九，「損其疾，使遄有喜，无咎」。悔亡，喪馬初陽爻爲馬，兑爲馬。勿逐，「良馬逐」。自復。見惡

---

① 太玄：原作「大元」，蓋避諱，今改回。

人，无咎。亡有當作乍者，乾兑勿逐，兑坎則逐而復。又坎爲窞，既濟、需喪茀，離變乾，「七日乃復」，此睽一變成未濟，離内三人來。

噬嗑九二，遇合也。主未濟、離也。于巷，初爻。无咎。家人九五「王有家」，豐「遇其配主」、「遇其夷主」，三人離遇三男，此三坎、離遇三女。

大有六三，「公用亨于天子」。見輿曳，乾對坤爲輿，「曳其輪」。其牛掣，離爲牛。其人天且劓。此睽本名。无初有終。噬嗑、睽二「滅鼻」，旅「喪牛于易」，坤三，三四中。

損九四「濡其尾」。睽孤，遇元夫，蒙見金夫。交孚，孚多在祖宗爻，下同人、大有、損、益。孚，乳。厲，无咎。睽孤，「德不孤，必有鄰」。「二人同居不同志」，雖同居亦爲孤。兑外三人來。

履六五，「夬履」，蹇，「跛履」。悔亡，厥宗乾爲宗。噬膚，噬嗑二睽「噬膚」。往何咎。宗乾也，變乾。又夬履，乾之三上也。

歸妹上九，履睽，眇能視。睽孤，見豕負塗，鐵路。載鬼一車，輪車。先張之弧，外變坎爲弓，「二女不同志」。後説之弧。内變艮，由上逆行。外爲先，内爲後。匪寇，張弧。婚媾。歸妹，説弧。往遇雨，則吉。變坎成濟。

案：蒙損初未四，无妄否初益四，大壯恒初泰四。又正中爻卦，大有、同人、師、比、隨、蠱、漸、歸妹八卦不在二五爻錯中爻卦，大過、小過、頤、中孚、晉、明夷、需、訟。

蹇損下既上。子十一月，既濟長，正節，外節内旅。利西南，坤也。坤爲行京，「鳳凰于飛」，故九五言「大蹇朋來」，解言「朋至斯孚」。不利東北。坎北，艮東北，變爲離兑，主西南。蹇讀爲遷，由東北遷西南。春秋衛、蔡、許遷，

《書》盤庚遷殷頑民。利見大人，五爻。貞吉。內。

䷾既濟初六，曳輪，濡尾。往蹇，初往四。來譽。四來，初來，純坎，去既。譽，石音，內用旅往來之義，蹇往而既濟來譽之義。此爲來往例。

䷯井六二，「井谷射鮒」。王臣二爲臣位。蹇蹇，井井也。匪躬之故。來屯去井。蹇由謙得名。「王臣蹇蹇」，即「謙謙君子」。二、五不言往來，常在中也。

䷇比澤節。九三，比之匪人。往蹇，三往上比。來反。上來三需。反連音近。初、三、四、上四爻，言往來有彼此之異位。蹇變爲比，至此已成兑，爲節，反還正體之卦，三四中。

䷞咸伏兑。六四，往蹇，四往初。來連。初來，四來，震去，師，三四連反。《曲禮》「連步以上」，咸「憧憧往來，朋從爾思」。伏兑，內外相同爲連。

䷎謙伏歸妹。九五，節五，「往有尚」。大蹇，朋來。坤爲朋，所謂大鵬也。《莊子》：海中大鳥爲鵬。大蹇，坤爲大，由五往內，三之來，亦坤五爲君位。「不富以其鄰，利用侵伐」。

䷴漸上伏。上六，往蹇，上往三。來説，三來上。吉。來遯去謙。利見大人。坤大地德，大人三坤德，當公位。「鴻漸于逵，其羽可用爲儀」。若內二爲主，初三言往來；外五爲主，四上言往來。

案：革咸初既四，升泰初恒四，觀益初否四。又水山互離變兑，乾、坤、巽、震，一卦本二卦，互二、六爻，變六卦，內外生卦，由本卦而定朋卦、正卦。外坎合父母朋卦，坎內男外女。朋卦陽則皆陽，陰則皆陰，而所變之爻則陰變陽，陽變陰。正朋往來行，亦陰陽相濟之義也。

䷧解卯二月，正豐，恒少，外豐，內涣。六爻惟上得正，由豐來，由家人往。外震在上，雷統卦。正卦雷統二女一母，朋卦雷統二男一父，爻則正卦來也。利西南，无所往，其來復吉。有攸往，夙吉。震爲東，坎爲北，變爲巽離，主南方。

䷵歸妹初六，无咎。中爻雷爲主，生三卦，又來三卦。恒爲正對正，合之震、否，則震在外之卦全矣。坎北，爲雄狐。

䷏豫九二，《春秋》得獲例。田田獵。獲三狐，內三卦。得黄矢，三本爻坤，坤爲三。貞吉。「田獲三品」。乾二爲田，正坤之象。三狐由坎變離，離爲狐，坤爲黄，黄衣狐裘。

䷟恒六三，公在三，墉。內上亦三，三爲高。負五、四。且乘，初、二。致寇邊爻。至，「不利爲寇」。貞吝。三爲公，以柔居三，在中負乘之四爻，均不得位。公非人，則天子壞，上下左右皆寇矣。「有孚于飲酒，无咎，濡其首，有孚失是」。

䷆師九四，解而拇，咸初。朋中分，外言寇、言朋。至咸四。斯孚。坤爲朋，孚同桴，又同乳。《易緯》：「和而後解。」朋至，即「黄鳥于飛，集于灌木」也。

䷮困六五，君子維維，四維。有解，困爲束。吉。有孚有孚例，朋友有孚。于小人。孚同俘。五師上漸、坎，外三人來。

䷿未濟上六，「不恒其德，或承之羞，貞吝」。公漸，周公。用射隼于高墉之上，天子位。獲之，无不利。公，司馬也。《論語》「乘桴浮于海，從我其由」，所謂「臨事而懼，好謀而成」。三爲公，上爲高墉。由三及上，是射之也。三爲公，又爲墉。若居高墉，射六之隼，獲之。三爲高爲墉，上爲隼，上同□，三升其高陵，四乘其墉。

案：臨、泰三損上，革、咸三否上，鼎、未三恒上。又震內豫、歸妹、豐，三狐隼。

䷨損得泰上三，正卦艮，五世代艮，二卦地屬，少男少女，與益綜，申七月，三四變大有。有孚，和卦父母，惟此一言有孚，孚爲孳乳。負卦泰、否爲祖，六子二十四孫，祖宗八卦之中四朋，其例亦如貞吉悔亡之四見也。言損以包咸、恒也。元吉，无咎，可貞，利有攸往。曷之用，二簋可用享。入者損一，出者益二。損猶退之，二少退爲中男、中女，成既濟，損上九，于下爲泰。

蒙綜臨。初九，初變中男，過變中爲損。已事遄往，成事既往，先難而後易。无咎，酌損之。損益先代。益水下皿象，屯蒙反，屯損也。益上九屯曰「莫益之，或擊之」，從少局。

頤九二四偏四正爻。利貞，征凶。弗損，益之。過者損，不及者益。損三、上居二、五，成既濟，今不損六于二，而陰變爲四，是益之二益陰，五益陽，爲中，弗損則溢。

大畜六三，澤變成乾女，取父體。三人行，中坤三爻變。則損一人，取父。如澤變乾坤成三男，合内外言之。一人行，則得其友。三上二爻，變益二損友。「益者三友，損者三友」，二爻變大有。三人行，八卦所生二十四身，正往錯，錯行正也。損者辟其同，惡同好異，取相濟之義。一人者爲男取女，女取男。男卦四爻取女，二爻取母。女卦四爻取男，二爻取父。故曰：「三人行，則損一人。」避本卦同位之二爻。「一人行」，指父母。首卦三卦，一往首外，則首外三卦，爲一合一朋也。

睽六四，四變中女，過變中爲損。損其疾，「君子以懲忿窒慾」。使遄有喜，興利。无咎。去疾，去其太甚。前王法有弊損之，所損益可知也。《大傳》「以遠害也」，損以去害。又「无妄之疾，勿藥有喜」。

中孚六五，損益取合中孚。或益之十朋之龜，中孚似離，故言龜。離爲龜，此重離爲十朋。《詩》：「錫我百朋。」圖中二十若卦，曰十朋，以二卦同爲朋也。弗克違，元吉。損益相綜。損五即益二，皆中孚，故二爻同辭。益友損，三爻言益，三言損，即爲「益者三友，損者三友」。

䷒臨上九，損上益下，初成泰，合而損變臨。弗損益之，坤上加一陰爲益。无咎，貞吉，利有攸往，得臣无家。益。如小過上六得友爲益，「得臣」與「得友」同爲得。无家，所損一人，留而不往，二人所往之卦，二人又來附之，爲得臣。如乾坤所生三卦，長局錯身，三人來，正長姤，而无妄以長見損，留而未行。乾三卦又往否，姤以長見損，而同人、履往焉。否三人留，无妄、乾之二人行，往歸之，遂奉以爲君。同人、履爲之臣，乾、姤掉留遯、訟來，亦奉之，爲君得臣，則化家爲國矣。

案：損、益、屯、蒙、大畜、无妄、頤在上經，睽、家人、中孚、臨、升在下經，平分。又損初四取未濟，二五取益，三上取泰，如艮取乾父巽、離。又乾、坤本身八卦，否、泰本身三世八卦，六子八卦，六負八卦。正卦生八卦，大有、同人、比、師、隨、蠱、歸妹、漸，爲歸魂。負卦生八卦，中孚、頤、大過、小過、晉、明夷、需、訟，爲游魂。三十二卦，等爲頭目。

䷩益巽五世代巽，二卦屬天，長男長女，得否初四，正月，正卦巽。《左傳》：「濟其不及，以洩其過。」長女。利有攸往，《易緯》：「造器設益。」利涉大川。益猶進之。二長進爲中，咸、未濟，益上一爻成否，益初九于上爲否，三、四變同人，從長局，五中孚。

䷓觀初九，損益，先代王者改制之事。利用爲大作，王改制。元吉，无咎。《大傳》「益，長裕而不設」，以興利。初、四二「利用」，應上下經各六見「利用」，下經此初見。

䷼中孚六二，中孚爲中，在三爲中行。或益之益友。十朋之龜，圖中二十卦。弗克違，永貞吉。《左傳》「清濁、大小、短長、疾徐、哀樂、剛柔、遲速、高下、出入、周疏，以相濟也。」王用享于帝，吉。《孝經》：「郊祀后稷以配天，宗祀文王于明堂以配上帝。」《春秋》：「用者，不宜用者也。」王，文王。帝，商王。《詩》「上帝板板」，指紂也。

䷤家人六三，四三爲中行。益之，益友大中。用凶事，无咎，有孚。有孚，言益爲否子，又生家人孫，損于象，此再于四一爻明之者，六子所生，皆其孫卦，不如子所生孫皆正卦矣。中行，四字合爲中，有孚、中行合爲中孚。三四于易爲人位，兩言「中行」，一言「有孚」，即中孚也。告王出征告廟。公用圭。《春秋》：用幣用牲，不得中行而與之，必也狂狷乎！《周禮》五玉，公執鎮圭，侯執伸圭，伯執躬圭，子執穀璧，男執蒲璧。三、四中示例。

䷘无妄隨上，噬五，復四。六四，中人位。中行，三、四爲中，故兩言「中行」。告公從，「定其交而後求」。天子出。一公守，二公從。利用爲依遷國。《大傳》：「君子以見善則遷。」「利用」二見。萃、升、困二五共六見。

䷚頤隨五，豫復上。九五，益友。有孚惠心，勿問，「易其心而後語」。元吉。有孚惠我德。恒六五：「恒其德，貞。」《大傳》：「益，德之裕。」兩言「有孚」，因與中孚對文，又五損爲中孚也。

䷂屯屯象益字刑。上九，隨四，豫復五。莫益之，三、上不應損友。或擊之，多而不溢。立心勿恒，凶。易其心。《大傳》：「莫之與，則傷之者至矣。」益錯恒，變屯則錯鼎。《左傳》：「君子聽之，以平其心，心平德和。」案：益變初、四取否，二、五取損，三、六取既濟，如巽取坤、坎、艮，又分三樂章，樂三益三損，損、益十二爻生十二卦，六益六損。《論語》「益者三友，損者三友」是也。

䷪夬三月辰，兑少子，負萃，綜姤。以下八卦合之皆成小過。《易緯》「設人文夬」，注：「書簡符圖。」夬當作央。《廣雅》：央，盡也。《詩》「夜未央」，陰也。盡故以央言之，合爲大過，所以救咸之失。揚洋。于王庭，選舉。二爲女家，五爲王庭。孚呼。號號令。有厲，告誓誥。自邑，不利即戎，亦可以即戎矣。利有攸往。一角向外爲夬，向内爲小畜。二角向外爲大壯，向内爲大畜。

䷛大過初九，壯夬與壯通，姤與遯通。于前趾，以初爲前趾，上爲後趾。上爲角，下爲趾。姤上變爲角，此初變爲趾，即蹢躅也。與大壯初同文。往不勝爲咎。不勝，猶不及。上乃爲大過，初爲不及，過猶不及。姤初「羸豕孚蹢躅」，上陰象角。姤上云「姤其角」。

䷰革九二，惕乾「夕惕若」。號，號令。莫夜日在　下，又爲明夷。有戎，大有。勿恤。兵革。「臨事而懼，好謀而成」。

䷹兑九三，壯于頄，兑爲羊。《賈子・胎教》：「羊，西方之牲也。」三爲頄，音求，羊首，即尻字，又九州。有凶，君子夬夬。變兑。夬二兑「夬夬」。洋之外又洋，如井井也。「夬夬」當作「央央」。《詩》「旂旐央央」。又作「泱泱」，服注：舒緩深遠，有大和之意。獨行一爻變爲獨行，三往四，又「慎獨」。遇雨，小畜上需「既雨」。若濡，同需，水天需。有愠，「人不知而不愠」。无咎。三四中。

䷄需九四，臀羊臀四。无膚，猶無尾，剥「以膚」。其行次且。需，濡滯也。以上與姤三同文。牽羊，小畜二「牽復」。坎爲牽。悔亡，聞言不信。兑爲口，坎爲耳。不，大也，謂姤三之訟。夬以兑爲主，剥以巽爲主。

䷡大壯九五，莧陸商陸，殷之後。夬夬，小畜之五大畜，夬之五大壯，則夬當爲央，與壯音同。《左傳》震之兑，亦兑之震。震　兩兑象成夬夬，合二兑也，又如剥之貫魚。中行无咎中行，天子行，在⚏爲央，二⚋爲央央。大壯爲二兑變體，中行與獨行對文，此與大壯相起。

䷀乾上六，來兑凶。无亢。號，名曰乾。終有凶。實已爲剥，變　大壯。⚋坤之終，⚊乾之終。《易緯》：「法天地，宜文昌，六局夬。」注：「六苑六籍局。」

案：井坎三巽上，豐震三離上，履乾三兑上。又正卦内乾，則外卦四見乾；外澤，由内四見澤。負卦内乾，則外卦三見乾；外澤，則内三見澤。又正卦三十二，初陽四陰者四卦，初陰四陽者四，二陰五陽者四，二陽五陰者四，三陽四陰者四，三陰四陽者四，通計正應者十二，反應者十二。又初、四均陽者十二，二、五均陽者十二，三、上均陽者十二，初、四均陰者十二，二、五均陰者十二，三、上均陰者十二。通計陰不應者三十六，陽不應者三十六。

䷫姤乾初姤，爲長局之卦。女壯羊，「履霜堅冰」。勿用「潛龍勿用」。取女。乾長孫爲身，「勿用」即乾初九也。姤天子，五月。天之所生上首，地之所生下首，此爲二爻遯言之，蒙六三同。下經三言「勿用」，上經六言「勿用」，與大壯相起。午月，五綜夬。

䷀乾綜坤。初六，與夬上爻比，一正二朋。乾生負卦无妄，姤得遯、訟爲臣。繫匏瓜。于金柅，繫牛乾金。貞吉。屬絡絲之具，柅其柄也。有攸往，見凶，羸豕二遯，北爲豕。孚蹢躅。⚋在下爲蹢躅。《詩》：「有豕白蹢。」

䷠遯綜大壯。九二，包有魚，无咎，不利賓。巽爲魚，變艮爲无魚。夬五大壯，遯不利作貞。巽爲魚，遯與臨錯，觀「利用賓于王」，姤媾賓客。

䷅訟綜需。九三，夬九四綜，故文同。凡三四相綜同文，以三爲主，三卦會局。臀无膚，其行次且，厲，无大咎。夬之臀謂羊。此臀謂牛也。三爻乾初圖覯止。

䷸巽綜兑。九四，巽爲變巽，言无魚。包庖无魚，起凶。巽之變爲遯，此謂夬九三兑爲羊也。「田獲三品」，西出毛羽蟲鱗，外從内。无魚，「潛龍勿用」。

按：《禮器》：「居山以魚鼈爲禮，居澤以鹿豕爲禮，君子謂之不知禮。」

䷱鼎綜革。九五，九鼎之牛，雖東方卦，化乾爲主。乾生乾、坎、艮爲三子，巽、離生三巽爲三孫。以杞杞子禹後。包瓜，吾豈匏瓜。含章，坤六三。有隕星隕，隕石，著于下，不見于上，謂之隕。自天。離乾天牛，「何天之衢」。天亦火，「七月流火」。《春秋》「隕石于宋五」。

䷛大過綜頤。上九，與夬初爻比。姤其角，因角名牛。⚋在初爲趾，在上爲角。國會盟。過、角同音。姤，牛也。遯九二「黄牛之革」，由上逆行，上亦爲姤，爲同人，爲履也。凡乾所生六卦，皆五陽一陰，六子所生，不見八純卦，二十四身卦乃見之，孫與祖同昭穆也。一卦除純卦以外，見四負卦，共見九十六名。一卦四見，二、四、八、十，四四十六也。正卦之孫借用負卦，二十四負卦與正卦爻名同見乾、坤之爻辭，以是推之。吝，无咎。

䷬萃亨，王假有廟，《顧命》「春秋會盟」，《王會解》「四海來同」。利見大人，升，「利見大人」。亨，利貞。不中。用大牲盟有三物，執牛耳，春秋用牲。吉，利有攸往。三利二亨，錯大畜，故言「大牲」。升退相對成卦，即升降也。在廟升降，進退。

䷐隨初六，少例。有孚有孚，友相孳乳。《詩》：「葛之覃兮，施于中谷。」中。不終，先王之命。乃亂有事治也。乃萃。乃會盟。若號，不協。一握爲笑。會以和諧。勿恤，往无咎。内三少女，母變，三男配之，外三母，少女變，二男、父配之。

䷮困六二，萃與升、兑爲降。引吉，王會伯帥，伯會侯帥。无咎，孚乃利用不中。禴。諸侯助祭清廟明堂，升九二，「孚乃利用禴」，皆言祭祀之用。

䷞咸六三，「傾否，先否後喜」。萃如嗟如，志不相得。无攸利，往无咎，小吝。憂，三四中。

䷇比九四，三人行。大吉，无咎。比盟會，升「王用亨于岐山」。《易緯》：「聚民以萃。」六爻由錯變而來，又變爲錯卦而往。

䷏豫九五，萃有位，升五升階，故言有位，明堂位。无咎。匪孚，元永貞，悔亡。升降各有位次。

䷋否上六，「咸其腓，凶，居吉」。齎咨，否。涕洟，无咎。紛争辨訟，盟誓書辭，哀也。「喜怒哀樂之未發，謂之中；發而皆中節，謂之和」。中局。

案：屯既三益上，解恒三未上，遯否三咸上。又咸爲少女，損爲少男，所變本位二卦成乾、坤，咸還父母，如兑艮之夬剥。又乾生三女之正，三卦各爲主人一次。乾生三男之朋，三卦同行赴之。乾生三男之朋，三卦各爲主人一次，乾生三女之正，三卦同行赴之。内三爻皆以外卦相同之六卦自相往來。

䷭升丑十二月，泰長，正復，負升。卦同、爻同，三卦同升降。元亨，用見大人，會盟、巡狩、祭祀。勿恤。南征兵事，「二南」。吉「南征北怨」。征伐，萃升與比師相起。初泰爲南征，毋取父之長女，升取天義，故四祭岳，隨于四方例。陰陽爲還，上乃祭地。

䷊泰初六，田无禽。允升，諸侯同升，同升諸公。大吉。升、无妄，由復、姤而出。易其下卦，内外各爲「三人行」，中必旁通，三卦交泰矣。義詳泰象天子巡狩禮。

䷎謙九二，謙，坤所生正卦，此借用爲孫。以下皆同。不中。孚乃利用禴，祭地升降。无咎。升爲身卦之首，謙又爲借用正卦之首，故發此例，以見孫卦皆借用正卦也。

䷆師蒙上，坤二。九三，升虛邑。用兵之事，升有萃之墟以望師。《左傳》「升高以視師」。虚，墟也。《左傳》：諸亡國之墟，知存知亡。祭兵賓盟會巡守卦。升降。

䷟恒六四，與隨上六「西山」同。「拔茅茹，以其彙，征吉。」王用亨于岐山。東方之卦，借「西山」爲喻。此在恒下，或以爲北岳，南征之岐山在海外，故與西山重出。王亨岐山，征後封國爲西岳，天子爲帝王，諸侯隨上亨于西山。泰、恒，祖宗也，此爲孫世者，以卦言則爲祖宗。今升卦爻中所變出之泰、恒，則爲孫矣。孫與祖同昭穆，血氣相通，不嫌其同。吉，无咎。

井六五，井有位次。貞吉，升階。「覲禮：天子不下堂而見諸侯；下堂而見諸侯，失禮也。」《郊特牲》：「天子無客禮，莫敢爲主焉。君適其臣，升自阼階，不敢有其室也。」

蠱上六，冥升，十干，豫言冥。冥幽，北方。利于不息卦爻升降，周流不息。之貞。自強不息，日月運行，旁通三卦，一月而遍，以三旁通爲卦也。外卦爲悔，内卦爲貞。悔爲静，貞爲發動。貞爲本，悔爲末。又外七卦用復，内七卦用姤。外七卦，凡坤在外八卦皆同。内七卦，凡風在内者皆同。又在内在外皆同，特順行逆行有别，位有十六，變亦十六也。坤在内，初震二坎三艮，外三坤。坤在外，上震五坎四艮，内三坤。此爲泰内長升局，坤内長復不見損。

案：大壯恒初泰四，蹇既濟初咸四，蒙損初未四。冬月盡，陰陽俱南還。

困本錯卦旁通而來。初、四旅，二、五小畜，三、上復。錫命班爵禄。兑長，負革，綜井，九月戍候。亨貞，大人吉，无咎。有言不信。姤「聞言不信」。

兑初六，和兑利用，即和兑。臀困革初黄牛。于株木。《詩·株林》。亦心木，「遷于喬木」、「樛木」。入于幽谷，坎初入，坎北方。三歲不覿。坎上「私覿」，「困相遇也」。坎爲北方卦，幽谷。離在南方，爲株木。困，古捆字，與束字同意，以繩木爲困。諸侯二伯九命，方伯七命，卒正五命，連帥三命，屬長一命，星羅棊布，在三千里。中爲《葛覃》「施中谷」，爲《葛藟》緣《樛木》。三年一朝，咸内三人來。

萃九二，困于酒食。坎四酒食，困之本根，不爲酒困。燕享。朱紱方來，素衣朱紱。從子于沃，朱與赤對。利用享祀。「利用禴」，升九二。征凶，不用武。无咎。革三就。

䷛大過六三，棟橈凶。困于石，「介于石」。《書大傳》：「居而無食謂之困。」據于蒺藜，《牆有茨》。入于其宮，不見其妻，凶。豐上「窺其户，闃其無人」，大過棺槨死事，所謂「四海困窮」，大過則不命而用刑。三四中。

䷜坎九四，來來錫命。徐徐，坎坎。困于金車。吝，有終。兑爲金，震爲車。初株谷，爲南北；四金車，爲東西。《賈子·道術》：「心省治人謂之惠。反惠爲困。」未濟外三人來。

䷧解九五，劓刖，噬嗑初二爲劓刖，滅鼻爲劓，滅趾爲刖。困于赤紱，《晉語》：「謀而困人。」謀不中謂之困。乃徐有説，説即兑，《兑命》。利用祭祀。二五，二利用，相應皆在中。

䷅訟上六，困于葛藟，「蔦與女蘿，施于松柏」，「葛之覃兮，施于中谷」。于𦨣卼，曰動悔，有悔。《荀子》：「惠至而後慮者，謂之困。」征吉。「南有樛木，葛藟縈之」。初爲幽谷、株木，上爲樛木、中谷也。困兑爲主，與坎交。隨兑爲主，與震交。夬兑爲主，與乾交。

案：節坎初兑四，豫震初坤四，姤乾初巽四。

䷯井午候，九卿，五月，坎少，負屯，綜困。改邑不改井，井爲九州之制。帝王改建京師，所都不同，而三代九州之制不改。内朋屯卦，外朋鼎卦。《禹貢》西地志爲師説。无喪，内變有坎。无得。外變有風，二帝三王，經之九州相同，無得喪之説。往來「來之坎坎」。井井，井爲主。往來，帝王爲客，主不易，而客無常。汔至，亦未繘井，汲深必用綆長。羸其瓶，凶。「天命靡常」，「亡國敗家」，舉以爲戒。汲水之瓶，必敗于井上。

䷄需初六，井泥既二井在需初，爲需郊，在三乃爲需泥也。不食，水淤不可耕未宅。舊井禹九州。无禽。非禽鳥之禽。井已深，泥其深之底，初象。初三同不食不中也。生聚之道不足，井無禽。當堯之時，天下猶未平。

䷦蹇九二，既一觀魚，需蹇未大行。井谷讀爲國，中谷。射鮒，巽爲魚，變艮，射鮒，蝦蟇。甕汲器，雍州。敝漏。《士昏禮》：魚用鮒，義取相依。敝漏，即敝陋，內九州敝陋也。二射鮒，旅射雉，魚東，雉南，艮下無承，漏象。艮有漏象。

䷜坎九三，既之屯，變既，三人來。井渫不食，未開通之地。爲我心三心，心在中，內外相交之州也。惻，四隩既宅。可用汲，王明坎北，北邶。並受其福。《詩》「受福」，內卦二男一父，以爲內五州。「巽在牀下，喪其資斧，征凶。」

䷛大過六四，恒五大過，升所過者化矣。井甃，補井。无咎。大過分內外之界，外一母二女爲外州，華夷之外，分畫九州，定疆域，三四中。

䷭升九五，恒四。井洌，寒泉食。《詩》：「洌彼寒泉，浸彼苞稂。慨我寤嘆，念彼周京。」寒北，南、北冰海也。食所謂宅放，舉寒泉而他可知。在五爲食，初三言不食，互文相起。《詩》之「南東其畝」，《禹貢》之「既宅既土」。

䷸巽上六，恒上鼎，變來之坎。「坎險且枕，入于坎窞，勿用」。井收收形近秋。收甃音近。勿幕，以天爲幕。有孚，元吉。宗卦，由內九州及外十二州要荒之地。

案：三男三女，配合十二卦，爲過、不及。凡卦有乾、坤者，皆還父母。內父、中男、少男，艮及爲長男，乾、坎、艮、震，中國內五州，《春秋》之「內諸夏」也。外母、長女、少女，由長少以及中女，坤、巽、兑、離，南方外四州，春秋之「二南」也。夬、兑三乾上，謙、坤三艮上，涣、巽三坎上。

䷰革兵革，三月辰，三公，咸長，正困，正革。巳日巳午之巳，六二位當之。「巳日」讀爲「三日」。乃孚。元亨，利貞，悔亡。咸所生爲六子孫，再朋之旁通三長，合之錯卦而四長全。又由困而來，由賁而往，悔則成賁卦，困體亡矣。《易緯》「象獸文革」。

䷞咸初九，三爻同賁，正困株木。鞏用黄牛之革。黄牛東都，賁用白，改黄。《詩》「狐裘」改爲「素衣」也。咸有東西通畿之義。黄牛，即黄離。中國以南爲夷，此變爲大統，革去之濡，「有衣袽，終日戒」。

䷪夬六二，困赤紱。巳日乃革之。巳屬火，巳爲土，用火德，都中有赤黄之義。「七日來復」，三日則陰陽相易，革後乃復。征三言征。吉，无咎。由大過來，由頤往。

䷐隨九三，中爻在三，以濟長之偏。征凶，貞厲。革言三就，三就，公、侯、伯三長所同。三就公服，易服色，困朱芾。《典瑞》：「公執桓圭，侯執信圭，伯執躬圭，繅皆三采。」三就，《典命》：「掌諸侯之五儀，諸臣之五等之位。」有孚。三言有孚，三陽爻變成復，革後又三爻，别三卦而和，和三卦而别。

䷾既濟九四，三爻同困。悔亡，有孚，改命吉。《詩》「敝予又改」，外困内賁，王者改制，文質相易，爲既濟而發。二言「悔亡」，改命金德。殷尚白，咸其拇。三四中。

䷶豐九五，「飛龍在天」。大人虎變，震爲龍。「雲從龍」，艮與震錯；「風從虎」，巽與兑錯。兑在西爲虎。九五尊位，二應之。虎變爲龍。「雲從龍，風從虎」。未占，有孚。困象「大人吉」，乾九五離，豐五「來章有慶」，慶小統爲大統。

䷌同人上六，君子六居上，爲君子變乾也。豹變，豹，虎之屬，上不得位似之。小人革面，陽居上爲小人。征凶。居貞吉。上已盡，如何可居，由逆行言之也。革言牛、虎、豹。

䷱鼎器象。未六月候，未濟少，正噬嗑，主器者長子。外噬嗑，内井。《易緯》「鼎以象器」，注：「神器傳國。」元吉，亨。離内三爻來，巽外三爻來，與噬嗑朋。初比來，二節來，三既濟來，四隨來，五復來，上益來。《左傳》：「昔夏之方有德也,遠方圖物,貢金九牧,鑄鼎象物,百物而爲之備,使民知神姦。」

大有比來。初六,離二。鼎顛巽、乾顛倒。趾,内初爻--爲趾。利出否,同人近否。得妾巽爲妾,非正。以其子,无咎。鼎,神器傳國。立子以貴,立嫡以長,六爻皆有鼎名,屯四隨來爲萃。

旅節來。九二,離初。鼎有實,艮西北室,三、二爲有實,禹貢「象物」也。我仇反以爲仇。有疾,過不及。旅兵事,小大不同。不我能即,即既濟。吉。《詩》「不我能節」,即既濟也。仇,九鼎。凡六爻有未濟,四爻皆應。

未濟既濟來。九三,離三噬嗑變。鼎耳革,南半球,鼎九州。革者張大之,鼎之行以耳。其行塞,未濟南半球後出。雉離爲雉,南球鳥文。膏不食,方雨成坎未,南半球。虧悔,終吉。以上内卦南從離,以下外卦西球從巽。三四中,離雉,坎膏,坎又爲雨。井兩言「不食」,五爻失位,惟此爻得位。「振恒凶」。

蠱隨來。九四,巽五。鼎折足,外初爻足。覆顛倒。公餗,四爲諸侯。其形渥,公膳雙雞。「其刑剭」,剭,誅也。凶。晉靈殺宰夫,蠱從初來,隨由四往。

姤六五,巽四。鼎黄中也。耳,畢附耳。金鉉,西方兑金,又乾爲金鉤鉉。利貞。黄中色,離得坤中畫爲黄金,變乾金象。

恒上九,巽上井變。鼎玉西方乾。鉉,大吉,无不利。未濟,征凶,利涉大川。六爻分三,初、四趾足,二實,上、五鉉耳。中。

案:大畜損三泰上,遯否三咸上,解恒三未上,一卦朋去,六卦錯來。六卦去,統三卦來,三卦共十八變,負卦三十二,六爻正應者三十六,反應者三十六,均陰者十二,均陽者十二。蓋正卦應者三分之一,負卦不應者三分之一。

䷲震負恒。亨。陽出東方，震三、四明夷。震來初爻。虩虩，笑言兩端皆笑言。啞啞。東方春。笑言，與背艮反。震驚百里，千乘，百里采邑。不喪匕鬯。震爲東方方伯，封建九錫，秬鬯一卣。《郊特牲》：諸侯爲賓，又用鬱鬯，反用臭也。《易緯》「立雷作威」，注：「雷以振懼威。」春出陽而入陰。綜艮，東西兩面皆可行，游地球一周，從東行，從西行，皆可通。

䷏豫負大壯。初九，艮上。初四取坤，坤四旅來于坤。綜謙。震來復一陽來，震來則艮爲往。虩虩，後笑言啞啞，吉。震長男，故初同彖啞啞有聲。初、四爲主爻，東逆順行。從震順行，東半球；從震逆行，西半球。

䷵歸妹負小過。六二，艮五。兑坎解長子，二爻在此，綜漸。震來厲，億但言來，從此方來。喪貝，躋于九陵，「介于石」，大九州之陵，高陵變。勿逐，七日得。既濟九二同復，「七日來復」，一見二五。言得喪，與既濟九二同。

䷶豐負解。六三，綜旅。艮四離上，至此成恒。震蘇蘇，震行无眚。震外卦，逆行，如艮之内卦。艮外卦逆行，位次如震之内卦，長少相合，必與頤、與小過，乃如四正卦之位。

䷗復負升。九四，綜剥。艮三坤初往于震。震遂泥。《詩》泥中。頤卦六爻全變，又當還原屬土。六爻全有卦名。

䷐隨負大過。六五，震往來厲，億往來並言。无喪有事。對喪貝，東隣西隣，北方所從，震順逆行，兩球面上，三爻爲客來，非卦變。綜蠱。

䷔噬嗑負鼎，綜賁。上六，艮初離三。震索索，内。視矍矍，外。征凶。合諸侯不用兵車。上已家，無位可征，謂逆行。震不于其躬，于其隣，震「伐鬼方」，艮。无咎。婚媾有言。震、艮相比爲婚媾，初、二不應。按：反復皆爲震，虩虩、啞啞、蘇蘇、索索、矍矍，皆謂二震。十二爻爲一卦，又割半卦合爲一卦。三成離體，初頤離，二、五中孚離，三、四别離大過，反復艮。此爲兩球，朝東朝西，到中國也。内卦三變已畢，已生三子，老而傳于子，子於後巽宮，各生一子。此一卦中之祖孫父子也。

初、四取乾，二、五取離，三、六取兑，變初、四坤，二、五兑，三、六離。

案：震以外爲主，與艮綜。震長當左行，艮少當右行，以變父母之一爻爲主。震初爻變母，故從初四，由下上行進也。艮三爻變母，故從上三，二爻自上而下。震、巽天屬，「本乎天者親上」，故由下而上征。艮、澤屬地，「本乎地者親下」，故由上而下。然則二長以五，二少以二爲上，故少五與長二相綜。

䷳艮　艮綜震，候十月，得坤三上，亥候。其背，盎于背，一陽爲面，二陰爲背，與震反。《易緯》：「上山增艮。」不獲面。其身，行西球。其庭，震進退行。不見其人，與「笑言」對。无咎。二人相對爲北，面牆，艮退也。少男以陽爻爲主，一向外，是反背，外自不來而退。全球如人身，以東爲頭面，西半球爲背。

䷕賁　綜噬嗑。初六，少男在外，内交中女，逆數，内艮外離。艮其趾，舍車而徒。无咎，利永貞。趾用止，反噬嗑。

䷑蠱　綜隨。六二，内艮，外巽。少男在外，内交長女，以三不動爲主，一爻不變。艮其腓，腰腨。不拯其隨，朋艮二，即震五反卦。其心不快。艮之隨反隨，其心不快，與旅同文，二爲中心也。艮之隨，隨之艮，是五爻動，一爻不動之例。本《左傳》穆姜筮往東宫，得艮之八，史曰「是爲隨之艮」，亦艮之隨。

䷖剥　綜復。九三，三還母，内艮外坤，至此成損。艮其限，腰帶。列其夤，厲薰心。亢龍有悔。限從艮反復。三四爲心，明夷、旅四爲三才之中，寅亥脊肉。

䷷旅　綜豐。六四，少男在内，交少女，外艮内離。艮其身，无咎。身讀爲進。知進知退，可行則行，可止則止。

䷴漸綜歸妹。六五，少男在内，交長女，外艮内巽，三子。艮其輔，輔車。言有序，悔亡。二五存亡。

䷎謙綜豫。上九，上還母，外艮，内坤，臨有敦厚也。敦艮，吉。六爻皆有卦名，無視聽笑言，「君子終日乾乾」。三上爲主爻。

按：艮以外爲主，生三孫，此爲下卦變，非上卦變。三六取乾，二五取離，初四取巽。變初四離，二五巽，三六坤。

按：以上八卦，二十四綜卦，合爲十二，二十四卦。凡綜卦皆一順一逆。以上八卦，内三爻變，各取所變之爻合爲一卦，成錯卦。乾爲天地否，地爲地天泰，兑爲澤山咸，艮爲山澤損，震爲雷風恒，巽爲風雷益，坎爲水火既濟，離爲火水未濟，是爲八朋卦。乾坤六子生八負卦，乾、坎、大過、頤、坤、離、中孚、小過、震、艮、晉、明夷、巽、兑、需、訟。

䷴漸巽中男，公，正月，負中孚，綜歸妹。與歸妹亦錯亦綜，歸妹定位，乃爲漸。初上二爻不正，中二爻變爲否，初上爻變既濟，初、四變同人，上、三變比。《易緯》「法漸地利」，注：「地有漸次，生萬業。」女歸吉，歸妹相對，女當爲公。利貞。家人：「老婦得其士夫。」

䷤家人初六，益内三人來。鴻公也。漸遵也。周公居東。于干，水涯。小子厲，爲文王子，或爲成王。有言，三監流言。无咎。漸六爻皆見卦名，詳各爻位次之例。

䷸巽中孚變益二。六二，「艮其輔，言有序，悔亡」。周公居臣位。鴻漸于磐，「見龍在田」，鶴鳴，子和，居東。磐石，屯「磐桓，利建侯」。周公爲文王。飲食衎衎，吉。同人、中孚，「好爵」，東都朝會諸侯。中局。《夏小正》：「正月，雁北向。」

䷓觀九三，益長。《詩》：「鴻飛遵陸，公歸不復。」鴻漸于陸，居東。夫征不復，中二爻變成否，外未變乾，「或鼓或罷」。東山。婦孕不育。「或泣或歌」，獨陰不生，雖成坤無應。艮爲孕。凶，利禦寇。征夫。東征不遑，罪人斯得。内陰外陽，有寇象，婦嘆于室。荀子論周公先後不同。

䷠遯六四，鴻漸于木，木東方。《詩》：「出自幽谷，遷于喬木。」周公封于魯。《左傳》「得大木」。或得其桷，桷，國也。《魯頌》：「松桷有舄。」无咎。先難後獲，窮極則通。負漸，「鶴鳴」與「鴻飛」相比。

䷳艮九五，周公居君位。周公一人身三變。鴻漸于陵，升其高陵。《詩》「中林」、「中逵」。婦三歲不孕，居東三年，七年致政。「有孚攣如」，艮不孕，中孚孕。《詩》「自我不見，于今年三」；「女也不爽，士貳其行」。觀與艮同體，爲不孕。終莫之勝，吉。中局。「巽在牀下，用史巫紛若，吉，无咎」。

䷦蹇上九，周公反政，其佐貳皆賢。鴻漸于陸，「鳲鳩在桑」，居周。其羽坎象螽斯羽。可用爲儀，吉。「其儀一兮」，「碩膚」。成王壯，周公致政。「翰音登于天」，一周一魯，一内一外。陰日損而隨，陽日益而漸。案：外卦下行，變三居三，内卦上行，變三居三。内卦從外來，先三常，後三變。外卦從内往，先三常，後三變。同人乾二離五，蠱艮二巽五，比坎二坤五。

䷵歸妹震中，綜漸，戌九月候。外卦小過。歸妹之名，以上爻得。婦人謂嫁曰歸。禮，許嫁曰姑姊妹。兑爲少女，故以妹言之。「老夫得其女妻」。婦人謂嫁曰歸。女在五，男在二，變爲漸，女歸于内，男出乎外。上二女，下二男。中男女媒妁，妹澤少女也。又爲素統。妹、沬，衛也。《詩》以邶、鄘、衛爲素統，女以二爲家。征凶，不利兵事。无攸利。

䷧解初九，歸妹陰退。禮，天子十二女，諸侯九女。以娣，娣帝也。跛亡國履。能履，履，素履。漸上復血物。征吉。兑爲少女，以三爻爲主，初變陰，在本位，爲娣妹。如叔姬、季姬既主嫁，别備娣。蹇爲跛，錯漸，上少配長爲跛，初當至四，必四先行至上。夏日而陰陽俱比，還少女，從長男，爲歸妹。

震東木主視。九二，履九二无妄，「幽人貞吉」。眇能視。歸妹上明四目，三陽當進。利幽人之貞。東爲元。元幽，所謂廟人也。又睽爲眇，本卦上，上當上進至五。

大壯六三，履六三：「眇能視，跛能履。」歸妹以須，嬃也。賁其須，上爲姊君，爲中女，須長女，妹少女。嬃有罪，大歸以娣，繼室，《傳》所謂「既而請去」是也。反歸初陽變陰爲娣。三⚋爲少女，以位則爲上，與娣對爲姊嬃，變陽是無嬃爲大歸。反謂反于母家，《春秋》之「來歸」也。以娣。《春秋》書女有伯仲叔季。三上位，三當至初，上下至三。又須，畜也，不用需之小統而用大同也。由伯道以下，反用帝道。

臨九四，歸妹愆期，《詩》：「匪我愆期。」虞注：「坎月離日爲期。」遲歸有時。長男，少女。「女子貞不字，十年乃字」。孔子時中之聖，「百世以俟聖人而不惑」，苟非其時，則無徵不信；不信，民弗從也。

兑六五，帝子下嫁，昏禮之至。帝乙歸妹，素履。其君之袂不如其娣之袂良。月幾望，吉。帝乙，商之先王，與高宗同。王道小統不如大統。東西相望，兩京對峙。《詩》「良人」，帝也。中女在上，兑在五成純卦。日月相對爲望，娣兑君上，男應日，離中女應月，婦于夫，從夫之爵。月無光，以日光爲光。望，光盛也。二陽爲日，五陰爲月，二五相望，五陰往二，二陽往五，男女正位，日月相望之象。日象天子，月象后。武人爲于大君，女五下降爲帝子之象。

睽上六，女承筐，在下。《詩》：「不盈傾筐。」震筐，四岳姜氏。无實。不盈筐。士震。刲羊，兑羊。无血，无攸利。初二男，四上女，四綜卦分應四男女。

案：長女、少男，中爻生漸、蠱，君臣、父子、長男、少女；中爻生隨、歸妹，兄弟、夫婦。亦泰當爲否，六五爲君，三爲姊，上爲娣。侯正卦旅、大有、歸妹、豫、巽、艮。師、坤二坎五，隨，兑二震五，大有，離二乾五。

豐未候六月。震少，以小過爲主，周公。負解，綜旅，遯、大壯、晉、明夷、鼎、革，皆在下經。亨，王假之，勿憂，宜日中。《春秋》「日中而克葬」，又「日下昃乃克葬」。

小過初九，以此爻爲主。弗遇過之，二遇其妣。遇其配主，對卦之離爲配主。《春秋》「不期而會曰遇」。由小過取象初四不及，遇配主，遇夷主。雖旬无咎。初爻配旬。往有尚。吉事先近日，凶事先遠日。凡卜筮日，旬之外曰遠某日，旬之內曰近某日。卜筮者，所以使民決嫌疑，別同異，明是非也。又先王所以使民敬鬼神，信時日，畏法令也，所以使民決嫌疑，定猶與也。故曰：「疑而筮之，則弗疑也。」三旬配三爻，外事用剛日，內事用柔日。

大壯六二，豐其蔀，推日蔀法，不終日。日中見斗，東午正，斗似午，斗牛北方宿。西半球變乾，爲斗。《帝典》「日中」，《春秋》平也。往得疑疾。幽不明也。有孚發若，桴鼓發動。吉。日而行事，則必踐之，專以明先後早遲。二見斗，當在初四見斗。二五中，「往得疑疾」，「來章有慶」。又斗十二也，日之數十。

震九三，豐其沛，日中東西中西正。見沬，變震卯地。折其右肱，无咎。沬一爲味。朱鳥鶉火，一爲雺。雺者，氣渾，鬱鬱冥冥，天氣下降，地氣不應，曰雺。三上過，折右肱，无人。

明夷九四，夜也。豐其蔀，日中西半球子正。見斗，東半球變坤，近酉。遇其夷主，吉。明夷二左肱，四左腹，「獲明夷之心」。又夷也，天有十日，人有十等。又日月以告君，齊戒以告鬼神。

革六五，來章，章，旗也，旅旗。有慶譽，吉。五言來。外爲主，「大人虎變」。

離上六，「震蘇蘇，震行無眚」。豐其屋，沛。蔀其家，離中爲家，再見離二家。闚其户，闃其无人，「行其庭，不見其人」。三歲不覿，凶。與坎上同文。離上：「王用出征，有嘉折首。」

案：謙坤三艮上，夬兑三乾上，噬嗑離三震上。

䷷旅離長，艮四，綜豐，負睽。小亨，旅貞吉。離長子爲身，以下同旅，候巳四月。旅賁氏。《詩》：「陳師鞠旅。」五百人爲旅，旅進旅退。旅客也，覊旅之臣，又賓旅、旅旗也。《字林》「熊旗五游」，謂與士卒期于其下，故曰旗也。《周禮》「司馬以旗致民」，注：「以旗者，立旗期民于其下也。」旅，衆也，亞旅子弟也。入曰振旅，後長幼也。旅，行商也。《月令》「來商旅」，鄭注：「商旅，販賣之客也。」旅幣無方，所以別土地之宜，而節遠邇之期也。龜爲前列，先知也，以鍾次之，以和居參之也。虎豹之皮，示服猛也。束帛加璧，往德也。周艮大過之半，故外口鳥，言雉。

䷝離綜坎。初六，少男。內卦初變中女，內三爻變內卦，外卦不變。旅瑣瑣，內外同。斯斧以斯之。斯同師，讀爲期。其所王所。取災。取離。

䷱鼎綜革。六二，次變長女。旅即次，《周禮》掌次：「凡祭祀，張其旅幕。」又司士：「大夫以其等旅揖。」懷其資，「廷賓旅百」，示服猛也。得得鼎也。童僕，貞。得與喪對，因得于敵，罪人斯得，三軍之日，在吾旗鼓。

䷢晉綜明夷。九三，三變母，艮變如此。旅焚其次，內旅外賁，田獵用火，《左傳》「火焚其旗」，師卦「左次」。季春出火爲焚也。轍亂旗靡。喪其童僕，貞厲。喪晉。

䷳艮綜震。九四，外三爻變外卦，內卦不變，中女，外卦初少男。旅于處，左旅于明年之次。旅客處，旅猶處也。《周禮》旅師注：「旅，行商也。」《月令》「來商旅」，鄭注：「商旅，販賣之客也。」得得夷也。其資斧，《詩·破斧》銶錡。我心不快。快也。與艮同文。快從夬，兑也，兑爲說。中爲心，主卦爲心。夬，兑也。

䷠遯綜大壯。六五，次父。射雉，丹雉也。一矢大齊弓矢革，錫命弓矢，公射雉，征南方。離爲雉，負卦睽，其蟲羽。矢中陽盡乾，竹箭共射者也。彤矢也。亡，亡革也。終以譽命。求服其志，不貪其得，出則振。《周禮》：射者，田獵射雉。《左傳》：「賈大夫御以如皋，射雉，獲之。」

䷽小過綜中孚。上九，次少，艮離之變如此。鳥《漢志》鳥章。大過「飛鳥離之」，「是謂災眚」。焚離，焚也。其巢，旅人《儀禮》旅人，饔人之屬。先笑後號咷。笑讀爲效，咷讀爲謞。董子《深察名號》：「古之聖人，謞而效天地謂之號，鳴而施命謂之名。名之爲言，鳴與命也。號之爲言，謞而效也。」先效後號者，先實後名。先號後效者，先名後實。文質不同，先合後分，同人「先號咷而後笑」。喪喪離也。牛離爲牛，變震，是喪牛也。大壯，重兑爲大壯，變兑爲夬，是喪大壯合體之羊，而得夬一卦之小羊也。于易，凶。大壯喪羊，離畜牝牛。上言後先，後先謂逆行。小過「弗遇過之，飛鳥離之，凶」。易謂變易。初五下皆離，外三卦無離。旅人、同人同冒旅旗。牛爲中國，南方，用夏以變夷也。

案：凡六子皆四陰二陽，四陽二陰，十八卦，每卦一還父母一卦，共十二卦，皆三陰三陽，可還父母，六卦皆一陽五陰，五陽一陰。賁四初變賁，艮初離四。姤五二變姤，乾初巽四。豫上三變豫，震初坤四。

䷸巽，小亨，利有攸往，利見大人。綜兑，巽候八月。《易緯》宣風卦信，漸、歸妹、隨、蠱、君臣、父子、夫婦、兄弟。

䷈小畜初六，巽得乾初、四，綜履初，還父，四長女，避長位。震進，艮退。凡綜卦皆同。進退，巽從初起。利武人之貞。初至上爲進，上至初爲退。初、四爲主爻，初變乾剛爲武人，司馬。乾爲馬，主兵。履「武人爲于大君」，利爲變得之象。

䷴漸艮九二，二中位，變少，綜歸妹。長女在外，交少男。漸内二巽，外屬艮。巽在牀下，兑爲牀，巽與兑反。用史巫紛若，吉，无咎。二、上同言牀下，左右行也。漸往艮五。

䷺渙坎九三，渙三巽，外屬坎，長女在外，交中男，綜節，至此成益。頻巽，吝。讀如顰，三上二爻取坎，初四取乾，三爲頻。復六三頻復，三而止。

䷫姤六四，姤內三乾外屬巽，乾初綜夬，四還父初。悔亡，田司馬。獲三品。恒四「无禽」，巽純四以上變，則咸恒失巽，故曰「悔亡」。乾二「見在田」，內卦以外三卦爲貞，外卦以內三卦爲貞。

䷑蠱九五，五中位，變少，長女在內交少男。蠱內艮，外屬巽，綜隨。貞吉，悔亡，无不利。无父。初有子。終，先不及時。庚三日，甲庚仁義。後過時。庚三日，壬。吉。變蠱，故文同。先庚三日爲丁，後庚三日爲癸。

䷯井上九，六少位，變中，長女在內，交中男。井內三屬坎，外屬巽。巽在牀下，井從坎三來。喪其資斧，旅四「得資斧」，乾爲資，艮爲斧。貞凶。內不變，外變，與四「悔亡」相起。初四取坤，二五取坎，三六取艮，變初四乾，二五艮，三六坎。巽以外爲主，與兑綜。巽長，當爲左行；兑少，當爲右行。

「貞吉」、「悔亡」連文者四見，皆爲三世卦起例。咸包損言之，未濟包既濟言之，是爲正例。大壯爲泰言之包否，巽爲恒、益言之以包二卦，此大壯、巽見例爲變。酉月候。《易緯》：「巽爲風門，亦爲地户。」巽生負需、訟，震生晉、明夷。

䷹兑得乾三，上綜巽。亨，利貞。兑爲西方方伯，以西爲主，陰氣行西。陰行北，俯入于西，少陰也。

䷮困綜井。初九逆數，內兑外坎。和兑，吉。秋。坎北，金水相生。二孚在中，和商來引秋，出陰而入陽，少女在外交中男。

䷐隨綜蠱。九二，二五對言孚，內兑，外震，少女在外，內交長男。孚兑，西東對爲孚。吉，悔亡。隨、蠱亦錯亦綜，與巽四悔亡比。

案：內卦左行，外爲貞，內爲悔，三爻無本卦。外卦右行，外爲悔，內爲貞，悔三爻無本卦。故貞悔內外不同。

䷪夬綜姤。六三，内兑外乾，至此成咸。乾上本位，三還父六。來兑，「龍戰于野」。凶。與上同。内之變止此，下三爻本卦。外變至此止，内三卦本卦。

䷻節綜涣。九四，少女在内，外交中男，内坎外兑。商兑未寧，和兑、商兑相起。介疾有喜。東喜，南樂。《説文》：從外知内曰商。

䷵歸妹綜漸。九五，少女在外，内交長男，内坎外震，觀九五剥。孚東西對。于剥，兑内與巽外同。有厲。孚由小變大，如風地觀、山地剥也。隨、蠱、漸、歸妹四卦爲二男二女之中爻，負卦以頤、大過、中孚、小過學之者也。

䷉履綜小畜。上六，本位。上還父三，内坎外乾，乾三。引含章可貞。兑。上逆行引兑，謂變上兑自此始，引而進之，三上爲主爻，祖生三子，三子生三孫，正卦惟兑有二孚字。三、六取坤，二、五取坎，初、四取震，變初、四坎，二、五震，三、六乾。

按：三十二正卦，以外爲男，以内爲女，一卦自爲一家，失婦之道立。兑、艮二以逆行爲主，以三爻所生爲宗子，初爲三，上爲三，與長男、長女相反。

䷺涣巽少子，未候六月，以中孚爲主。又輪奂義同。負家人，綜節，外屯、蒙、需、訟皆在，舊爲孔子。亨，王素王假有廟，非真王。利涉大川，大一統，中孚。巽、坎二爻風水作車楫。《中庸》：「舟車所至。」利貞。

䷼中孚初六，四卦，少者則居長，長者則居少，二五不見，益内三卦來損少家人。用拯，小統。馬壯，吉。明夷九二：「明夷夷于左股，用拯馬壯，吉。」四卦所以補偏救弊，與還原爻相反。明夷變乾爲壯吉。乾爲馬，此變兑爲羊，羊壯中局，中孚舍馬用舟。

䷓觀九二，利女貞。涣奔其機，悔亡。奔、賁通，機、楫通。賁其楫，輪舟也。觀來朝。

巽六三「過涉滅頂，凶，无咎，震蘇蘇」。渙其躬，宫同。无悔。艮其躬。渙讀如換，改制也，即「王假有廟」，三四中。

訟六四，未濟外三卦來，損、解以家人，皆在帝少，外借避之。渙其群，君也。元吉。渙有丘，有丘，朋自遠來。匪夷所思。「不①克訟，復即命，渝」，與明夷錯，爲「匪夷所思」，猶「朋從爾思」。

蒙九五煥乎文章。渙汗其大號，素王。渙王居，王所行在，君子居之，何陋之有。居夷浮海之居。无咎。「大人虎變」。《董子・深察名號》②：「古之聖人，謞而效天地謂之號，鳴而施命謂之名。名之爲言，鳴與命也；號之爲言，號與效也。」

坎上九，頻巽吝。渙其血，居。去逖出，无咎。上言出，逆行。坎爲血。逖，夷狄。小畜六四：「血去惕出，无咎。」離上九：「王用出征，有嘉折首。」

案：此卦外卦爲巽，合内三爻爲五巽。内卦爲坎，合外三爻爲五坎。履乾三兑上，剥艮三坤上，井坎三巽上。

節坎長，負蹇，綜渙，申候七月。亨，苦節不可貞。上六爻爲主，大夫，七月。勞而不怨。節，符節，掌守邦節，而辨其用，以輔王命。

坎初九，不出户庭，无咎。司關重節，守節。守邦國者用玉節，守都鄙者用負節，司關掌國貨之節，以聯門市。凡所達貨賄者，則以節傳出之。行人持節，素王無位，蹇坎俱宜静守。「商兑未寧，介疾有喜」。

---

① 不：原脱，據《訟》九四補。

② 廖氏引文與《春秋繁露・深察名號》篇有出入。

䷂屯九二，龍節，司關重節。不出門庭，凶。不出，「千里之外應之」。門關用符節，道路用旌節。節，所謂濟也。用夏變夷，「周流六虛」，「出門交有功」。

䷄需六三，不節若，不節，不出行人。「夫子之于是邦，必聞其政」。則嗟若，无咎。無節則不達。離三之「嗟」，五「嗟若」。

䷹兑六四，虎節。安節，亨。悅以使民，有期以反節。凡通達于天下者，必有節以傳輔之，無節者有幾則不達。上經初四卦爲節，所有坎卦所生，乾之中男，仁者安仁，安貞。

䷒臨九五，臨節之甘，皆取順民之一伐。甘節，吉，往有尚。從民之從，速于置郵傳命。凡邦國使節，山國用虎節，土國用人節，澤國用龍節，皆金也。以英蕩輔之，必聞其政，「童蒙求我」。

䷼中孚上六，「翰音登于天」。苦節，貞凶，悔亡。所謂「苦節不可貞」，中孚上九「貞凶」，逆民之志。《董子》：「薺成告之甘，芥成告之苦。」薺以冬美，薺甘味也。荼以夏成，荼苦味也。

按：六子所生十二卦，三陰三陽，與負卦八卦三陽三陰不同者，負卦内外卦自相錯，必長配長，少配少。正卦十二則皆借少配長中，中配長少，無一相同之卦。初四困兑，初坎，四復，五二坤初，震四，上三小畜，巽初乾四。

䷼中孚子十一月，正漸，益中，自綜成重離。中與過對文。三四爻變成乾，合卦二爻變孚，甲中揚子。同司馬。以齊，齊之以味。孚爲抱卵，從爪從子。書孳乳，援桴繫鼓木。豚坎北。魚震東。吉，外天内地，卵象也。豚胎生，魚卵生，中虛，乳子之象。豚無角者，膏而無前齒。利涉大川，乘桴。利貞。如既濟。遯北方，魚東，所謂中也。中國已惠，乃綏四方，外漸内歸妹。

䷺渙綜上。渙言「利涉」。初九，虞吉，「虞」疑「虎」字，履四有「虎」。有它，不知其他。初與上比，外卦。它，古蛇字，蛇卵生。不燕。「燕胥樂兮」。冬燕雀入海，化爲蚧。又二爻變爲觀，賓王燕亨。又涣初六「用拯馬壯，吉」。

䷩益綜五漸變。九二，益六二中孚「十朋之龜」。鳴鶴四八。《詩》「鶴鳴于九皋」。在陰，「鳲鳩在桑，子七人」。陰以二爲父，不及也。其子感應之理，有夫婦，有父子。和之。退故進之。六五爲變。鶴胎生，「發而皆中節，謂之和」。我有好合述。爵，同鵲，鳥名，借爲爵禄。吾與爾爲好。靡之。益也。我紱子珮，陽以五爲尊，陰以二爲尊。上句父子，此爲君臣。

䷈小畜綜四。六三，九三中孚：「輿説輹，夫妻反目。」得敵，反對。或鼓，剛也。進之以鼓。或罷，柔也。退之以金。或泣，哀也。或歌。樂也。哀樂以時，離三歌嗟或躍。本象二女互二男，變爲乾坎離。「喜怒哀樂之未發謂之中，發而皆中節謂之和」。

䷉履二爻爲子。六四，履九四中孚「履虎尾」。月三爻自對爲望，兑爲月。幾望，小畜上同文。乾爲日，二女爲月。馬匹匹，對也。變則不匹。亡，乾爲馬，又變二女。无咎。内外相望。亡如悔亡之亡。小畜、履對成中孚。《易本命》：「八九七十二，偶以承奇，奇主辰，辰主月，月主馬，故馬十二月而生。」又云：「蚌蛤龜珠，與月盈虚」，「四足者無羽翼。」

䷨損九五，損六五中孚「十朋之龜」。有孚損象「有孚」。攣如，子和。小畜九五大畜「有孚攣如」，言大畜如攣生。此又言中孚爲益損之攣生也。損二五相連，如攣生之子。无咎。

䷻節上九，翰音雞。登于天，不位。離爲雉，重離爲過。貞凶。巽爲雞，二爻變爲地，與天借。《詩》：「雞鳴雄雉，聲聞于天。」《易本命》：「鳥魚皆生于陰，而屬于陽，故魚鳥皆卵。魚游于水，鳥飛于雲，故冬燕雀入于海，化而爲蚧。」

案：訟否二未五，頤損二益五，需既二泰五。又内外爻變，皆離相同，四正卦，以此四卦合之爲八正卦。四卦皆中，又三爻之中。《易》明六爻之中，持即二卦示例。二二①卦合同，坎、離分爲乾、坤，六陰六陽，分位而居。中孚之中，專指二、四，二陰二陽。小過之過，專指上、五，二陰二陽。言上、五之過，初、二之不及可知。言六陰之中過不及，而六陽可知。由此推之，坎離之中男、中女爲中，巽、震爲不及，艮、兑爲過中。以中的爲喻，過者力有餘，不及者力不足。《孟子》：「其至，爾力也。其中，非爾力也。」才知兼剥，而後能合中。三德，正直爲中，剛退過，柔進不及。《易》言用九、用六，從卜從中，爲《易》卜之本。專言《易》之要例，專以明中正之道。

䷽小過寅正月候，正歸妹，恒中，自綜。外歸妹，内漸，上合臨，下合觀，重坎，下二陰二陽平對。上以陰在上爲大過，五以陽在下爲小過。過讀爲和。亨，利貞。可小事，不可大事。飛鳥習坎。飛鳥當作非，非亦過也。遺之音，不宜上，震也。宜下，艮也。大吉。重坎水。

䷶豐綜上。初六，豐初九「遇其配主」。飛鳥二以上象坎。以凶。垂翼折肱。上言離之，《詩》「雉離于羅」，不及。

䷟恒綜五。六二，「九二，悔亡」。過其祖，三爻，一男成乾，乾爲祖，二爻爲地，不及。遇兩爻爲變，成乾爲遇，謂變純卦，遇爲不及期。其妣，初、五、上爲坤，坤爲母。不及其君，陰在陽下爲遇，乾爲君，過猶不及，皆非中一長。遇其臣，坤爲臣，兑少女，所謂小過。无咎。内外互乾爲過，上下相合。坤爲遇，二、五變成乾，三、四成坤爲遇。五爲過，二爲不及。然既變爲純卦，則專以遇論，不復言過與不及。祖君爲二、五乾，妣爲三、四坤。過其祖，謂五君位變乾也。「不及其君」，謂二位當不及變乾也。「遇其妣臣」，謂四爻、三爻也。坤，臣道、妻道也。五、

① 二二：疑衍一「二」字。

上在陰爲過，在陽亦爲遇。內外爻變與坎相同。不及期相見曰遇，與過對。

䷏豫綜四。九三，三爻爲中、爲人。弗過中，不過。陰在陽上，指五爻而言。弗過，謂三、四爻變皆成坤。防之，內外分爲弗過。從或戕之，凶。三過，與上同。三、四多「或」。三爲或，從戕，同壯、牀，中孚三、四「或」。《左傳》：「宰夫和之，齊之以味。」「濟其不及，以洩其過。」

䷎謙九四，无咎。三、四，中爻也。弗過遇之，非過則不及，上與二爲遇妣，坎也。往厲必戒，謙、豫言「利涉」，爲此。勿用永貞。三、四中，故言「弗過」。四二言「勿用」，不及也。

䷞咸六五，三爻爲天，爲過。密雲不雨，自我西郊。五變不成坎，成兑、咸。公弋取彼在穴。小畜彖「密雲」二句同。以中統偏六爻，坎變則不成坎。

䷷旅上六，上九「鳥焚其巢」。弗遇過之，不成乾坤，所謂尤效觀、臨。飛鳥離之，成離，此詳彼略。凶，是謂災眚。據上六之例，則此爻當鳴弗過、不及，蓋變成陽爻爲離，不爲乾。此卦自綜，而上、二、五、三、四同。

案：明夷泰二既五，大過咸二恒五，晉未二否五。又本卦與中孚化二爲一，有坎、離之象。三、四爲中，五、六爲過，初、二爲不及。上二爻爲天，中二爻爲人，下二爻爲地。二爻言不及爲本爻，過謂五、六也。又本過不及與中孚中字相起。中孚之三、四陰爲中，是以六陰爻而論也。以六陽而論，小過之二陽爲中，中孚之上六爲過，三、四爲不及。《論語》「過猶不及」，處事不得宜，人每以爲過。《中庸》「道之不行」章，爲此言也。又小過爲重坎，變二乾、二坤、二離，正卦四皆全見。二男互二女，八卦全見。中孚爲重離，變二坎、二乾、二坤，四正卦皆全見。二女互二男，八卦全見。

䷾既濟，亨，得泰二五，亥十月，正卦坎，坎五世代，中男，三、四變隨，從中局，與未濟綜。小利貞，初吉，終亂。

與坤「先迷後得」反。既濟、未濟一錯一綜，故初、上皆同文，太平之卦不可變，隨變皆失。中國既治之後，文致太平。二濟專言地球全圖，東西首尾相啣。既濟陽面，未濟陰面。諸卦獨取此二卦者，以陰陽相間，得位失位，相反相成，文質異教。既濟用文，未濟用質。文家尊尊，質家親親。中國以既濟爲得位，西國以未濟爲得位。濟言全地球，以錯化正。

䷦蹇內三卦名皆艱難。初九，曳其輪，二濟循環，以輪爲喻。濡其尾，无咎。尾首指既濟。中外之通，由輪舟、輪車。曳其輪，即「舟車所至」，人力所通。南向以北爲尾，此爻上震，訟言「利涉」。

䷄需六二，四偏爻，中爻兩濟成否、泰。婦「女正位乎內」。喪其茀，離茀。離縱之變需。勿逐，求賊追靜，吉。七日得。泰五需：「帝乙歸妹。」七日來復，更成既濟。與震、歸妹同。一卦七變，父母例，與震二見。

䷂屯九三，震爲東鄰，三、四相綜。高宗殷之先王。伐鬼方，《詩》：「覃及鬼方。」二濟主要荒，故言鬼方，與下互文見義。三年克之，小人勿用。三世。師上六同不中，既濟九三，即未濟九四，故文同。此「勿用」，即屯「勿用」。正卦乾初九姤，朋既濟九三屯，同例。

䷰革六四，兑爲西鄰，改文從質。繻當作濡。有衣袽，終日戒。

䷣明夷九五，男正位乎外。東鄰本應變則爲鄰。殺牛，坤爲牛需。不如西鄰明夷。之禴祭，殺牛文，禴祭質。實受其福。泰九五，得上中行，六爻皆變，夬而正位。東鄰爲中國，西鄰爲夷狄。東以文，西以質。東家之西，即西家之東。坎、離南北，二濟東西，既濟爲東，未濟爲西。

䷤家人上六，後。濡其首，厲。從此爻起，首向南離，此明綜卦之例。既濟之上，即未濟之初。

案：既濟變初、四取咸，二、五取泰，三、六取益，如坎取乾、巽、兑。

䷿未濟子十一月候。正卦離，三世代中女，得否二五，離三世内變，成離，吉。外變坎，又離，故曰火。亨。小狐汔今西人機汔用此字。濟狐渡河。濡其尾，无攸利。《豳風》：「狼跋其胡，載疐其尾。」「深則厲，淺則揭。」火上水下，恒貞三四變爲蠱，從中局。東家之西，即西家之東，未濟之初六，即既濟之上六也。

䷥睽内三卦名，晉、鼎、睽，此爻止。初六，未濟之首，即既濟之上。濡其尾，坎爲狐，初爲狐尾，北向以南爲尾。吝。二「其」指既濟，既濟宜守，未濟宜變。既初爲跛，未初爲眇。

䷢晉九二，男不正位夫内，王母。曳其輪，貞吉。二、五同言貞吉，就變與不變言之也。内卦變，合外爲純卦。

䷱鼎六三，二、五爲輪，二、四爲中。未濟，征凶，利涉大川。「涉大川」，專爲濟例。「大川」，海也，用質改文。

䷃蒙九四，内變離，合外。外變坎，巽内。貞吉，悔亡。震震爲「東鄰」。用伐鬼方，要荒。三年三世。有賞于大國。未濟由離而來，内三爻悔，成未濟。由未濟外三爻再變，則全失離體，而爲坎，爲「悔亡」矣。屯、蒙、需、訟四卦連文，在上經。晉、明夷、家人、睽、蹇、解六卦連文，革、鼎八卦，在下經。

䷅訟六五，女不正于内。貞吉，无悔。君子之光，有孚，孚讀爲乳，成乾，明見祖卦。吉。内不變，外合爲純卦，訟之「利涉」爲此。

䷧解上九，三有孚。有孚于飲酒，孚讀爲俘，《詩》「在泮獻馘」。又讀爲桴，乘桴以濟。无咎。濡其首，上爲首。有孚失是。首向北，離坎成坎，從此爻起。

案：未濟變初、四，取損，二、五取否，三、四取恒，如離取坤、震、艮。又以上八卦皆内卦、外卦相錯。《傳》曰：「天地定位，山澤通氣，雷風相薄，水火不相射。」八正卦獨體，如方位圖，分占八方。此八中卦合體，如上下圖，剛柔相錯。又以上八卦，以外三爻變泰爲乾，否爲坤，咸爲艮，恒爲巽，損爲兑，益爲震，既濟爲坎，未濟爲離，是爲八正卦。

又考友朋有二例。朋卦以六爻言者，長局子息卦，一人在初、四；少局，一人在三、上；中局，一人在二、五，所謂王「在師中」。中局左右爲朋友。「長子帥師」，二、三、五、上爲朋友。以三變爻言之，本卦坎、離中局，則乾居中，左艮少而右震長；坤居中，左兑少而右巽長。震、巽長局，則坤、乾居初、四，次少，次中，損長本卦。艮、兑少局，則乾、坤居三、上，初、四中，二、五少，中局子息二、五爻。乾、坤變坎、離，坎、離變乾、坤。